KOTRA자료 24-075

2025

한국이 열광할 세계 트렌드

2025
한국이 열광할 세계 트렌드

KOTRA가 엄선한 비즈니스 게임 체인저

KOTRA 지음

SIGONGSA

| 서문 |

일상의 변화,
그 너머의 트렌드를 읽다

　KOTRA가 '글로벌 트렌드'라는 굵직한 주제를 가지고 해외 현장의 앞선 혁신과 변화를 소개해온 지 벌써 14년째를 맞는다. 그간 선정했던 키워드를 돌이켜보면, 2011년 '웰빙, 멀티포지셔닝', 2014년의 '크라우드 펀딩과 로보틱스'를 거쳐 2015년에는 '공유 경제'라는 개념을 제시한 바 있다. 그 후에도 '플랫폼 경제', '아그리테크' 같은 비즈니스 모델을 소개하며 일상 그 너머에 흐르는 큰 변화를 독자들에게 알리기 위해 노력해왔다. 그리고 이 글을 읽는 많은 분이 공감하시듯 이러한 변화들은 단순한 트렌드에 그치지 않고 이미 우리의 '일상'으로 스며들었다.

　최근에는 트렌드 변화의 속도가 이전과 비교할 수 없을 만큼 빨라졌다. 자율 주행 플라잉카, 우주 관광 캡슐처럼 불과 얼마 전까지만 해도 공상 과학으로나 치부하던 것들이 곧 상용화를 앞두고 있다. 주변을 조금만 둘러보면 자동차, 화학, 항공 같은 전통 제조업부터 의료, 육아, 교육에 이르기까지 인간과 관련 있는 모든 산업에서 매일 수많은 혁신이 일어나고 있다. 지금 우리가 목도하는 혁신은 우리의 삶을 본질적으로 바꾸며 전례 없는 영향을 끼치고 있다는 점에서 예전과 다른 양상을 보인다. 또한 기술 혁신의 거대한 흐름에 기업과 개인의 삶이 실시간으로 영향을 받고 있다는 점도 주목해야 한다.

최근 산업 혁신의 중심에는 인공지능이 있다. 챗GPT가 몰고 온 AI 열풍이 시작된 지 불과 2년. 그 짧은 시간 동안 우리는 상상을 뛰어넘는 AI의 발전을 목격했다. 인간의 복잡한 의사소통 방식을 자연스럽게 모방하고, 불가침의 영역이라 여겼던 지능적 사고와 판단, 심지어 창작의 영역까지 AI가 대체하고 있다. 이미 AI는 산업 전반에 침투해 활동 범위를 넓히고 있다. 곧 도래할 범용인공지능AGI의 시대에는 우리 사회 전반에서 더욱 전방위적인 변화가 일어날 것으로 보인다.

반면에 인간은 능력 강화의 도구로 인공지능을 사용하는 호모프롬프트로 스스로 진화하고 있다. 그리고 다가오는 세상은 인간의 욕구와 필요에 따라 지식을 대량 생산하는 시대가 될 것이다. 우리는 지식 노동까지 인공지능이 대체하는 시대를 어떻게 살아갈 것인가를 고민하고 대비해야 한다.

이런 와중에 세계 곳곳에서 사회적, 정치적, 민족적인 갈등이 심화하고 있다. 전쟁은 미래를 불투명하게 만들고, 고립주의와 민족주의 같은 반세기를 훌쩍 지난 개념들이 신문에 연일 등장한다. 자유무역과 글로벌 분업을 바탕으로 정립했던 비즈니스 모델이 블록화 경제 체제로 적응하며 바뀌고 있다. 대외 의존도가 높은 우리나라는 외부 위험에 특히 취약하다.

이런 관점에서 전 세계 기업들이 어떻게 어떤 비즈니스 모델을 창출하는가를 살펴보고 이해하는 것은 매우 중요하다. 누구보다 빠르게 혁신과 변화를 읽어내고, 거대한 변화의 흐름 속에서 인사이트와 기회를 빠르게 포착하는 능력은 선택이 아닌 필수가 되었다. 진화한 사회 경제 시스템을 이해하고 우리의 일상을 윤택하게 바꾸는 혁신. 기회란 발견하는 게 아니라 만드는 것이다. 그런 시대에 우리는 살고 있다.

지금 전 세계 기업들은 광범위한 분야에서 혁신을 선도하려 분주하다. 이제 기업에게 AI는 단순한 도구를 넘어 함께 일하는 파트너가 되었다. 이를 통해 기업들은 전에 없던 가치를 창출하고 인간의 능력을 보완 확장하면서 비즈니스의 판도를 바꾸고 있다.

《2025 한국이 열광할 세계 트렌드》에는 전 세계 84개국 129개 도시에 해외무역관을 보유한 KOTRA의 장점을 살려 지역별 특색을 담아내려 노력했다. 각 도시의 유망한 산업을 조사하고 그에 맞는 특색 있는 소재를 발굴하여 직접 취재한 결과, 33개의 개성 있는 비즈니스 사례를 책에 실을 수 있었다. 이 책은 인공지능Generative AI이 혁신을 가속하는 미래산업기술Future-tech, 모빌리티Optimized Mobility, 환경Renewable Energy·Sustainability과 초개인화Customized Experience에 주목했다.

본서에 실린 AI 기술을 적용한 다양한 기술과 혁신들, 예를 들어 효율을 획기적으로 높인 핀란드의 항만 물류나 새로운 도심 교통의 대안을 제시한 암스테르담의 도심 항공 모빌리티UAM 프로젝트 같은 사례는 더 나은 사회를 향한 각국의 노력을 보여준다. 무홍채증 환자 전용 스마트 홍채와 파킨슨병 환자용 AI 신발은 인간을 위한 기술의 사용을 다시금 생각하게 한다.

이 책의 목적은 세계 각지의 혁신적인 기술과 글로벌 비즈니스 환경의 변화에 대한 정보를 제시하여, 독자들이 새로운 기회를 식별하고 깊이 있는 인사이트를 얻도록 돕는 데 있다. 거대한 글로벌 트렌드를 미리 파악하고, 변화의 중심에서 새로운 기회를 창출할 수 있는 길을 제시하려 한다. 이 책을 읽는 동안 독자들이 새로운 변화를 주도하는 비즈니스 모델을 찬찬히 생각해보는 시간을 갖게 되길 희망한다.

마지막으로, 이번 책이 무사히 세상에 나오기까지 세계 곳곳의 사례를 조사하고 분석한 KOTRA 해외 무역관 직원들과 제작 과정에서 지원을 아끼지 않은 출판사 관계자들께 감사의 인사를 전한다. 더불어 오랜 시간 이 책에 관심을 기울여준 독자 여러분께도 진심으로 감사의 말씀을 드린다. 모쪼록 이 책이 여러분의 비즈니스 전략에 유용한 가이드가 되기를 바라며, 독자 여러분이 가까운 미래에 새로운 비즈니스 기회를 창출하고 미래 경제를 선도해나가길 기대해본다.

2024년 9월 염곡동 사옥에서
KOTRA 사장 유정열

| 차례 |

| 서문 | 일상의 변화, 그 너머의 트렌드를 읽다 ● 5

PART 1 ● Future-tech

AI, 삶과 산업을 혁신하다

● **AI로 만들어가는 일상**
  | 취리히 | 파킨슨병 환자를 걷게 하는 AI 신발 ● 18
  | 도쿄 | 눈으로 듣는 소리, AI 시각화 장치 ● 30
  | 달라스 | AI가 골라주는 초개인화 쇼핑몰 ● 42
  | 시드니 | 위조 명품 잡아내는 AI 중고 거래 플랫폼 ● 52

● **AI가 만드는 산업의 미래**
  | 암스테르담 | 내 손안의 경영전략 컨설턴트, 예측형 AI ● 66
  | 로스앤젤레스 | 콘크리트 탄소 문제 해결하는 AI 솔루션 ● 78
  | 실리콘밸리 | 분리수거도 척척, 리사이클링 AI ● 90
  | 리스본 | 불량 잡는 섬유 산업 AI ● 102
  | 부다페스트 | 빅브라더가 현실로, 헝가리의 AI 교도소 실험 ● 112

● **AI 물류 혁명**
  | 베이징 | 이커머스의 패러다임을 바꾼 스마트 물류 ● 126
  | 헬싱키 | 유럽의 항만 디지털라이제이션 프로젝트 ● 138
  | 쿠알라룸푸르 | 세계 물류 허브로 도약하는 말레이시아 ● 150

PART 2 • **Optimized Mobility**

모빌리티, 지능형 서비스로 진화하다

● **무한한 가능성의 항공 경제**
  | 광저우 | 하늘에 탄생한 시장, 중국 저공 경제 산업　●　162
  | 암스테르담 | 성큼 다가온 유럽의 도심 항공 모빌리티 시대　●　176
  | 애틀랜타 | 누구나 즐기는 민간 우주 관광　●　184

● **일상으로 들어온 자율 주행**
  | 우한, 모스크바 | 운전석에 기사님 없다고 놀라지 마세요, 로보택시　●　200
  | 뮌헨 | 주차도 충전도 한번에 해결, AI 발렛 파킹　●　222
  | 블라디보스톡 | 모스크바 거리의 로봇청소부　●　234

PART 3 • **Renewable Energy·Sustainability**

친환경 기술,
지속 가능한 미래를 설계하다

● 환경을 생각하는 미래 산업 기술

|런던| 세상을 바꾸는 에너지 하베스팅 ● 248

|무스카트| 바위산에서 발견한 미래를 위한 기술 ● 262

|프랑크푸르트| 양조장 폐기물의 위대한 변신 ● 278

|빈| 버려진 매트리스에서 찾은 순환 경제 ● 292

|홍콩| 패션과 환경의 조화, 지능형 섬유 ● 304

● 지속 가능한 플랫폼

|런던| 환경을 생각하는 착한 투자 플랫폼 ● 316

|아크라| 사람과 지구를 생각하는 업사이클링 농업 플랫폼 ● 330

|파리| 할머니의 손과 테크의 만남으로 지키는 지구 ● 342

PART 4 • **Customized Experience**

스마트 커스터마이징, 새로운 소비 사회를 맞이하다

● **일상의 솔루션이 되는 커스텀 비즈니스**

| 오사카 | 운전 중인 부모 대신 우는 아기 달래주는 로봇   ● 358
| 멕시코시티 | 소기업의 디지털 전환을 돕는 맞춤형 CRM   ● 370
| 요하네스버그 | 작고 느린 노란 택시   ● 382

● **웰니스 커스터마이징**

| 브뤼셀 | 스마트 홍채가 삽입된 충전식 콘택트렌즈   ● 396
| 뉴욕 | 나만의 치과 주치의, 덴탈 AI   ● 404
| 항저우 | AI로 관리하는 정신 건강   ● 414
| 싱가포르 | AI가 바꾸는 싱가포르 의료 서비스   ● 426

PART 1

Future-tech

AI,
삶과 산업을
혁신하다

AI로 만들어가는 일상

| AI로 만들어가는 일상 |

파킨슨병 환자를 걷게 하는
AI 신발

취리히

올해 49세인 엠마 브라운Emma Brown은 43세 때 파킨슨병을 진단받았다. 제대로 걸을 수조차 없게 되어 반려견과의 산책은 말할 것도 없고 사회생활 역시 극도로 제한되었다. 그러나 그녀의 삶은 180도 바뀌었다.

2023년 베른 그랑프리 마라톤 대회의 일환으로 개최된 올드타운 그랑프리 노르딕 워킹에 참가해 여러 골목과 언덕으로 이루어진 베른의 구시가지 4.7km 코스를 완주했다. 반려견과의 짧은 산책조차 하지 못하던 그녀가 누슈Nushu 덕분에 더 오래, 더 멀리 걸을 수 있게 된 것이다.

2023년 베른 그랑프리 마라톤 대회. 출처:bern-altstadt.ch

10년째 파킨슨병을 앓고 있는 일본인 요지로 아시나Yojiro Ashina는 5년 전 뇌심부자극술을 받았으나, 증상은 호전되지 않았다. 여전히 발을 떼는 데 어려움이 컸고, 걷는 도중 쉽게 피로해졌다. 누슈는 즉각적인 변화를 가져다줬다. 이전과는 달리 두 의자 사이 좁은 공간을 당당하게 걸어갔다. 그는 이것을 기적이라고 표현했다.

1975년 불과 6살의 나이에 파킨슨병을 진단받은 뒤 48년째 병을 앓고 있는 영국인 맷 이글스Matt Eagles 또한 마찬가지였다. 뇌심부자극술 이후에도 여전히 보행에 어려움을 겪고 있었다. 지팡이가 없다면 걸을 수 없었으며, 커피 한 잔도 제대로 옮길 수 없었다. 하지만 누슈 착용 테스트 결과는 달랐다. 그는 수년 만에 처음으로 지팡이 없이 10m를 걸을 수 있었다.

마그네스Magnes AG의 누슈와 함께 그들은 다시 과거의 일상으로 돌아갈 수 있게 되었다.

● 발끝으로 전달되는 AI 기술

취리히연방공대ETH Zurich의 스핀오프 회사인 마그네스는 2021년 보행에 불편한 환자들을 위해 기능성 신발 누슈를 출시했다. 이 제품의 핵심은 진동, 즉 햅틱˚ 신호에 있다. 파킨슨병은 도파민을 생성하는 신경세포가 퇴화하고 사라지는 질환이다. 도파민이 부

누슈 스마트 신발. 출처:www.magnes.ch

족해지면 뇌로부터의 운동 신호 전달이 방해받고 환자가 근육을 움직이고 조정하는 데 어려움을 겪게 된다. 누슈는 환자의 보행에 맞춰 정확한 신호를 진동(촉각), 즉 햅틱˙의 형태로 전달하고 환자는 그 신호에 맞춰 걸을 수 있다.

마그네스는 AI기술 활용으로 파킨슨병 환자들의 삶의 질 개선에 새로운 해결책을 제시하고 있다. 이 아이디어는 취리히연방공대 멀티스케일 로봇공학 연구실Multi-Scale Robotics Lab, MSRL의 창립지인 조르지 샤치피르피리디스George Chatzipirpiridis와 올가슈 에르게네만Olgaç Ergeneman의 박사 과정에서 시작했다. 그들은 인체 내에서 마이크로 로봇을 유도하는 알고리즘을 개발했고, 인간의 보행을 포착하고

- 디지털 기기가 진동이나 압력, 충격을 발생시켜 사용자에게 촉각을 통한 피드백을 제공하는 기술

분석하는 방향으로 기술을 발전시켜, 실시간 보행 분석과 촉각 피드백을 제공하는 스마트 신발 누슈가 탄생할 수 있게 했다.

누슈 스마트 신발은 외관상으론 일반적인 운동화와 큰 차이점이 없다. 통기성 좋은 메시 소재의 겉면과 발을 고정하기 위한 벨크로 타입의 끈, 그리고 흰색의 아웃솔로 구성된 디자인은 의료 보조용 기구라기보다는 스니커즈에 가깝다.

특별한 점은 신발 내부에서 찾을 수 있다. 아웃솔에는 액추에이터,• 프로세서, 그리고 10여 개의 센서가 내장되어 있다. 사용자의 움직임을 통해 모인 데이터는 AI 알고리즘을 사용해 분석되고, 사용자에게 실시간 햅틱 신호, 이른바 바이오 피드백을 보낸다.

이 기능은 파킨슨병 환자가 보행을 위해 메트로놈이나 노래의 일정한 리듬과 박자를 이용하는 것과 유사한 방식으로 사용자의 보행을 유도하고 있다. 실시간으로 보폭, 다리 각도, 발뒤꿈치가 지면에 닿는 정도, 보행 속도, 이동거리, 균형, 대칭과 같은 30개 이상의 보행 데이터를 수집·측정해 실시간으로 사용자에게 햅틱 신호를 줌으로써 발을 들어올리거나 내디딜 타이밍을 알려준다.

그 결과 파킨슨병 환자들은 느리게 작은 걸음을 걷는 소위 '셔플링 걸음 Shuffling Gait'이나 걷는 도중 갑자기 발이 멈추는 '프리징 Freezing' 현상을 보여주던 것과는 달리, 누슈의 바이오 피드백 기능을 활용하여, 더 넓은 보폭과 안정감을 가지고 걸을 수 있다.

• 외부로부터 에너지를 공급받아 시스템을 움직이거나 제어하는 데 쓰이는 기계 장치

(위) 누슈 대시보드.
(아래) 누슈 어플리케이션.

출처: www.magnes.ch
출처: www.magnes.ch

● 실시간 모니터링을 통한 맞춤 진료

누슈의 특징은 햅틱 신호 외에도 분석 플랫폼인 '누슈 대시보드'와 전용 어플리케이션을 제공하는 것이다. 대시보드를 통해 환자의 상태를 직관적이며 효율적으로 모니터링할 수 있다. 실시간으로 수집된 데이터를 직관적인 그래프로 보여주며, 환자의 상태를 짧게는 몇 주에서 길게는 몇 년까지 관찰하여 의료 전문가가 상담을 통해 맞춤형 치료 계획을 수립할 수 있다. 또한 전용 어플리케이션을 사용하여 사용자에게 활동량 수치 및 운동 프로그램을 제공하고 있다. 사용자는 속도, 거리, 보폭 등 자신의 상태를 휴대전화에서 실시간으로 확인할 수 있으며, 자신의 몸 상태에 맞는 운동을 시간 및 거리별로 선택할 수 있다.

● 더 나은 삶을 위한 한 걸음

2022년 국민건강보험공단의 발표에 따르면, 2020년 국내 파킨슨병 전체 환자의 93% 이상이 60대 이상에서 발병한다. 다른 퇴행성 신경질환처럼 파킨슨병 역시 노화가 발병에 큰 영향을 미치는 것으로 파악된다. 초고령화 사회 진입을 눈앞에 두고 있는 현재 파킨슨병에 대한 관심도 지속적으로 증가해, 정부는 파킨슨병을 산정특례 대상 중증 난치성 질환으로 분류하여 관리하고 있다. 대표적인 치료 방법에는 약물 치료와 외과적 수술이 있지만 이 두 방법 다 비용 및 효과의 지속성 문제로 환자는 물론 보호자에게까지 많은 부담이 되고 있는 상황이다.

두 발로 걷는 행위는 인간에게 많은 변화를 가져다주었다. 인간의 손을 자유롭게 하여 도구 사용과 제작을 가능하게 했고, 또한 두뇌 발달과 사회적 상호작용을 촉진했다. 하지만 파킨슨병은 보행의 자유를 빼앗아 감과 동시에 사회 활동에 큰 제약을 가해 우울증과 같은 정신적인 문제까지 야기하고 있다. 파킨슨병 완치는 아직 불가해 평생 치료가 요구되는 바, 대부분 증상을 완화해 환자의 삶을 개선시키는 데 치료의 초점을 두고 있다. 이러한 점에서 누슈는 좋은 해결책이 될 수 있다.

● 세계 AI 시장을 선도하는 스위스

마그네스는 이와 같은 문제를 해결하고자 매일 착용하는 신발에 21세기를 대표하는 기술이라 할 수 있는 AI를 접목했다. 누슈의 기술력을 인정받아 마그네스는 스위스 AI 어워드 2022에서 준우승을 차지했으며 취리히연방공대 재단으로부터 파이어니어 펠로십 Pioneer Fellowship을 받았다. 유로스타즈 Eurostars, 바젤 아레아 비즈니스 앤드 이노베이션 Basel Area Business & Innovation의 데이원 엑셀레이터 DayOne Accelerator 등 다양한 프로그램을 통해 자금 지원을 받기도 했다. 특히 2023년 스위스 혁신진흥청 Innosuisse 인증을 받음으로써 마그네스의 혁신 기술 및 성장 잠재성을 대외적으로 인정받았다.

위 사례처럼, 스위스에서는 다양한 프로그램을 통해 스타트업에 많은 투자가 이루어지고 있다. 2023년 발행된 스위스 스타트업 레이더 Swiss Startup Radar 보고서에 따르면 최근 스위스에서는 AI 관련 스타트업이 주목받고 있다. 기업들이 의료 진단에서부터 금융 분석에 이르기까지 다양한 분야에 AI를 적용함으로써 스위스가 AI 산업의 허브로 빠르게 성장해가고 있다. 2023년 스위스에는 1,000여 개의 AI 관련 스타트업이 있는 것으로 확인되었으며, 총 5억 스위스프랑(약 8,000억 원) 이상의 자금이 조달되었다. 향후 10억 스위스프랑(약 1조 6,000억 원) 이상이 연구 프로젝트,

산업명	2020	2021	2022	2023	2024	2025	2026	2027	2028	2029	2030
AI 로봇	80	120	160	230	310	410	530	670	820	990	1,180
자율 주행 및 센서기술	30	270	150	170	220	260	300	340	380	420	470
컴퓨터 비전	80	200	150	190	220	250	280	310	330	360	400
머신러닝	420	1,030	550	440	680	970	1,370	1,900	2,560	3,380	4,310
자연어처리	110	170	150	260	310	410	540	700	880	1,100	1,340
합계	820	1,790	1,160	1,290	1,740	2,300	3,020	3,920	4,970	6,250	7,700

스위스 AI 마켓 성장률 테이블. (단위: 백만 달러)   출처: statista.com

혁신 프로그램 및 AI 스타트업 설립에 투입될 전망이다.

　이러한 자본의 유입과 연구기관의 노력에 힘입어 스타트업 성장이 촉진되고 있으며, AI 분야에서 새로운 벤처의 출현이 지속되고 있다. 그 결과 스위스의 AI 관련 시장은 매년 꾸준한 성장세를 보이고 있으며, AI 시장 규모는 2030년 약 77억 달러(약 10조 4,000억 원)에 달할 것으로 전망된다.

　이러한 환경에서 탄생한 마그네스의 누슈는 AI 기술을 실생활에 직접적으로 적용하면서, 앞으로의 발전 방향성을 제시해주고 있다. 이 신발이 파킨슨병 환자들의 보행에 도움을 줌으로써 그들이 사회 속으로 다시 한발짝 다가갈 수 있게 만드는 계기를 마련해 줄 수 있다. 사용자들은 이전과 같이 다시금 반려견을 산책시키고, 지역 식료품점에서 쇼핑하고 이웃과 교류하며, 삶의 태도도 긍정적으로 바뀔 것이다. 마그네스의 AI 기술은 단순한 보행 문제만을 해결하는 것이 아닌 사람과 사람을 이어주고 삶을 변화시킬 수 있게 해주는 인간 친화적인 기술이기 때문에 각광받은 것이다.

　누슈는 파킨슨병 환자 이외에도 노환이나 치매 등으로 인해 보행에 어려움을 겪는 이들에게도 도움이 될 수 있다. 그들에게는 AI 기술을 통해 회복한 보행이 제2의 삶을 받은 것과 같을 것이다. 요지로 아시나의 말을 빌리자면 "정말 기적과 같은 일"인 것이다.

유니콘 기업을 꿈꾸는 한국

정보통신기획평가원의 ICT 기술 수준 조사에 따르면 한국은 최근 5년 사이 AI 기술 수준이 미국, 중국, 일본과 같은 AI 산업 주요국 중 가장 크게 발전한 국가로 나타났다. 하지만 2024년 기준 AI 혁신 성장의 척도가 될 수 있는 200여 개 '유니콘 기업'* 중 한국 기업은 없다.

스위스는 글로벌 제약 및 생명공학 기업, 세계적 수준의 교육 및 연구 기관과 같은 생명과학 분야의 강점을 바탕으로 메디텍 제품 개발에서 인간 친화적 방식으로 AI를 활용한 스타트업 기업 육성에 박차를 가하고 있다. 이러한 맥락에서 누슈가 보여주는 접근 방식은 우리에게 좋은 방향성을 제시해줄 수 있다.

한편, 최근 유럽 AI 산업은 눈부신 기술 발전 속도뿐만 아니라 강력한 규제 도입으로 관심을 받고 있다. 2024년 3월 유럽연합은 세계 최초로 포괄적 AI 규제법(AI Act)을 마련했다.

한국 사회도 AI 기본법을 논의하고 있으며, 향후 인공지능 시스템의 개발 및 구현에 있어 윤리, 안전 및 인간의 가치가 우선시될 전망이다.

고성능 클라우드 서버와 같은 높은 수준의 인프라와 AI 분야에

* 디리서치 그룹 후룬Hurun에서 선정하는 리스트로, 창업한 지 10년 이하인 비상장 스타트업 중에 기업 가치가 10억 달러 이상으로 평가되는 기업.

대한 집중적인 정책 금융 공급 등을 바탕으로 급속도로 성장 중인 한국의 AI 산업이 단순한 생산성과 효율성 위주의 기술 발전이 아닌 인간 친화적인 기술 발전을 통해 세계시장을 선도하며 많은 유니콘 기업의 요람이 되길 기대해본다.

채창림(취리히무역관)

| AI로 만들어가는 일상 |

눈으로 듣는 소리, AI 시각화 장치

도쿄

    일본 도쿄는 경제 발전으로 철도 이용객이 늘며 여러 노선이 우후죽순 확장되면서 세계에서 가장 복잡한 철도망을 가진 도시가 되었다. 각 노선에는 사철과 국철이 혼재되어 있고, 역마다 정차하는 열차의 종류도 다양하다. 이 때문에 승객은 이동 시 다양한 정보를 확인해야 한다. 스마트폰과 같은 휴대용 전자기기를 사용하면 목적지까지의 경로를 미리 확인할 수 있으나, 갑작스러운 지연이나 시간표 변경 시 역의 전광판이나 역무원의 안내 방송을 통해 정보를 확인할 수 있다.

    역 승강장에서는 열차의 도착과 출발을 알리는 종소리, 안내 방

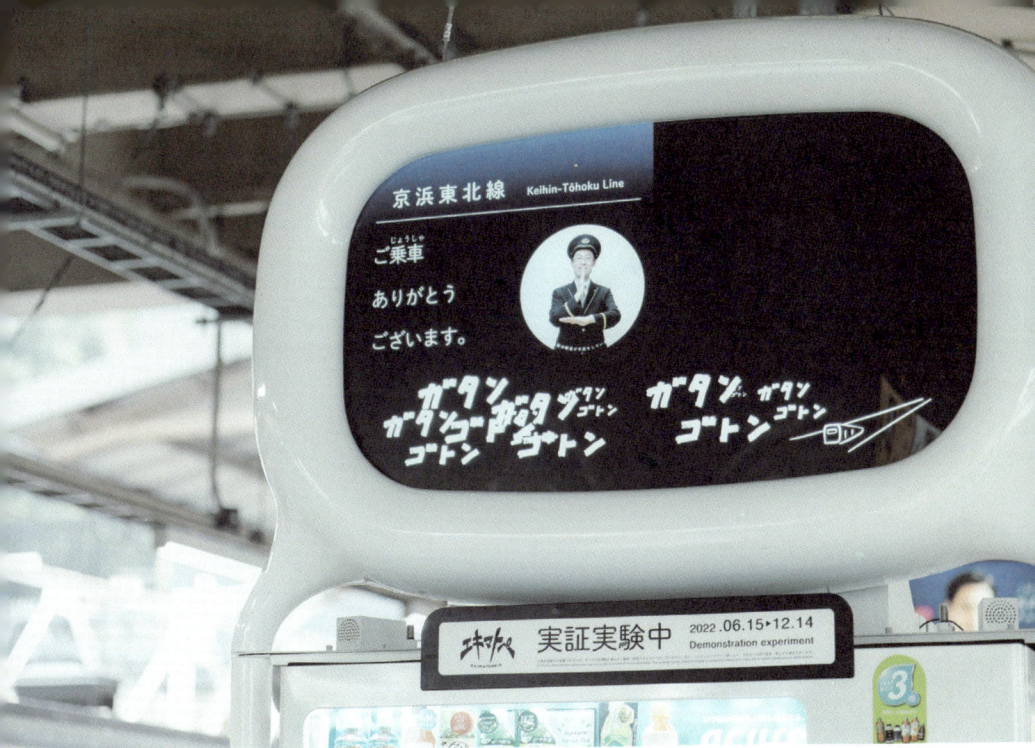

애니메이션 형태로 표현한 의성어가 디스플레이에 표시되는 모습. 출처: 후지쓰 주식회사

송, 열차 운행 소음 등 다양한 소리가 들린다. 이러한 소리들은 열차와 승객의 움직임을 알려주는 중요한 정보를 제공하지만, 이를 이용할 수 없는 농·난청인*은 대부분 육안을 통해 정보를 얻을 수밖에 없다. 승강장에 사람들의 움직임이 번잡해지면 주위 사람들과 부딪치지 않고 흐름에 말려들지 않도록 주의해야 한다. 자동문이 설치되지 않은 역에서는 승강장에 열차가 언제 진입하는지 주시하지 않으면 생명의 위험까지 겪을 수 있다.

- 후지쓰의 의견에 따라 청각장애인을 농·난청인으로 표현한다.

에키마토페 적용에 참여한 농학교 학생들.

출처: 후지쓰 주식회사

소리를 시각화하는 에키마토페

역에서 안내 방송 등 다양한 소리 정보는 대부분 청각을 통해 전달되므로 농·난청인이 정보를 얻기가 쉽지 않다. 이러한 문제점을 해결하기 위해 후지쓰 주식회사(이하 후지쓰)는 독창적인 해결책을 마련했다. 후지쓰는 폰트를 활용한 표현 전문 기업인 다이닛폰인쇄 주식회사[DNP]와 협력하여, 일본 여객철도 주식회사[JR동일본]의 인프라를 활용한 소리 시각화 장치 '에키마토페'를 개발했다. 이 장치는 역에서 발생하는 다양한 소리를 시각적 신호로 변환해 농·난청인도 쉽게 정보를 얻을 수 있다.

후지쓰의 에키마토페 개발 과정에는 농학교 학생들의 경험과 피드백이 큰 역할을 했다. 학생들은 "뒤돌아보니 전철이 승강장에 들어오고 있어서 무서웠다", "문이 얼마나 빨리 닫히는지 알 수 없었다", "이러한 개선이 이뤄진다면 통학이 더 즐거워질 것이다" 등의 의견을 제공했다. 이러한 학생들의 경험은 개발팀이 보다 실용적이고 효과적인 소리 시각화 장치를 설계하는 데 도움을 주었다.

후지쓰의 에키마토페 장치는 슈퍼 컴퓨터인 PRIMEHPC FX1000을 기반으로 구축된 AI 학습 모델을 활용하여 역사 내의 다양한 소리 정보를 마이크로 수집해 식별한다. 승강장에서 나온 열차 발착음, 문 개폐음 등의 소리를 즉시 '횡', '꽝꽝', '딸랑딸랑',

역무원의 안내 방송이 에키마토페에 나타나는 모습. 출처: 후지쓰 주식회사

'룰루랄라'와 같은 의성어로 표현한다. 이 소리들은 그래픽으로 디자인되어 애니메이션 형태로 화면에 표시된다. 이러한 만화적 요소는 시각적으로 재미를 제공하며, 관람자에게 즐거움을 선사한다. 그리고 역에서 흐르는 안내방송도 즉시 문자로 변환되며, JR 동일본 역무원의 수화 동영상과 함께 디스플레이에 표시한다.

역무원이 직접 하는 안내 방송은 후지쯔 소프트웨어 라이브토크 FUJITSU Software LiveTalk라는 자체 커뮤니케이션 도구를 통해 실시간으로 문장으로 변환된다. 그리고 DNP사의 'DNP 감정표현 폰트 시스템'을 통해, 텍스트 내용에 적합한 폰트와 크기로 변환되어 감성적으로 표현된다. 이 기술은 정보 접근성을 향상시키고, 감정적 요소를 고려하여 정보를 전달한다.

후지쯔는 '에키마토페'라는 소리 시각화 장치를 선보이기 위해, 지금까지 두 차례 실증실험을 진행했다. 첫 번째 실험은 JR 스가모巢鴨 역에서 실시되었다. 이 역은 근처에 농학교가 있어 농·난청인의 이용이 많으며 자동문이 설치되어 있다. 스가모역에서의 첫 번째 실증실험은 승강장 내 키오스크 철거 공간에 농·난청인이 쉽게 인지할 수 있도록 디스플레이를 설치하는 것이었다. 큰 디스플레이 화면을 통해 열차 진입 신호, 자동문 개폐 신호 등을 크게 표시해 알려주는 것이 효과가 있음을 확인할 수 있었다.

두 번째 실증실험은 시스템의 확장 가능성을 평가하기 위해 JR 우에노上野 역에서 진행되었다. 두 번째 실증실험에서는 정보를 크게 표시하여 멀리서도 쉽게 볼 수 있도록 하되, 주변 이용객들에게 불편함이나 공포감을 주지 않도록 설치 장소와 디스플레이 크기 개선 여부에 대한 검토가 이루어졌다. JR 동일본 크로스 스테이션의 협력으로 승강장에 있는 자판기 위에 55인치 크기의 디스플레이를 설치함으로써, 이용객들이 정보를 쉽게 확인할 수 있게 되었다.

후지쓰는 '에키마토페'의 실용화를 목표로 AI 모델의 범용성 강화, 시스템의 연속 가동 능력 개선, 문자 변환 정확도 향상을 위한 연구를 계속 진행할 예정이다. 이와 함께, JR 동일본 등 관련 기업들과 협력하여 실증실험으로 얻은 데이터와 역 이용자로부터의 피드백을 분석하여 제품 개선에 적극적으로 반영할 계획이다.

차이를 받아들이는 사회로 발전하는 기술

에키마토페에는 어떤 마음이 담겨 있을까? 이 장치는 농·난청인이 철도를 안전하게 이용하도록 돕는 것이 기본적인 목표였다. 하지만 이 프로젝트를 담당한 후지쓰의 프로젝트 리더인 혼다 타츠야Honda Tatsuya는 이는 "시작에 불과하다"고 말한다. 그는 인터뷰를 통해 '에키마토페'의 궁극적인 목표는 기술의 실용화를 넘어서 서로의 차이를 인정하고 받아들이는 공생사회를 구현하는 데 있

역사 내의 에키마토페. 출처: 후지쯔 주식회사

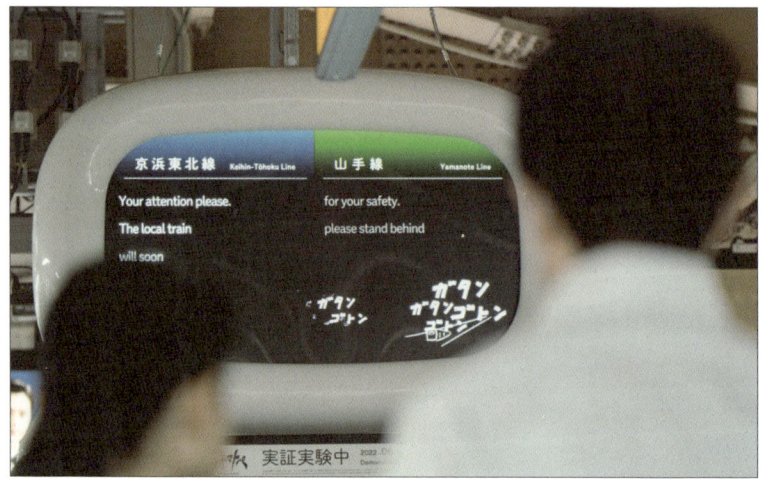

역사 내의 에키마토페.   출처: 후지쓰 주식회사

다고 말했다. 이러한 비전은 단순한 접근성 개선을 넘어 사회 전체의 포용성을 높이는 데 중점을 두고 있다.

"일상 생활에서 청인•이 농·난청인을 만나는 경우는 드물죠. 따라서 '들리지 않는 세상'을 이해하고 그 안에서 살아가는 사람들의 마음을 느낄 기회도 많지 않습니다. 에키마토페가 장애에 대해 생각해볼 수 있는 계기가 되길 바랍니다."

혼다 타츠야는 농·난청인과 청인의 상호 이해를 증진시키기 위한 접점을 만드는 것이 중요하다고 강조한다. 그는 학생 시절 농·난청인과의 만남으로 수화에 관심을 갖게 되었다. 그 경험은 그에게 소리를 어떻게 전달할 수 있을지에 대한 고민을 안겨주었

• 후지쓰의 의견에 따라 비청각장애인을 청인으로 표현한다.

다. 후지쓰에 입사한 후에도 이러한 관심은 계속되어 이번 프로젝트를 시작하게 되었다.

손글씨 애니메이션이 흐르거나 글자의 글꼴을 바꾸면서 의성어로 감정을 풍부하게 표현해 농·난청인뿐만 아니라 청인도 만화를 읽는 것 같은 즐거운 경험을 할 수 있다. 이러한 경험은 장애에 대한 고민을 유도하는 계기가 된다. 혼다 타츠야는 강제적인 이해가 아닌 즐거운 체험을 통해 흥미를 유발하고 이해를 유도하는 구조를 설계했다고 한다. 이 접근 방식은 더 많은 사람들에게 의미있는 사고의 계기를 제공할 수 있다.

실증실험 후, 에키마토페는 그의 의도대로 청각 장애 유무에 관계없이 많은 사람들의 관심을 끌었다. 농·난청인들은 '에키마토페를 통해 세상이 넓어졌다', '정확한 소리를 알게 되었다' 등의 호의적 반응을 보였다. 청인들로부터는 SNS를 통해 에키마토페를 직접 본 소감, 에키마토페를 만난 경험을 그린 만화, 수화 공부를 시작했다는 소식 등 다양한 피드백이 있었다.

2025년 도쿄에서는 농·난청인을 위한 국제 스포츠 대회인 데플림픽 Deaflympics이 개최된다. 이와 함께 세계 공통의 과제 해결을 위한 첨단기술과 새로운 아이디어를 창조하고 공유하는 일본 국제 박람회(오사카·간사이 만국박람회)도 예정되어 있으며, 이러한 행사들이 '에키마토페'에 더욱 관심을 집중시키고 있다.

혁신 기술 속의 진정한 가치

지속가능 개발 목표 SDGs 추진과 관련하여 D&I Diversity and Inclusion 의 중요성이 강조되고 있다. D&I는 다양성을 존중하고 포용하는 것을 의미하며, 최근에는 형평성을 강조하는 DE&I Diversity, Equity and Inclusion 개념이 더욱 주목받고 있다. 이는 사회 각 분야에서 다양한 배경을 가진 개인들이 차별받지 않고 공평하게 대우받을 수 있는 환경을 조성하려는 노력이다. 에키마토페 프로젝트는 이러한 DE&I 원칙을 구현하는 실질적인 사례로 볼 수 있다.

일본의 디자인 전략 정보지 〈닛케이 디자인〉과 신제품 개발 등의 첨단 동향을 전하는 디지털 미디어 〈닛케이 크로스 트렌드〉는 에키마토페를 인클루시브 디자인의 최신 사례로 소개하면서 "사람들에게 공공연히 알려진 니즈에만 초점을 맞춘 대응으로는 새로운 제품이나 서비스의 창출이 어렵다"며 "오히려 핸디캡을 가진 사람들의 강력한 수요가 혁신을 이끄는 계기가 된다"고 한다.•

또한 "다수가 간과하는 잠재적인 요구를 파악하여 더 많은 사람이 사용하기 편리한 디자인을 개발하는 것이 진정한 인클루시브 디자인의 가치"라고 강조하고 있다. 이러한 관점은 기존의 접근법을 넘어서서 모든 사용자에게 이익이 되는 솔루션을 제공하

• 〈닛케이 디자인〉 2022년 10월호, 〈닛케이 크로스 트렌드〉 2022년 9월 26일 게재 기사.

는 데 중점을 두고 있다.

에키마토페 프로젝트는 DE&I 이니셔티브의 중요성을 혁신적인 사례로 제시한다. 이 개발은 단순히 철도 이용의 편리성과 안전성을 넘어서, 장애에 대한 사회적 인식과 이해를 증진시키는 중요한 계기를 제공하고 있다. 공생사회의 실현이 사회 구성원 간의 다양성을 인식하고 이해하며 서로를 수용하는 것에서 시작된다는 것을 '에키마토페'가 알려주고 있다.

요시다 요시코(도쿄무역관)

| **AI로 만들어가는 일상** |

AI가 골라주는
초개인화 쇼핑몰

달라스

매일 아침 우리는 거울 앞에서 같은 질문을 던진다.

"오늘은 무엇을 입을까?"

이에 대한 대답은 쉽게 "입을 옷이 없네…. 쇼핑 좀 해야겠다"라는 결론으로 이어지곤 한다.

하지만 팬데믹 이후 우리 모두가 새로운 일상으로 복귀하면서 이 질문은 '업무적으로 중요한 콘퍼런스'에 참석할 때 '처음 만나는 거래선 담당자와의 미팅' 자리에서 입을 '20만 원 미만의' 데님 소재 원피스처럼, 패션에 대한 개인적인 취향과 착용 목적, 예산과 같은 전제 조건이 함께 뒤섞여 더욱 복잡하게 진화하기에 이른다. 게다가 내 체형과 피부톤에 맞는, 그리고 그 와중에 최신 패션 트렌드까지 고려해야 하니 옷 한 벌 사기가 여간 어려운 일이 아니다.

영국 케임브리지대학교의 신경생리학 교수 바바라 사하키안 Barbara Sahakian 의 연구 결과에 따르면, 일반적인 성인은 하루 평균 약 3만 5,000회의 결정을 내린다고 한다. 이 중 대다수의 행위들은 무의식적이고 자동적으로 처리된다. 하지만 옷을 고르는 행위는 다양한 변수와 여러가지 가능성을 고려해야 하기 때문에 생각보다 많은 에너지를 필요로 한다. 실제로 스티브 잡스 Steve Jobs 같은 영향력 있는 인물이 매일 검은 터틀넥과 뉴발란스 운동화만을 고수한 것 역시 에너지 소모를 줄이고 효율적인 선택을 하기 위한 전략의 일환이었다.

하버드 경영대학원의 경제학도 카트리나 레이크 Katrina Lake 역시 이런 결정에 지쳐 있던 전형적인 소비자들 중 한 명이었다. 매일 아침 옷장 문을 열 때마다 항상 마땅히 입을 옷이 없는 것처럼 느껴졌지만, 그렇다고 오프라인 매장에 방문해 이 옷 저 옷 입어볼 시간도 없었다. 게다가 수백, 수천만 개 옵션으로 가득한 온라인 쇼핑은 그녀의 옷 고르기를 더 어렵고 지루하게 만들고 있었다. '누군가 나에게 딱 맞는 옷을 대신 골라준다면?' 이와 같은 생각이 바로 레이크가 맞춤형 초개인화 쇼핑몰 스티치 픽스 Stitch Fix 를 창업하는 계기가 되었다.

나만을 위한 AI 스타일리스트

요즘 소비자들은 많은 브랜드들이 매 시즌마다 선보이는 룩북Lookbook이나 소셜 미디어 인플루언서들의 다채로운 착장 사진을 통해 유행하는 패션 디자인과 소재에 대한 풍부한 정보를 손쉽게 접할 수 있다. 또한 기존의 온라인 쇼핑몰들을 통해서도 클릭 한 번이면 원하는 제품을 빠르면 하루 만에도 받아볼 수 있다. 하지만 스티치 픽스는 그럼에도 불구하고 소비자들이 '나만의' 패션 아이템을 찾는 것에 여전히 어려움을 느끼고 있다는 점에 주목했다. 그리고 이를 해결하기 위해 생성형 AI와 인간 스타일리스트의 스타일링이 결합된 맞춤형 초개인화 스타일링 서비스 '픽스Fix'를 출시했다.

스티치 픽스의 픽스 서비스는 개인의 취향과 생활 방식을 정확히 파악해 각자에게 맞는 스타일을 제공하는 것을 목표로 한다. 이를 위해 고객은 먼저 자신의 사이즈, 취향, 예산 등 다양한 항목을 포함하는 '스타일 퀴즈'에 응답해야 한다. 스타일 퀴즈에서 모인 데이터들은 뒤이은 '스타일 셔플'에서 고객이 다양한 패션 아이템의 실제 사진을 보고 좋아하거나 싫어하는 스타일에 대해 선택하는 과정을 거친 후 더욱 구체화되며 되며, 마지막으로 AI 알고리즘의 체계적인 분석 과정을 거친 후, 단 한 명의 고객만을 위한 '스타일 프로필'로 재탄생하게 된다.

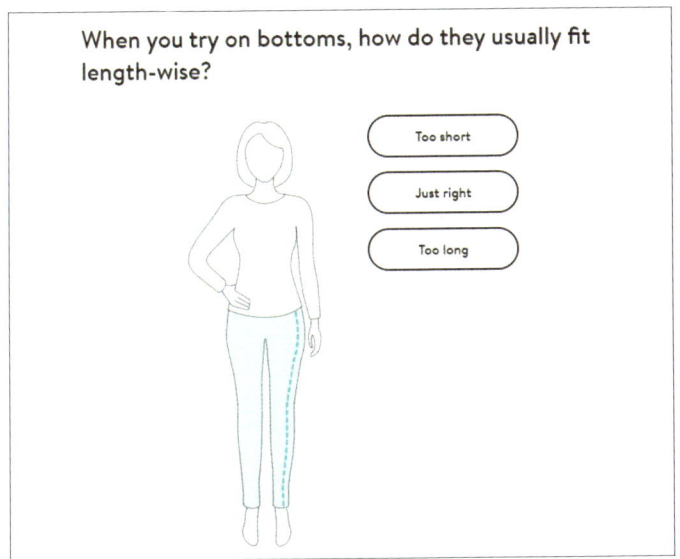

스티치 픽스의 스타일 퀴즈.

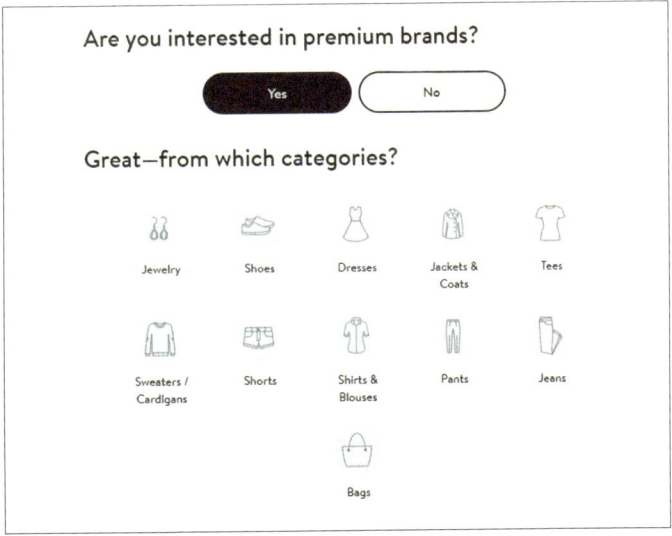

스티치 픽스의 스타일 퀴즈.

출처: 스티치 픽스

스타일 프로필과 이를 기반으로 AI 알고리즘이 찾아낸 최적의 추천 상품들 중 총 5가지의 패션 상품이 스티치 픽스 소속 스타일리스트들에 의해 최종적으로 선택된 후 픽스 전용 택배 상자에 담겨 매 2~3주, 매달, 매 분기 등 고객이 원하는 주기에 맞춰 배송된다. '픽스' 배송마다 고객은 20달러의 스타일링 비용을 지불하는데, 고객이 상품 중 하나라도 구매를 결정할 경우 이 20달러는 구매하기로 결정한 상품의 가격 총액에서 자동 차감된다. 만약 배송받은 아이템이 마음에 들지 않을 경우에는 무료로 반품이 가능하며, 고객이 픽스를 통해 받은 모든 상품을 구매할 경우 25%의 할인을 제공한다.

스티치 픽스에 따르면, 픽스 배송을 받은 고객의 80%가 받은 옷들 중 최소 하나를 구매하며, 첫 구매 후 90일 내에 재구매를 한다고 한다. 또한 66%에 달하는 고객들이 픽스 같은 개인화된 스타일링 서비스가 실제로 매일 무엇을 입을지 고민하는 시간을 줄이는 데 매우 도움이 되고 있다고 답했다.

2011년 바쁜 현대인들에게 나만의 스타일링을 제공하는 것을 목표로 불과 직원 5명으로 시작한 미국의 스타트업 스티치 픽스는 맞춤형 쇼핑 경험을 제공하는 혁신적인 비즈니스 모델을 통해 가파르게 성장하기 시작했다. 2017년에는 뉴욕 나스닥 시장에 기업공개[IPO]를 마치며 투자자들에게도 그 가치와 잠재력을 인정받았다. 약 300만 명에 달하는 활성 고객을 끌어모으며 패션 산업에

스티치 픽스의 픽스 박스. 출처: www.studybreaks.com

서 입지를 굳힌 스티치 픽스의 놀라운 성장은 맞춤형 초개인화 서비스에 대한 소비자들의 높은 수요와 관심을 방증한다. 즉 생각보다 많은 소비자들이 단순히 가격이나 유행만을 좇기보다는 자신의 개성과 생활 방식에 꼭 맞는 상품을 필요로 하고 있다는 것이다.

패션에 더한 데이터 과학

하지만 창업 초기 스티치 픽스가 이렇게 큰 성공을 이뤄낼 것이라고 예상한 이는 많지 않다. 물론 처음부터 '대중'이 아니라 오로지 한 '개인'만을 위한 스타일링 서비스를 제공하는 것을 목표로 다른 패션 기업들과의 차별점을 내세웠지만, 개별 고객들의 취향과 수요를 일일이 수작업으로 정리해 상품을 추천하고 분류하다 보니 들어간 시간과 노력에 비해 결과는 만족스럽지 못했다.

이런 문제점을 보완하고자, 스티치 픽스의 창업자 카트리나 레이크는 당시 넷플릭스의 데이터 및 알고리즘 핵심 인력이었던 에릭 콜슨Eric Colson을 영입한다. 그의 합류 이후 스티치 픽스는 좀 더 체계화된 고객 데이터 수집 방식과 함께 자체 개발한 AI 알고리즘을 통해 고객 개개인의 다양하고 구체적인 수요를 빠르고 정확하게 읽어낼 수 있게 됐다.

스티치 픽스에게 데이터는 고객 맞춤형 제품 추천을 가능하게 하는 중요한 원천이다. 이 때문에 스티치 픽스는 심지어 무료 반품이라는 편리하고 유연한 정책을 고수하고 있다. 무료 반품 정책은 고객이 다양한 스타일을 자유롭게 시도할 수 있게 유도하는 한편, 고객의 다양한 피드백 데이터를 수취하는 통로로 사용된다. 고객이 텍스트 형태로 자유롭게 남긴 제품에 대한 피드백은 자연어 처리Natural Language Processing, NLP 기술을 통해 정량화되고 데이터화돼 스티치 픽스의 AI 알고리즘에 통합된다. 이는 스티치 픽스가 다음 픽스 배송에서 더욱 정밀하고 맞춤화된 추천을 제공할 수 있게 한다.

또한 회사 내부적으로도 이렇게 누적된 데이터는 소비자들이 어떤 상품을 얼마나 구매할지 예측하거나, 지역별로 배송 업체를 선택하는 것 같은 중요한 의사결정에 유용하게 사용된다. 또한 자체 브랜드 상품 기획 및 제작에도 활용된다. 이처럼 스티치 픽스는 데이터 기반 접근 방식과 지속적인 AI 알고리즘 개선을 통해 미국 패션 리테일 산업에서의 혁신을 선도하고 있다.

이커머스 시장에서 살아남는 개인화 전략

스티치 픽스의 초개인화 서비스는 각 고객만의 고유한 데이터를 수집하고 분석하여 그들의 생활 방식, 선호도 및 필요에 가장 잘 맞는 스타일링을 제안한다. 한편 정교한 데이터 분석을 통해 제공되는 개인화 서비스는 스티치 픽스의 충성 고객층을 더욱 두텁게 했지만, 스타일 퀴즈와 스타일 셔플을 완료한 후에도 실제로 픽스 배송을 주문하지 않는 잠재 고객 또한 여전히 상당수 존재했다. 이들은 기존 픽스 서비스가 물품을 받기 전까지 무엇을 받게 될지 알 수 없다는 점에 불만을 나타냈다. 이러한 요구를 반영해 스티치 픽스는 고객이 스티치 픽스에서 추천한 상품에 대한 구매 결정을 내리기 전 실제 사진과 상품 상세 정보를 확인할 수 있게 하는 '프리스타일' 서비스를 도입하며 신규 고객의 진입장벽을 낮췄다.

또한 기존 충성 고객층을 겨냥해서는 이들이 기존에 픽스 서비스를 통해 구매한 아이템과 어울리는 새로운 상품을 추천해주는 '숍 유어 룩 Shop Your Look' 서비스를 출시했으며, 최근에는 미국 최대 음악 스트리밍 플랫폼 스포티파이와 협업해 개인화된 재생 목록과 이를 기반으로 개인화된 패션 추천 서비스를 제공하는 '스타일 튠 업 Style Tune Ups' 서비스를 출시하기도 했다. 이같은 스티치 픽스의 다양한 개인화 전략은 앞으로 더욱 성장할 것으로 예상되는 초개인화 이커머스 시장에서의 선두 지위를 더욱 강화시킬 것으로 전망된다.

AI가 주도할 온라인 쇼핑 시장

객관적 데이터에 기반한 초개인화 제품 추천 서비스는 소비자들이 제품 선택을 위해 고민하는 시간을 절감하고, 개인의 취향과 요구에 꼭 맞는 아이템을 찾는 데 큰 도움을 제공한다. 분초사회, 시성비(시간 대비 성능)로 대변되는 현대 사회에서 초개인화가 더욱 주목받을 것으로 예상되는 이유다.

많은 전문가들은 2023년과 2024년이 생성형 AI의 태동기였다면, 2025년은 다양한 산업에서 이를 활용한 초개인화 마케팅이 더욱 활성화되는 원년이 될 것으로 전망하고 있다. 특히 각양각색의 고객 수요가 존재하는 리테일과 패션 업계에서의 적용이 더욱 활발해질 것으로 보인다. 이미 세계 최대 이커머스 플랫폼인 아마존에서는 생성형 AI를 기반으로 한 대화형 쇼핑 도우미 '루퍼스Rufus'를 출시해, 소비자들이 방대한 제품 카탈로그와 고객 리뷰를 일일이 찾아보지 않고도 최적의 상품을 추천받을 수 있게 도와주고 있다. 또한 우리나라에서도 최근 들어 신세계쇼핑, 마켓컬리 등 많은 이커머스 기업들이 이 추세에 발맞춰 생성형 AI를 활용한 정교화된 초개인화 추천 서비스를 적극 도입하고 있어 귀추가 주목된다.

AI가 가져온 디지털 혁신은 점차 쇼핑의 국경을 허물고 있다. 우리만의 우수한 상품이 언어와 지리적 장벽을 넘어 전 세계 어디서나 그 가치를 인정받을 수 있는 시대에 접어든 것이다. 하지만 초개인화 서비스가 국내 시장을 넘어 해외 고객들까지 아우를 수 있으려면, 기업은 지속적인 데이터 학습과 더욱 세밀하고 맞춤화된 분석 기술 개발에 주력해야 한다. 또한 이를 실현하기 위해 AI와 데이터 전문 인재를 육성하고, 이들이 국제적으로 경쟁할 수 있도록 국가적 지원 또한 선행되어야 한다. 조만간 이러한 노력들이 결실을 맺어 우리 기업들이 세계 시장에서 경쟁력을 확보하고, 지속 가능한 성장을 이뤄나갈 수 있기를 기대해본다.

이재인 (달라스무역관)

| AI로 만들어가는 일상 |

위조 명품 잡아내는
AI 중고거래 플랫폼

시드니

    호주에 거주하는 올리비아는 백화점이나 공식 온라인 사이트에서 더 이상 판매하지 않는 단종된 명품 가방을 찾고 있었다. 그녀가 원하는 제품을 '하이 엔드'라는 중고 명품 거래 플랫폼에서 발견했지만, 진품 여부에 대한 우려로 구매 결정을 주저하게 되었다. 그러나 올리비아는 판매자가 1,000호주달러(약 90만 원) 미만의 제품이라 해도 해당 제품의 사진을 업로드하고 하이 엔드 AI 데이터베이스를 통해 진품 여부를 확인하는 절차를 거쳐야 하며, 1,000호주달러 이상의 제품은 프리미엄 인증을 받기 위해 하이 엔드 사무실로 보내야 한다는 사실을 알고 마음을 놓았다. 이로써 올리비아는 진품 여부를 걱정하지 않고 중고 명품 쇼핑을 즐길 수 있게 되었다.

글로벌 경영 컨설팅 회사인 베인 앤드 컴퍼니^Bain & Company의 보고에 따르면, 2019년부터 2023년 사이 전 세계 명품 시장 규모는 약 30% 성장하여 역사상 최고치인 약 1.5조 유로(약 2,221조 원)를 기록했다. 그중 의류, 시계, 가방과 같은 개인용 명품 시장은 3,620억 유로(약 536조 원)로, 전년 대비 4%의 성장률을 보였다. 2023년 전 세계적으로 어려운 경제 상황에도 불구하고 개인의 명품 소비가 지속된 것이다. 또한 인플레이션을 극복하기 위해 세계 중앙은행들의 금리 인상이 이어진 가운데, 미국 연방준비제도(연준)는 기준 금리를 22년 만에 최고 수준인 5.25~5.50%까지 올렸고 호주 역시 이러한 추세를 따랐다. 그럼에도 불구하고 호주의 명품 소매 판매 가치는 2023년 기준 전년 대비 5% 증가했으며, 스태티스타의 예측에 따르면 호주 명품 시장은 2024년부터 2028년까지 연간 3.52%의 성장률을 보일 것으로 기대된다.

중고 거래와 위조품 문제

명품 소비가 지속됨에 따라 사용하지 않는 명품을 재판매하려는 사람들도 증가하는 추세다. 더불어, 인플레이션이 계속되면서 생활비 압박으로 인해 더 저렴한 명품을 찾는 소비자들도 늘어나고 있다. 2024년 상반기까지도 전 세계적으로 물가 안정 기조가 정체되면서 금리 인하 가능성은 희박해지고 있다. 이러한 이유로 원가보다 저렴한 가격에 고가의 명품을 구매하려는 중고 거래 이용자들이 유입되면서 명품 리셀* 시장은 점점 성장하고 있다. 리서치 앤드 마켓 Research and Markets 의 보고서에 따르면, 2022년과 2023년 명품 리셀 시장의 가치는 392억 3,000만 달러로 평가되었으며, 베인 앤드 컴퍼니의 추정에 따르면 2023년 전 세계적으로 490억 달러 상당의 중고 명품이 판매되었다. 스태티스타는 이 시장이 2026년까지 9.6% 성장해 520억 달러에 이를 것으로 예상하고 있다.

그러나 동시에 위조 제품 판매의 문제도 계속해서 이어지고 있다. 중고 명품 시장에서 가장 큰 문제 중 하나는 소비자가 직접 제품이 진품인지 위조품인지를 판별해야 한다는 점이다. 특히, 온라인 플랫폼에서 비대면으로 구매할 때는 제품 사진만으로 진위를 가리기 어려운 한계가 있다. 호주에서 페이스북을 통해 형성된 중고 명품 마켓 플레이스 사용자 대상의 설문 조사에서는 응답자의 91%가 중고 시장에서 제품을 구매할 때 가장 중요한 요소로 진품 인증을 꼽았다.

- 한국에서 보편적으로 쓰이는 차익을 얻기 위해 웃돈을 받고 되파는 행위가 아닌, 이전에 구매한 제품을 다시 판매하는 행위로 중고 거래와 같은 개념.

한편, 2020년 세계적으로 판매된 위조 제품의 총 가치는 1조 8,000억 달러를 초과했으며, 같은 해 한국 특허청이 모니터링을 통해 적발한 불법 위조 상품 적발 건수는 12만 6,542건에 달했다. 이는 정품 가격 기준으로 총 9,114억 원에 해당한다. 팬데믹 이후에 비대면 방식의 온라인 거래가 크게 증가하면서, 다양한 포털 사이트와 오픈 마켓을 통한 위조품 판매가 늘어나는 추세를 보이고 있다.

● 차별화를 구현해낸 하이 엔드 앱

창립자 브룩 마크스 Brooke Marks와 로런 케네디 Lauren Kennedy는 중고 명품 거래의 단점에서 벗어나 신뢰할 수 있는 쇼핑 경험을 제공하기 위해 2014년 호주 멜버른에 본사를 두고 하이 엔드 앱을 개발했다.

명품 인증 전문가이자 큐레이터인 마크스는 신뢰할 수 있는 중고 명품 마켓 플레이스를 형성하기 위해 페이스북을 통해 e-마켓 플레이스인 하이 엔드를 설립했다. 이는 명품 애호가들을 위한 비공개 그룹으로, 사용자는 그룹에 초대받아야만 마켓 플레이스에 진입할 수 있다. 이러한 초대 전용 그룹은 "IYKYK If you know, you know"라고 불린다. 즉, 아는 사람들만 아는 커뮤니티가 형성된 것이다. 이를 통해 마크스는 패션 애호가들을 끌어모음과 동시에 안전하고 엄선된 마켓 플레이스를 형성할 수 있었다. 10여 년이 지난 오늘날, 플랫폼에는 매달 약 1만 6,000개 이상의 사진이 업로드되고, 2024년 현재 회원 수는 11만 명에 육박한다.

하지만 페이스북이라는 외부 플랫폼에서 사용자들의 안전한 쇼핑 경험을 보장하기에는 한계가 있었다. 이에 마크스는 AI와 인증에 중점을 두고 마켓 플레이스를 소비자 친화적인 앱으로 전환하기로 결정했다. 이때 맥쿼리 그룹Macquarie Bank에서 근무하면서 데이터과학 및 사기 분석 분야에서 일했던 케네디가 마크스에게 연락했다. 그녀는 인증 및 신뢰성에 대한 고유한 접근 방식으로 인정을 받고 있는 기술 및 데이터 전문가로, 머신 러닝을 통해 AI 모델 제품군을 개발하여 비즈니스 모델로 구축하고자 했다.

마크스와 케네디는 중고 명품 거래 산업의 문제점을 극복하고자 2023년 5월 사업 계획을 구상했다. 케네디는 하이 엔드의 기술 전략을 주도하여 앱의 자체 인증 기술을 구현해냈으며, 이후 5개월 뒤인 2023년

하이 엔드 창립자 브룩 마크스와 로런 케네디.
출처: 하이 엔드 홈페이지

11월 앱을 출시했다. 그들은 중고 명품 시장에서 사용자들이 가장 원하는 인증 문제를 해결함으로써 고객 맞춤형 앱을 탄생시켰다. 이것이 하이 엔드가 다른 경쟁 앱과 차별화되며 호주 여성들을 사로잡은 이유다.

● AI로 구분해내는 위조품

하이 엔드는 AI 기술과 마켓 플레이스의 통합을 통해 소비자의 신뢰를 얻을 수 있었다. 이 회사는 진품과 위조품을 구별하기 위해 자동화된 인증 절차를 포함한 다양한 기술을 사용한다. 이러한 인증 절차는 "방어선 Lines of Defence"이라고 불리며, 거래가 이루어지기 전에 위조품이 시장에 유통되는 위험을 효과적으로 식별하고 관리하도록 설계되었다.

하이 엔드는 개별 명품 브랜드를 면밀히 연구하여 맞춤형 AI 솔루션을 개발했다. 약 300개의 브랜드에 대한 분석을 통해, 사진이 모델에 입력되고 특성공학 Feature Engineering이 수행되어 AI 인증 모델이 구축된다. 이 모델은 판매자가 올린 사진 속 텍스트를 인식할 수 있어, 판매자가 나열한 모든 항목을 검증하고 이미지를 비교함으로써 위조품을 식별할 수 있다. 또한 핑거프린팅 기술을 이용한 추적 시스템을 통해 다양한 데이터 정보를 수집하며, 이는 최초 배포자를 추적할 수 있는 디지털 지문으로 작용한다. 이처럼 하이 엔드는 고급 기술을 활용하여 시장의 신뢰를 구축하고, 소비자가 안심하고 거래할 수 있는 환경을 제공한다.

까다로운 판매 절차로 향상시키는 신뢰도

판매자가 하이 엔드 플랫폼에서 제품을 등록하고 판매하려면 엄격한 지침과 절차를 따라야 한다. 먼저, 하이 엔드 플랫폼에 등록이 허용된 브랜드만 판매가 가능하다. 이는 하이 엔드에 의해 구축된 AI 인증 모델이 자체적으로 선별할 수 있는 브랜드에만 한

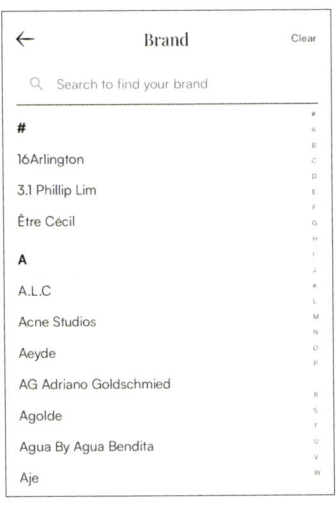

출처: 하이 엔드 앱

하이 엔드에 허용된 브랜드 리스트 중 일부.

정되기 때문이다. 판매자는 상품을 등록하기 전에 허용된 브랜드 목록을 확인할 수 있다.

또한, 원래 상태에서 10% 이상 변경된 제품이나 위조품은 판매할 수 없으며, 눈에 띄는 얼룩이나 강한 냄새가 날 경우에도 판매가 제한된다. 상품 등록 시, 판매자는 상품의 명확하고 정확한 이미지를 제공해야 하며, 이는 AI 인증 모델이 학습한 정보를 바탕으로 이미지를 인식하는 데 기여한다.

제품이 판매되더라도 판매자는 구매자로부터 결제된 금액을 즉시 받을 수 없다. 판매 알림을 받은 후, 판매자는 영업일 기준 5일 이내에 호주 우정 공사 Australia Post의 특급 우편 서비스로만 구매자에게 제품을 배송해야 하며, 배송 추적 번호를 즉시 업로드해야 한다. 만약 5일 이내에 업로드하지 않을 경우, 구매 금액은 구매자에게 환불된다. 하이 엔드의 플랫폼은 호주 우정 공사 API와 연동되어 있어, 제품이 구매자에게 배송될 때까지 추적할 수 있다. 구매자는 플랫폼에서 알림을 받고, 추적 세부 정보가 담긴 이메일을 받게 된다.

상품을 받은 후 구매자는 즉시 상품을 검사해야 하며, 상품에 대한 우려 사항이 있을 경우 배송일로부터 72시간 이내에 하이 엔드에 알려야 한다. 제품이 위조품으로 판단될 경우, 구매자는 하이 엔드에 신고서를 제출하거나 제품 검사 요청을 할 수 있다. 하이 엔드는 제출된 신고를 바탕으로 구매자의 우려가 합당하다고

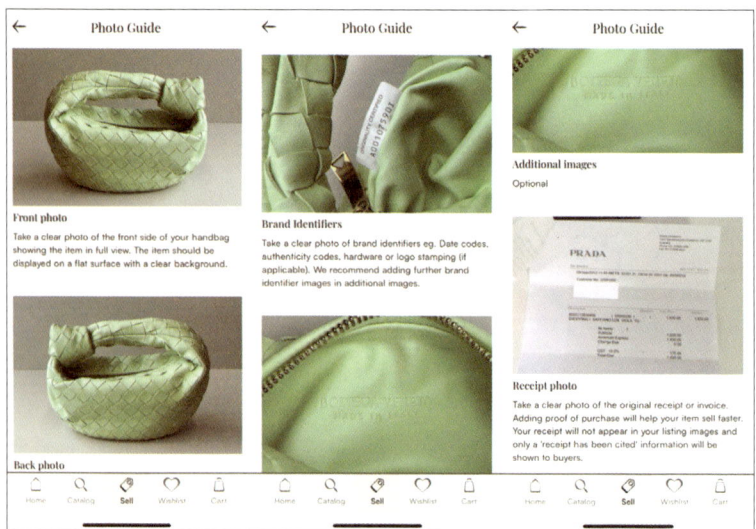

하이 엔드의 판매 제품 사진 등록 가이드. 　　　　　　　　　　　　출처: 하이 엔드 앱

판단되면, 구매자에게 배송비를 포함한 전액을 환불한다. 결제는 세계 최대 온라인 및 모바일 결제 플랫폼인 스트라이프Stripe를 통해 처리되며, 스트라이프는 에스크로Escrow 결제 서비스*를 통해 거래가 원활히 이루어질 때까지 결제 대금을 보관한다.

　판매자가 제품의 판매액이 1,000호주달러(약 90만 원) 이상인 제품을 판매하려면, 45호주달러(약 4만 원)의 수수료를 지불하고 프리미엄 인증을 받아야 한다. 인증을 위해 판매자는 제품을 하이엔드 사무실로 보내 진품 여부를 확인받아야 한다. 제품이 판매되면 판매자는 영업일 기준 5일 이내에 제품을 구매자에게 바로 보

* 안전한 거래를 위해 제3자가 거래 금액을 일시적으로 보관하는 결제 방식.

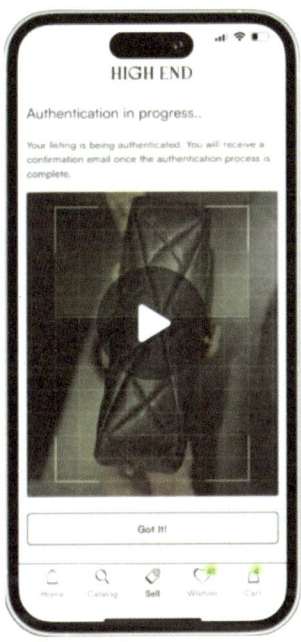

하이 엔드 판매 제품 인증 과정.

내는 대신 하이 엔드 사무실로 배송한다. 이후 배송 추적 번호를 즉시 하이 엔드에 제공해야 한다. 이 규정을 준수하지 않을 경우 판매는 취소된다. 하이 엔드는 제품을 수령한 후 직접 검사하고 품질 관리를 실시하여 제품의 진위 여부를 확인한다. 제품은 72시간 이내에 승인되거나 거부될 수 있으며, 제품 판매가 거부된 경우 판매자는 통지받은 세부 사항을 수정하여 제품을 다시 등록해야 한다. 이러한 까다로운 절차를 통해, 하이 엔드는 소비자들의 신뢰를 얻는 마켓 플레이스를 창출한다.

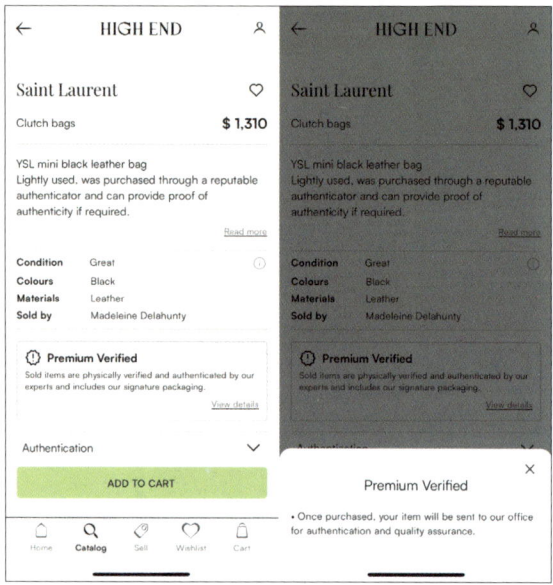

하이 엔드 프리미엄 인증. 출처: 하이 엔드 앱

🔵 중고 명품에 새로운 생명 불어넣는 플랫폼

한국에서의 명품 소비 열기도 지속되고 있다. 미국의 투자은행 모건 스탠리Morgan Stanley가 발표한 바에 따르면, 2022년 한국인들은 1인당 평균 325달러를 명품에 지출했다. 이는 세계에서 가장 높은 금액으로 미국의 280달러, 중국의 55달러를 크게 앞섰다. 그리고 이와 함께 중고 명품 시장 또한 활성화되고 있다.

우리나라에서는 짧은 기간 내에 품절되는 인기 제품이나 희소성 있는 한정판 제품을 원가 이상으로 판매하여 수익을 거두는 '리셀 테크(리셀과 재테크의 합성어)' 바람이 불고 있다. 앱 및 리테일 분석 서비스인 와이즈앱·리테일·굿즈가 진행한 조사에 따르면, 리셀 플랫폼의 순 사용자 수는 꾸준한 증가세를 보이고 있다. 2022년 8월 기준으로, 사용자 수는 지난해 같은 기간 대비 156% 증가한 84만 명에 이르렀다.

이러한 한국의 리셀 플랫폼들은 중고 시장 공략을 통해 사업을 확장하고 있다. 특히, 고가의 물품이 거래되는 중고 명품 거래 플랫폼 간의 경쟁에서 기술 분야의 경쟁이 치열하다. 최근 이들은 데이터를 수집해 데이터베이스를 구축하고 AI 기술을 개발해 제품을 검수하여 사용자들의 편익을 강화하고 있다. 리셀 시장뿐만 아니라 중고 시장에서 진품과 위조품을 구별하고 제품의 결함이나 품질을 검수하는 것은 이제 필수적인 요소가 되었다. AI 기술 접목을 확대하는 경쟁 속에서 하이 엔드의 AI 인증과 복잡한 판매 절차는 위조품 판매의 진입을 차단하는 '방어선'을 형성하여 1차적으로 제품 진위에 대한 불확실성을 줄일 수 있다. 이러한 장벽은 장기적으로 소비자의 신뢰를 향상해 더 많은 기회를 창출할 수 있으며, 시장 점유율 확보에 있어 또 다른 기회가 될 것이다.

이정아(시드니무역관)

AI가 만드는 산업의 미래

| AI가 만드는 산업의 미래 |

내 손안의 경영전략 컨설턴트, 예측형 AI

암스테르담

몇 주 후의 날씨를 예측할 수 있는 기술의 편리함은 정말 놀랍다. 하지만 기술의 급속한 발전과 일상 속 AI의 사용으로, 미래 사건을 예측하는 능력은 이제 기상학에만 국한되지 않으며 예측형 AI의 힘을 통해 다양한 분야로 확장하고 있다.

네덜란드 인공지능 환경은 빠르게 진화하고 있다. 다양한 애플리케이션이 AI, 특히 예측형 AI 기술의 혁신 잠재력을 보여준다. 생성형 AI는 주로 텍스트, 음악, 이미지 등을 만드는 데 사용되는 반면, 예측형 AI는 미래의 패턴이나 트렌드를 파악하여 재고 또는 공급망 관리, 마케팅 캠페인, 사용자 경험 등과 같은 비즈니스 프로세스를 지원하는 데 주로 사용된다. 이를 통해 기업은 직원들이 의사 결정 및 기타 복잡한 업무에 집중할 시간을 더 많이 확보할 수 있다. 또한 예측형 AI는 직원이나 고객의 과거 활동을 분석하여 재입고가 필요한 품목을 발견하거나 사용자 행동을 예측하는 등, 더 나은 의사결정을 내리는 데 도움을 줄 수 있다.

예를 들어 공원 방문객 수를 놀라울 정도로 정확하게 예측하기도 하고(자원 계획 및 관리 지원), 예측형 AI 모델을 교육 도구에 통합하여 학생 중도 탈락을 예측하고 적시에 개입하여 교육 성과를 개선하기도 한다. 이러한 사례는 예측형 AI가 운영 효율성을 향상시킬 뿐만 아니라 네덜란드의 다양한 부문에서 전략적 의사결정을 내리는 데 어떻게 활용되고 있는지를 보여준다. 네덜란드의 예측형 AI 활용 사례 중 주목할 만한 몇 가지를 아래에 소개한다.

● 미래를 지배할 AI 기술

최근 예측형 AI 분야에서 각광받는 기업 중 하나는 로테르담에 본사를 둔 겟포커스GetFocus다. 이 회사는 국제 전자제품 박람회인 CES 2024에서 예측형 AI 혁신상을 수상하기도 했는데, CES는 전자제품 기술의 최신 혁신과 발전 사항을 선보이는 최고의 글로벌 기술 행사다. CES에서 AI를 위한 별도의 카테고리가 생긴 것

예측형 AI 혁신상을 수상한 겟포커스.   출처: 겟포커스 홈페이지

은 이번이 처음이다.

  겟포커스는 특허 데이터를 기반으로 어떤 기술이 초기 단계에서 돌파구를 열 것인지 예측하는 솔루션이다. 겟포커스 이용자들은 미래에 어떤 기술이 지배적일지 예측하여 해당 기술을 한발 앞서 사용하거나, 예상되는 기술적 변화에 선구적으로 대비할 수 있

다. '얼리어답터'를 자처하는 기업들은 이 솔루션을 활용하여 기술에서의 경쟁 우위를 점하고 시장에도 영향을 미칠 수 있는 것이다.

겟포커스의 예측은 4단계로 이루어진다. 1단계 '스카우트' 기술은, 대형 언어 모델 Large Language Models, LLMs 을 사용하여 모든 분야의 관련 신흥 기술을 찾아 스카우트하고, AI가 생성한 요약을 통해 빠르게 목록을 작성한다. 2단계 'AI 비교'는 관련 분야 모든 기술의 강점과 약점을 비교하는 단계다. 사람이 이 작업을 수행한다고 하면 수 개월에 걸쳐 수작업으로 진행되어야 하지만, 겟포커스의 AI를 사용하면 작업의 약 95%가 자동으로 수행되어 시간이 몇 분으로 크게 단축된다. 3단계에서는 어떤 신흥 기술이 지배적인 솔루션이 될지, 그 이유는 무엇인지 예측하여 사용자에게 도움을 준다. 즉, 어떤 신흥 기술이 미래를 지배할 것인지에 대한 통찰력을 사용자에게 조기에 제공하는데, 때로는 이러한 통찰력이 수십 년을 내다보는 예지력을 갖추기도 한다. 마지막 '심층 분석' 단계는 경쟁 업체가 무엇을 하고 있는지 분석하고, 잠재 파트너를 찾고, AI로 주요 발명품을 요약하는 단계다.

겟포커스가 예측하여 실제 지배적인 기술이 된 사례로는, 출시 후 열흘 만에 수천만 명의 사용자를 확보한 오픈AI Open AI 의 생성형 AI가 있다. 리튬 이온 배터리 분야의 빠른 혁신을 근거로 전기차 시장의 부상도 예측한 바 있었다. 겟포커스의 CEO이자 공동 설립자인 야르드 반 잉겐 Jard van Ingen 은 특허 수가 기하급수적으로

겟포커스의 예측 4단계   출처: 겟포커스 홈페이지

증가하는 것이 이를 뒷받침하는 증거라고 말한다.

 겟포커스는 연구 개발 부서 외에 정책 입안자에게도 서비스를 제공한다. 현재 이들의 가장 큰 고객 중 하나는 미 해군이다. 또한 레킷^{Reckitt}, 루이비통 모엣 헤네시^{Moët Hennessy·Louis Vuitton S.A., LVMH}, 수에즈^{Suez}, 필립스^{Philips} 같은 기업도 포함된다. 루이비통 모엣 헤네시의 최고 R&D 책임자인 크리스토프 프티^{Christophe Petit}는 "9개월 동안의 성과보다 겟포커스를 활용한 1주일만의 성과가 더 크다"고 말한 바 있다. 루이비통과 마찬가지로 많은 세계적 수준의 기업과 조직이 미래에 대비하기 위해 이 시스템을 사용하고 있다. 대기업의 경우 조직의 미래를 예측하고 전략을 구성하는 부서를 운영하기 마련인데, 겟포커스는 이러한 부서의 역할을 대신해서 수행해

줄 수 있는 시스템이라는 점에서 규모가 크지 않은 기업들에게도 유용한 시스템이 될 수 있다. 또한 예측형 기술로 AI의 가치를 증명해주기 때문에 그 자체로 의미 있는 기술이다.

예측형 AI가 적용된 교육

예측형 AI는 이 외에도 다양한 분야에서 적용되고 있다. 예를 들어 교육 분야에서는 네덜란드에 본사를 둔 에듀테크 스타트업 스투도쿠Studocu가 교육 성과를 높이기 위해 AI를 적극적으로 도입하고 있다. 스투도쿠는 학생들이 학습 자료를 공유하고 학습 관련 질문을 할 수 있는 플랫폼이다. AI를 활용하여 교육 데이터의 추세와 패턴을 분석함으로써 학생의 성적과 중도 탈락 가능성 등을 예측할 수 있다. 또한 스투도쿠 알고리즘은 학생의 피드백과 성적 데이터를 분석하여 학습 자료의 품질을 향상시킨다. 이를 통해 다양한 학습 요구에 맞게 콘텐츠의 관련성과 효과를 유지할 수 있다.

이러한 예측 기능을 통해 적시에 개입하여 학생 유지율과 성공률을 향상시킬 수 있다. 스투도쿠 AI는 기술을 활용하여 교육 산업을 재편하고 있는 위즈노스Wizenoze와 같은 스타트업을 포함한 암스테르담의 에듀테크 기업들 사이에서 폭넓게 확산되고 있는 추세의 일부다. 위즈노스의 예측형 AI는 학생의 참여도와 이해도를 높이는 맞춤형 콘텐츠를 제공함으로써 교육 성과를 최적화하는 것을 목표로 한다.

아직까지 예측형 AI의 모든 적용 사례가 자세히 보고되지는 않았지만, 여러 박물관과 놀이공원에서도 특정 요일과 시간대의 방문객 수를 예측하는 데 예측형 AI를 활용하고 있는 것으로 알려져 있다. 이를 바탕으로 방문객 흐름, 방문객 수, 피크 시간대 등을 예측하여 방문객 경험을 향상시킬 수 있다.

효율 높아진 에너지 시스템

랜드스케이프 Landscape는 데이터 과학, 머신러닝, AI를 활용해 기업 내 다양한 문제에 솔루션을 제공하는 서비스 회사다. 예측형 AI 활용 예시로 에너지 산업에서의 유지 보수 예측을 들 수 있는데, 랜드스케이프는 AI를 사용하여 잠재적인 장비 고장을 예측하고 유지 보수 일정을 최적화한다. 그 결과 심각한 상태에 도달하기 전에 문제를 파악하고 해결함으로써 다운 타임을 줄이고 에너지 시스템의 효율을 높일 수 있다. 또한 랜드스케이프는 AI를 사용하여 과거 데이터를 분석함으로써 제품 및 서비스에 대한 미래 수요를 예측하기도 한다.

하나의 사례로 과거 독일 최대 탄광 회사였던 독일 기업 래

그RAG의 프로젝트가 있다. 래그는 작업을 진행하기 위해 오래된 광산 갱도에서 매일 수 톤의 물을 빼내야 한다. 어떤 물이 언제 광산으로 유입되는지 정확한 과정은 잘 알려져 있지 않은데, 랜드스케이프는 실제 데이터를 사용해 이 물의 양을 몇 달 전에 미리 예측하는 모델을 구축하여 자원 관리 프로세스를 개선했다.

지속 가능한 도시 계획과 개발

소볼트Sobolt는 인공지능과 머신러닝을 활용하여 다양한 산업 과제, 특히 에너지 및 지속 가능성 분야의 문제를 해결하는 데 특화된 AI 회사다. 소볼트는 에너지 기업이 보다 효율적으로 운영을 관리할 수 있도록 고급 AI 기반 예측 및 최적화 솔루션을 제공한

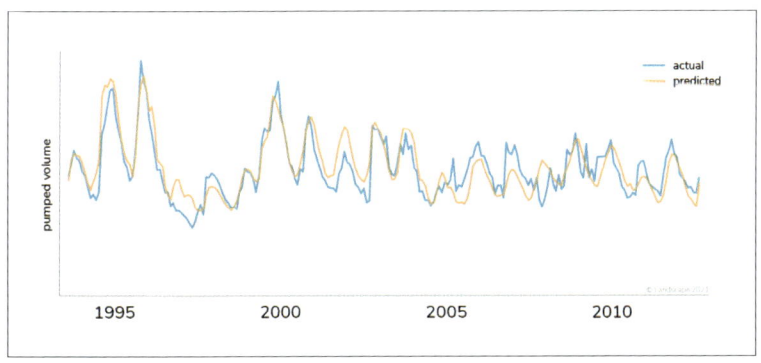

소볼트가 제시한 분석 사례. 출처: 소볼트

솔라 시티 감지
Solar City Detect

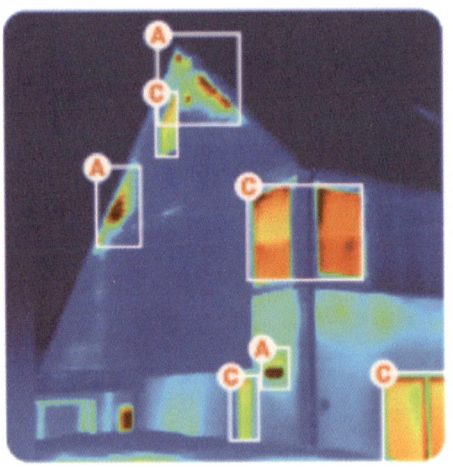

주택 열 손실 보고
Residential Heatloss Report

소볼트가 제시한 분석 사례.　　　　　　　　　출처: 소볼트 홈페이지다. 에너지 회사 등의 사용자는 소볼트의 솔루션을 통해 에너지 생산 및 소비 패턴 예측, 그리드 운영 최적화, 재생 에너지원통합 등 보다 체계적인 운영을 할 수 있는데, 이는 상당한 비용 절감과 효율성 향상으로 이어진다.

또한, 날씨 데이터와 과거 에너지 사용량을 포함한 대규모 데이터 세트를 분석하여 기업이 비용을 절감하고 지속 가능성을 향상하도록 지원한다. 여기에는 자원 관리 개선과 보다 지속 가능한 도시 계획 및 개발이 포함되는데, 사용자는 이 기술을 통해 인프라를 모니터링하고 유지보수가 필요한 시기를 예측할 수 있다.

마지막으로, 소볼트의 기술은 농업 분야에서도 활용될 수 있다. 이를 통해 농작물 관리와 식량 생산 공정이 개선될 수 있다. 사용자는 작물 수확량을 예측하고 자원을 효율적으로 관리하여 보다 지속 가능한 농업에 종사할 수 있게 된다.

사용량 증가하는 네덜란드의 예측형 AI

네덜란드는 AI 혁신의 허브로 빠르게 부상하고 있다. 2024년 1월, 네덜란드는 EU 회원국 중 최초로 생성형 AI에 대한 비전을 제시했다.

정부는 파괴적이면서도 동시에 유망한 이 기술이 가져다줄 기회와 도전에 대비하여 시급히 조치를 취해야 한다고 강조했다. 2023년 11월 개방형 언어 모델 GPT-NL의 개발은 (개방형) 네덜란드어 및 유럽 대형 언어 모델 개발을 촉진하기 위한 활동의 첫 단추 역할을 했다.

이러한 이유로 GPT-NL은 경제기후정책부 Ministry of Economic Affairs and Climate Policy가 지원하는 응용 연구 시설 관련 첫 번째 자금 라운드에서 1,350만 유로(약 200억 원)의 자금을 지원받을 예정이다. 또한 국가 성장 기금 National Growth Fund은 지식 공유, 혁신 촉진 및 네덜란드 AI(관련 시스템) 적용을 위해 에이아이네드 AINed 프로그램*에 2억 4,450만 유로(약 3,000억 원)를 지원할 계획이다.

네덜란드 정부는 또한 2024년 초 사회경제위원회 Social and Economic Council, SER에 AI가 노동 생산성, 일자리의 양과 질에 미치는 영향을 파악할 것을 요청했다. 또한 정부는 생성형 AI 모델의 학습으로부터 데이터를 보호하는 방법을 국민에게 설명하는 캠페인을 만들 계획이다. 2024년 하반기에 안전하고 활용 가능한 공공 국가 AI 테스트 시설을 설립하기 위한 조사가 진행 중이다.

2022년 말 ChatGPT가 출시되고 다른 생성형 AI 도구가 도입된 이후 네덜란드 내 많은 사람들이 AI를 사용하는 것이 일상 생

- 민관 공동으로 최신 AI 기술의 개발 및 적용에 참여하게 하여 2027년까지 네덜란드를 AI 선도 국가로 만드는 것을 목표로 하는 프로그램. 세부 목적으로는 교육, 비즈니스 및 사회의 다양한 분야에서의 AI 지식 수준 향상, 기업과 정부 간 AI 데이터 공유 절차 간소화, AI 도입 중소기업 증가 등이 있다.

활의 일부가 되었다.

전반적으로 AI는 생성형 AI 또는 예측형 AI의 형태로 정부뿐만 아니라 사회와 경제에 큰 영향을 미칠 것으로 예상된다.

위의 사례에서 볼 수 있듯이 예측형 AI는 네덜란드의 다양한 분야를 변화시키고 있으며, 방대한 잠재력을 보여주고, 혁신적인 솔루션을 위한 길을 열어가고 있다. 네덜란드 시장에 진출하려는 한국 기업들은 AI에 대한 기술적 전문성을 활용하면서 현지 시장의 니즈를 파악하는 데 집중해야 할 것이다.

네덜란드 파트너와의 협업을 통해서도 보다 원활한 시장 진입이 가능할 수 있다. AI 도구와 서비스는 본질적으로 국제적으로 연결돼 있으며, 이 덕분에 한국 기업이 네덜란드에 전문성을 제공하고 역동적인 네덜란드 AI 생태계에 기여할 수 있는 충분한 기회가 존재한다. 예측형 AI가 미래에 어떤 변화를 가져올지, 그리고 한국 기업들이 어떤 방식을 통해 이 시장에 진출할지 주목할 필요가 있다.

베툴 부룻(암스테르담무역관)

| AI가 만드는 산업의 미래 |

콘크리트 탄소 문제 해결하는 AI 솔루션

로스앤젤레스

로스앤젤레스를 방문한 한국인이라면 다운타운 한가운데 가장 높게 솟은 건물에 익숙한 태극 문양이 새겨진 것을 발견하고 놀랄 수도 있다. 이 건물의 이름은 윌셔 그랜드 센터Wilshire Grand Center이며 높이 335.3미터, 73층으로 캘리포니아에서 가장 높다. 이토록 높은 건물을 짓기 위해 들어가는 콘크리트의 양은 어느 정도일까? 윌셔 그랜드 센터는 2014년 콘크리트 타설 단계에서 하루에 2,000대가 넘는 트럭을 통해 3,700만kg의 콘크리트를 조달하여 18시간 이상 지속적으로 쏟아부으며 역대 최대 규모의 단일 연속 타설로 기네스 세계 기록을 세웠다.

로스앤젤레스에 위치한 윌셔 그랜드 센터 전경 출처: 윌셔 그랜드 센터

콘크리트는 인류가 물 다음으로 가장 많이 사용하는 물질로, 대부분 시멘트와 물, 모래 등의 재료들을 혼합하여 만들어진다. 그러나 시멘트를 제조하려면 석회석을 약 1,450도의 고온에 가열해 석회와 이산화탄소를 분해하는 과정이 필요한데, 이때 막대한 이산화탄소가 배출된다.

시멘트 제조는 지구온난화의 주범인 이산화탄소 배출 원인의 8%를 차지하고 있다. 일반적으로 콘크리트 배합에서 시멘트가 차지하는 비율은 10% 정도이나 이로 인해 콘크리트가 배출하게 되는 이산화탄소 양은 막대한 것이다.

● 데이터에서 찾아낸 탈탄소의 해답

다시 콘크리트가 만들어지는 과정으로 돌아가보자. 재료들을 혼합해 콘크리트를 만드는 단 하나의 황금비가 존재하는 것일까? 그렇지 않다. 콘크리트의 혼합 비율은 수백만 가지가 존재할 수 있고, 어떤 비율로 재료들을 혼합하는지에 따라 콘크리트의 강도, 내구성, 내재 탄소가 달라진다.

로스앤젤레스의 한 스타트업 기업은 콘크리트를 만드는 과정이 여러 가능한 공식 중 최적화된 하나를 찾아내는 과정이라면 인공지능이야말로 그 일을 가장 잘할 수 있을 것이라고 생각했다.

AI는 단 몇 초 안에 수백만 가지의 가능한 혼합 설계를 생성하고 그중 최적이 무엇인지 제시해줄 수 있기 때문이다. 그렇게 AI와 데이터 분석을 통해 콘크리트 제조를 최적화하는 스타트업 기업 콘크리트.ai Concrete.ai가 창업하게 되었다.

콘크리트.ai는 생성형 AI 플랫폼 '콘크리트 코파일럿 Concrete Copilot'을 개발해 콘크리트 혼합 솔루션을 판매하는 기업이다. 코파일럿은 부조종사라는 뜻인데, 부조종사는 조종사의 옆에서 조종사가 더 현명하고 편하게 작업을 수행하도록 돕는 역할을 한다. 즉 건축업자마다 정해진 예산선이 다르고 무엇을 건설하는지에 따라 요구하는 안정성의 강도 역시 다른 와중에 탄소 배출량까지 줄여야 하는 복잡한 상황에서, 최적의 콘크리트 혼합을 제시해주는 부조종사가 되겠다는 것이다.

콘크리트.ai의 CEO 알렉스 홀 Alex Hall은 2016년부터 콘크리트 제조사와 건설 현장에서 콘크리트 혼합물 데이터를 수집해 UCLA 탄소 관리 연구소에서 개발한 AI모델에게 학습시켰다. 상용화에 앞선 현장 테스트에서 콘크리트 코파일럿은 탄소 배출량은 30%나 감축하면서 건설 비

콘크리트.ai의 CEO 알렉스 홀. 출처: 콘크리트.ai

용은 1입방야드당 5달러(약 6,500원) 이상 절감하는 데 성공했고, 200만 달러(약 26억 원)의 투자금을 모았다.

생성형 AI가 만드는 콘크리트 혼합식

콘크리트.ai의 AI 플랫폼 콘크리트 코파일럿은 사용자가 짓고자 하는 건물의 원자재 특성, 현장 조건, 요구하는 성능 기준, 예산을 입력하면 작동을 시작한다. 수백만 개의 기존 데이터베이스를 활용해 사용자가 입력한 조건값과 가장 유사한 건설 프로젝트를 찾아 그 데이터를 분석하고, 변형을 가해 최적의 혼합 비율을 생성해낸다.

짓고자 하는 건축물이 얼마만큼의 이산화탄소를 발생시킬지 계산하는 과정은 쉽지 않다. 어떤 자재가 들어갈지 정한 뒤, 자재의 전 생애주기에 걸쳐 발생하는 이산화탄소 배출량을 계산해야 한다.

건축물의 안전성과 직결되는 콘크리트의 강도를 결정하는 일도 골치 아프다. 고층 건물 기둥에 사용되는 콘크리트와 가정집 외벽에 사용되는 콘크리트에 요구되는 강도는 서로 다르다. 강도 조절을 위해 시멘트 비율을 높이는 대신, 함께 혼합되는 자갈이나 암석 등 골재의 비율을 바꾼다면 이산화탄소 배출량 조절에 도움

콘크리트.ai의 콘크리트 코파일럿 실행 화면.　　　　　　　　　출처: 콘크리트.ai 홈페이지

이 될 것이다.

　그렇다면 비용은? 유독 공급이 부족해 가격이 오른 골재가 있을지도 모른다. 건축 자재의 공급망에 대한 데이터가 있다면 기존 사용하던 골재를 보다 저렴한 제품으로 변경해 비용을 낮추는 게 가능할 것이다. 콘크리트.ai은 이산화탄소 혼합물 데이터베이스를 충분히 가지고 있고, 시멘트, 자갈, 모래 등 건축 자재의 지역별 공급망에 대한 데이터도 보유하고 있다.

혼합 구성물				
구성물	재료명	참고치	최적치	
WATER	ASTM C1602 Water	32.0 gal/cy	29.0 gal/cy	↓3.0
CEM25	ASTM C150 Type II/V Ce..	459.0 lb/cy	106.1 lb/cy	↓352.9
FLYASH	ASTM C618 Class F Fly..	81.0 lb/cy	159.1 lb/cy	↑78.1
SLAG	ASTM C989 Slag		265.2 lb/cy	↑265.2
GRNT57	ASTM C33#57, 1x4 Grani..	1750.0 lb/cy	427.1 lb/cy	↓1322.9
GRNT7	ASTM C33 #7, 1/2x4 Gra..		1281.2 lb/cy	↑1281.2
CNCSND	ASTM C33 Concrete Sand	1540.0 lb/cy	1563.0 lb/cy	↑23.0
ADHRWRA	ASTM C494 HRWRA	2.00 oz/cwt	1.00 oz/cwt	↓1.00
AIR	Air content	2.0%	2.0%	→0.0

최적화된 콘크리트 혼합을 제시하는 콘크리트 코파일럿.   출처: 콘크리트.ai 홈페이지

콘크리트.ai의 AI 부조종사는 단 몇 초만에 답을 제시한다.

"시멘트를 352.9lb/cy(입방야드당 파운드) 줄이세요. 대신 플라이 애시와 고로 슬래그 같은 저탄소 재료를 늘리세요. 그렇게 하면 이산화탄소 배출량을 54% 줄일 수 있습니다."

물론 건축 자재의 이산화탄소 배출량, 또는 비용을 계산해주는 소프트웨어들이 개발되어 있지만 생성형 AI처럼 가격과 강도, 내재 탄소 등 다양한 값이 충돌하는 상황에서 최적의 새로운 답변을 제시해주진 못한다. AI와 머신러닝 알고리즘은 수백만 개의 데이터를 기반으로 수천 개의 혼합 시나리오를 시뮬레이션해 가장 효율적인 비율을 도출한다. 이제 더 이상 비용 절감과 이산화탄소 저감은 교환 관계가 아니다.

AI가 알려준 콘크리트 혼합 비율을 실천하는 기업들은 증가하고 있다. 텍사스주 댈러스에 위치한 데이터 센터 기업 컴파스 데이터센터 Compass Datacenters는 콘크리트.ai의 도움으로 데이터 센터를 건설하는데 계획 대비 콘크리트를 총 20% 적게 사용해 탄소 배출량을 낮췄다고 홍보한다.

콘크리트.ai는 2023년 매출이 25만 달러(약 3억 원)였으나, 2024년엔 150만 달러(약 20억 원)를 예상하고 있다. 이들의 목표는 최적화된 콘크리트 혼합식을 제시하여 연간 전 세계 탄소 배출량의 5억 톤을 감축하는 것이다. 알렉스 홀은 인터뷰에서 AI 솔루션은 콘크리트뿐만 아니라 다른 모든 건축 재료에 활용 가능한 툴

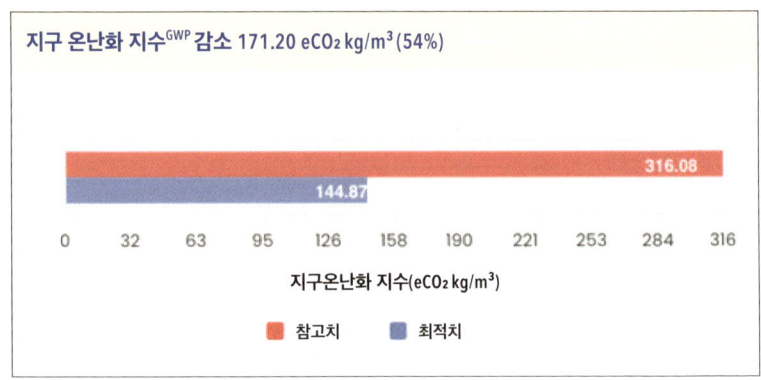

AI 추천 콘크리트 혼합물의 이산화탄소 배출량 감축 그래프. 출처: 콘크리트.ai 홈페이지

AI 추천 콘크리트 혼합물의 강도 최적화 그래프. 출처: 콘크리트.ai 홈페이지

이라고 말하며 아스팔트, 산업용 세라믹, 유리 등 다양한 원자재 배합으로 확장하고 싶다고 덧붙였다.

생성형 AI를 통한 콘크리트의 혼합 비율의 최적화는 콘크리트의 탈탄소화를 위한 건설업계의 다양한 노력 중 하나다.

미국에서는 현재 많은 기업들이 정부 보조금 또는 민간 투자를 받아 콘크리트 제조의 대안을 제시하고 있다. 폐콘크리트를 재사용하는 방법을 개발하기도 하고, 점토와 석회석을 가공해 시멘트를 만드는 과정에서 이산화탄소가 집중적으로 배출된다는 점에서 착안해 새로운 재료로 대체 시멘트를 고안해내기도 한다. 또는 이산화탄소 포집 및 저장 기술을 활용하기도 한다. 방법은 다양해도 목표하는 바는 모두 같다. 콘크리트의 이산화탄소를 줄여보자는 것이다.

● 정부가 나서는 탈탄소화

결국 미국에서는 건물에서 발생하는 이산화탄소 배출을 규제하기 위해 정부가 발벗고 나섰다. 미국 역사상 이산화탄소 배출을 줄이기 위한 가장 중요한 입법 조치라고 평가받는 동시에 바이든 행정부의 대표 법안인 인플레이션 감축법 Inflation Reduction Act 은 건축자재 및 건축물의 내재 탄소 배출을 줄이기 위한 여러 조항을 포함한다.

'내재 탄소'란 건축 자재의 원료 추출, 제조, 운송, 설치, 유지 및 관리, 그리고 폐기까지 전 생애주기에 걸쳐 생성되는 이산화탄소를 의미하며 건물의 사용 과정에서 에너지 소비로 발생하는 '운영 탄소'와 대조된다.

인플레이션 감축법은 미국 조달청에 연방 정부의 건설 프로젝트 추진 시 탄소 배출량이 낮은 건축 자재를 사용하도록 21억 5,000만 달러(약 2조 8,600억 원)의 자금을 할당했다. 그렇다면 어떤 건축 자재가 이산화탄소를 적게 배출할 것인지를 판단하기 위한 방법과 기준 역시 마련돼야 한다. 이를 위해 미국 환경보호국EPA에 건축자의 내재 탄소량을 표준화하고 측정, 검증하는 프로그램을 개발하기 위한 2억 5,000만 달러가 또 할당되었다. 대규모 연방 자금이 투입된 이상 향후 규제는 현실화될 것이다.

친환경 정책이라면 항상 '미국 최초'를 자처해왔고 이를 또 자랑스럽게 여기는 캘리포니아주 역시 가만히 있을 리 없다. 캘리포니아주는 건설 프로젝트에서 사용되는 건축 자재의 탄소 배출량을 줄이기 위해 캘리포니아 청정 건물 기준 코드California Green Building Standard Code, CALGreen 규정을 강화했다.

2024년 7월 1일부로 발효되는 CALGreen 규정은 캘리포니아 내 공공 건축물뿐만 아니라 민간 건축물에 대해서도 건설 시 콘크리트를 포함해 건축 자재에 대한 탄소 배출량을 규제한다. 미국에서 건축 프로젝트를 앞둔 사람들은 이제 단순히 비용 내에서 튼튼한 건물을 짓겠다는 구상만으로는 부족하다. 내재 탄소를 줄여야 한다는 새로운 과제가 부여됐다. 새로운 과제는 비용과 안전성을 포기할 수 없는 상황이기에 더욱 어렵다.

바이든 대통령은 2022년 인플레이션 감축법 서명을 앞두고 "오늘 서명할 법안은 단지 오늘만이 아니라 내일에 대한 것입니다"라고 말했다. 건물의 건설은 오늘을 위한 것이지만 그 과정에서 이산화탄소 배출량을 낮추려는 노력은 내일을 위한 것이다. 많은 시도와 시행착오들이 뜨거워진 지구의 온도를 낮추길 기대해본다.

김서원 (로스앤젤레스무역관)

| AI가 만드는 산업의 미래 |

분리수거도 척척, 리사이클링 AI

실리콘밸리

🌑 쓰레기장의 혁명

우리가 매일 버리는 쓰레기는 어디로 가서 어떻게 분류되어 재활용될까? 아마도 대부분의 사람들은 이 질문에 대해 깊이 고민하지 않고 대답할 것이다. 하지만 이 평범한 질문 뒤에는 놀라운 기술의 진화와 혁신적인 비즈니스 기회가 숨어 있다. 위기는 곧 기회다. 전 세계적으로 매년 생성되는 거대한 양의 쓰레기는 환경에 큰 부담을 주고 있으며, 이를 효과적으로 관리하고 재활용하는 일은 점점 더 중요한 이슈로 부상하고 있다.

세계은행World Bank의 최근 보고서에 따르면 도시화와 소비 증가로 인해 세계는 현재 연간 20억 톤 이상의 쓰레기를 배출하고 있으며, 2050년까지 34억 톤으로 증가할 것으로 보인다. 전통적인 수작업에 의한 분류 방식은 효율성이 낮고, 노동집약적이며, 위험 요소가 많을 뿐 아니라 종종 환경오염을 초래하기도 한다. 이러한 문제를 해결하기 위해 첨단 기술의 도입이 절실히 요구되고 있다.

　이러한 배경 속에서 AI 기반의 쓰레기 분류 기술이 각광받기 시작했다. AI 기술은 정밀한 이미지 인식과 머신 러닝 알고리즘을 통해 쓰레기를 자동으로 식별하고 분류해 재활용 효율을 대폭 향상시킨다. 최근 트렌드를 살펴보면 AI 기술은 단순히 쓰레기를 분류하는 것을 넘어, 데이터 분석을 통해 쓰레기 처리 과정을 최적

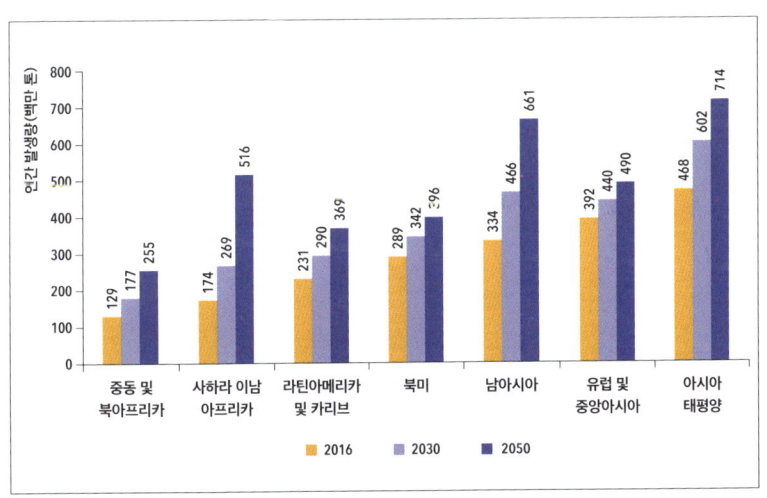

전 세계 지역별 예상 폐기물 발생량.　　　　　　　　　　　출처: 세계은행

화하고, 재활용 과정의 비용을 절감하는 등의 목적에 맞춰 폭넓게 활용되고 있다. 이러한 혁신적인 접근 방식은 쓰레기 관리 산업을 발전시키고, 환경 보호에 기여할 뿐 아니라 새로운 비즈니스 기회를 창출하고 있다.

기적을 만드는 기업

쓰레기를 종류별로 분류하는 일은 꽤 복잡하다. 예를 들어 플라스틱 카테고리 내에서도 PET와 PVC는 외관상으로 상당히 비슷하지만 특성과 용도가 다르기 때문에 이 두 재질을 정확히 구분하지 못하면 재활용 과정에서 문제가 생길 수 있다. 또한 사용된 플라스틱에 붙은 식품 잔여물이나 라벨을 제대로 처리하지 않으면 분류 과정이 어려워진다.

기계가 인간을 대신해 쓰레기를 분류하면 인력에 투입되는 비용을 획기적으로 줄일 수 있고 일관된 작업을 더 빠르게 수행해낼 수 있지만 기술적인 한계로 어려움이 많았다. 하지만 최근 AI 기술과 로봇 기술이 비약적으로 발전하면서 이러한 어려움들을 극복하고 실제 성과를 내고 있는 기업이 속속 등장하고 있다. 그야말로 로봇과 AI가 협력해 영화 속이 아닌 실제 쓰레기 재활용 공장에서 활약하는 세상이 온 것이다.

미국의 한 스타트업이 최근 컨베이어 벨트 위를 지나가는 수많은 쓰레기 중에서 재활용할 수 있는 재료만을 빠르게 골라내는 로봇을 선보여 재활용 산업에 새로운 바람을 일으키고 있다. 바로 콜로라도주 덴버에 본사를 둔 에이엠피 로보틱스 AMP Robotics가 그 주인공이다.

에이엠피 로보틱스에서 개발한 에이엠피 코텍스 AMP Cortex라는 시스템 로봇은 피곤할 새 없이 종이, 플라스틱, 금속 등을 색깔, 크기, 형태 등으로 구분해서 분류할 수 있으며 분당 최대 150개의 아이템을 선택할 수 있어 사람보다 훨씬 빠르다.

이를 가능하게 해주는 것은 로봇의 두뇌에 해당하는 에이엠피 비전 AMP Vision과 에이엠피 뉴런 AMP Neuron이다.

에이엠피 비전은 공항의 관제탑 같은 역할로, 분류 대상으로 들어오는 모든 쓰레기를 감시하고 식별해낸다. RGB 카메라를 사용해 쓰레기들을 스캔하기 때문에 고가의 IR 시스템에 비해 훨씬 비용이 저렴하며, 촬영된 이미지는 에이엠피 로보틱스의 독점 AI 시스템인 에이엠피 AI에 의해 처리되어 쓰레기 유형, 폼 팩터, 색상, 폴리머(플라스틱), 심지어 브랜드별로도 품목을 식별할 수 있다.

에이엠피 뉴런은 실시간으로 쓰레기를 분류할 뿐만 아니라 분류 과정에서 얻은 정보를 저장해서 무엇이 잘 분류되고 무엇을 잘 놓치는지 분석한다. 이렇게 얻어진 데이터는 쓰레기 재활용 공정

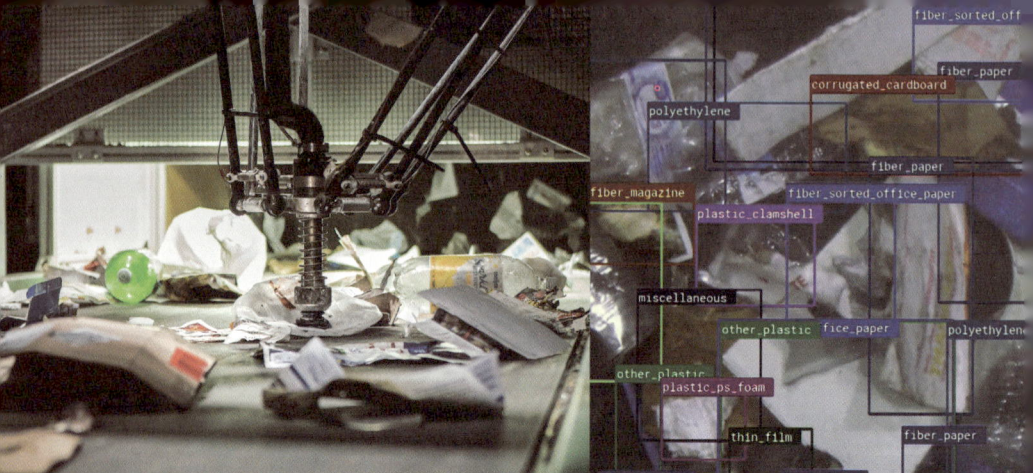

쓰레기를 분류해내는 로봇 팔과 AI를 활용해 쓰레기의 종류를 식별하는 모습.   출처: 에이엠피 로보틱스

이 더 효율적으로 운영될 수 있도록 도와준다. 이 기술은 재활용 과정의 효율성을 크게 향상시킬 뿐만 아니라, 재활용되지 않은 자원으로 인한 경제적 손실을 줄이는 데도 큰 도움이 된다.

에이엠피 로보틱스는 시스템 내에서 플라스틱, 종이, 금속, 필름, 전자 폐기물 등을 분류해낼 수 있다. 먼저 플라스틱 분류를 위해 특별히 고안된 에이엠피 델타AMP Delta는 속도와 정확성을 자랑하는 첨단 로봇 시스템으로, 플라스틱 쓰레기의 구성, 색깔 및 투명도와 같은 여러 특성을 인식해서 분류한 후 재활용할 수 있는 쓰레기들을 한데 모아 압축하고 묶어서 저장하기 쉬운 형태로 만든 베일Bale을 생산한다. 정밀 분류가 가능하기 때문에 PET(폴리에틸렌테레프탈레이트), HDPE(고밀도 폴리에틸렌), LDPE(저밀도 폴리에틸렌), PP(폴리프로필렌), PS(폴리스티렌) 등 다양한 플라스틱을 분류할 수 있으며, 분류 대상도 물병, 우유병, 뚜껑, 튜브, 컵, 커피포드, 플라스틱 필름 등으로 다양하다.

종이 재활용도 어려운 점이 있다. 바로 음식 포장지와 같이 얇은 필름으로 코팅된 종이를 재활용하려면 필름을 분리해야 하기 때문이다. 에이엠피 로보틱스는 이런 문제를 해결하기 위해 시스템 내 에이엠피 백AMP Vac이라는 장비를 통해 분당 최대 120개를 선별하고, 시간당 0.2t의 속도로 종이에서 필름을 제거한 뒤 순도 높은 종이 베일을 생산한다. 마찬가지로 정밀 분류가 가능하기 때문에 신문, 사무용 종이, 잡지, 골판지, 박스보드, 판지 용기, 종이 컵 등 다양한 종이 제품을 분류하고 재활용에 활용되는 종이 베일을 만든다.

이외에도 알루미늄 캔, 비철 식품 용기, 에어로졸 캔 등 다양한 금속 제품들, 배터리, 커패시터, 놋쇠, 구리, 스테인레스, 철사, PCB 등 각종 전자 폐기물도 분류가 가능하다.

에이엠피 로보틱스의 AI 시스템은 쓰레기를 정확히 알아보기 때문에, 해당 쓰레기의 원 제품을 만드는 회사나 브랜드가 자사 제품이 어떻게 쓰이고 다시 재활용 재료로 모이는지 파악할 수 있다. 따라서 이들은 재활용률을 높이고자 하는 브랜드 기업에 해당 가치를 창출하도록 도울 수 있다는 점을 강조하고 있다. 에이엠피 로보틱스는 최근 마이크로소프트의 기후 혁신 기금으로부터 투자를 유치하여 기술 개발과 사업 확장에 박차를 가하고 있으며, 녹색 기술과 지속 가능한 실천 분야에서 주목받는 기업으로 자리매김하고 있다.

가치를 창출하는 AI 정밀 분류

현재 미국에서는 매년 폐기된 자동차 및 기타 전자제품에서 약 2,500만 톤의 금속 스크랩이 발생한다. 금속 스크랩에는 철, 비철 금속, 중금속, 알루미늄, 니켈이나 티타늄과 같은 고가 금속, 주조 또는 가공된 금속, 다양한 합금 등이 포함될 수 있다. 자동차나 전자제품 등 수명이 다한 제품에서 비철 금속을 재활용하는 중요성은 점점 커지고 있다. 이 과정에서 구리나 알루미늄과 같은 원료를 회수할 수 있기 때문이다. 하지만 미국 내에서 금속 스크랩을 분류, 처리하고 재활용하는 데 드는 비용이 높고 금속 스크랩을 처리할 수 있는 시설이 한정되어 있기 때문에 대부분이 해외로 수출되었다가 수작업 분류를 거쳐 다시 수입된다. 이러한 배경 속에서 미국 인디애나주에 기반한 소테라Sortera는 최첨단 인공지능, 이미지·데이터 분석 및 고급 센서 기술을 사용해 건설 및 철거 쓰레기에서 나오는 금속 스크랩을 정밀하게 분류하고 재활용 금속을 만들어 새로운 가치를 창출하고 있다.

특히 알루미늄 스크랩 재활용은 최대 95%까지 에너지 비용을 절감할 수 있어 매우 매력적인 시장이다. 이는 값비싼 원료 알루미늄을 추출하는 것보다 훨씬 경제적이다. 또한 자동차 제조 시장에서는 경량화, 전장화 추세에 맞춰 다른 금속보다 가벼운 알루미늄에 대한 수요가 꾸준히 증가하는 추세다. 이러한 추세에 발맞춰 소테라의 공장에서 최종적으로 만들어진 재활용 금속 조각은 주로 알루미늄으로, 캐스트(주물용), 압출(압출성형용), 시트(판재용) 이렇게 세 가지 종류로 나뉘며, 재활용 알루미늄 제품은 자동차 부품, 건축 자재, 항공우주 구조물 등 다양한 고급 제품에 사용된다.

또한 이 재활용 시스템은 금속 스크랩을 유형별 및 합금 구성별로 정확하게 분류하고 처리하기 때문에 알루미늄을 처음부터 제조하는 것보다 훨씬 적은 에너지를 사용한다. 알루미늄을 처음부터 제조할 때 필요한 에너지의 약 5%만을 사용하기 때문에 에너지

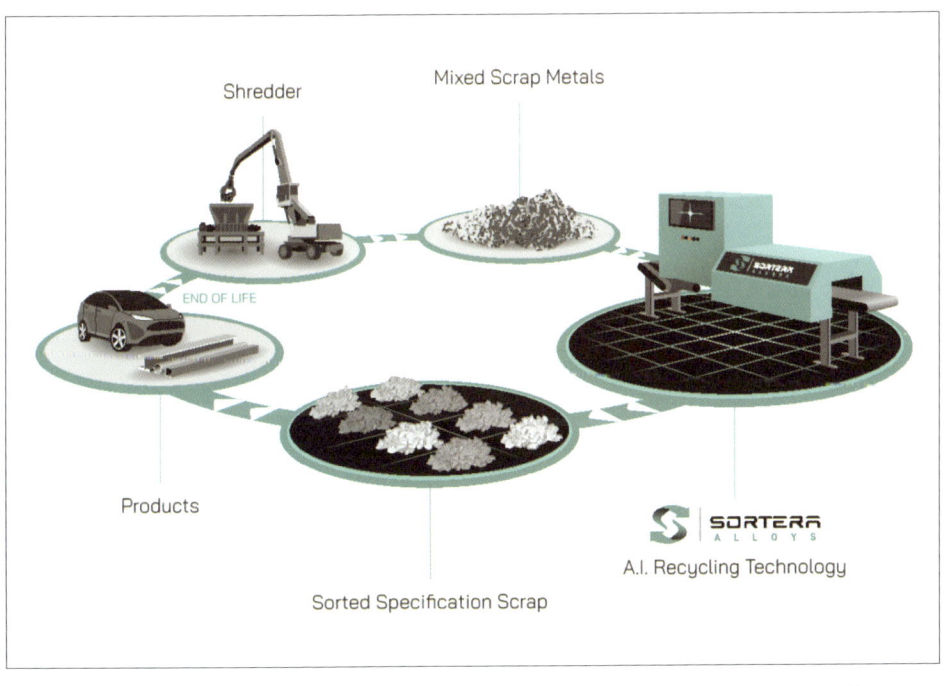

소테라의 금속 스크랩 재활용 순환 경제 모델. 출처: 소테라

효율이 매우 높다. 이는 탄소 배출을 크게 줄이는 것은 물론, 지속 가능한 생산 방식을 추구하는 기업들에 매우 중요한 요소가 된다.

소테라의 혁신적인 기술은 금속 스크랩을 정밀하게 분류해 재활용 금속의 질을 높여준다. 이로 인해 해당 재활용 금속을 사용하는 제조업체들(예를 들면 자동차 제조 업체)는 더 좋은 재료를 쓸 수 있기 때문에 원재료 비용을 크게 절약할 수 있게 된다. 불순물이 적고 깨끗한 재료를 사용하면 기계 문제도 줄어들어 생산 효율을 향상시키고 전반적인 제조 비용을 감소시킬 수 있게 된다. 소테라는 자사 기술을 활용할 경우 점차 강화되고 있는 미국 내 환경 규제에 효과적으로 대비할 수 있고 환경 오염도 줄일 수 있다는 점을 강조하고 있다. 더 나아가 자사 기술로 인해 미국 내 금속 재활용이 늘어나면 해외 의존도가 줄어들고 미국의 재활용 산업과 제조업이 활성화되어 경제 전반에 긍정적인 영향을 미칠 것으로 기대하고 있다.

성장하는 재활용 시장

AI와 로봇 기술이 재활용 산업에 성공적으로 도입되면서 재활용 산업은 물론, 환경 보호에도 긍정적인 영향이 미치고 있다. AI와 로봇 기술은 더 높은 순도와 효율성으로 재활용 가능한 자원을 회수하고, 이를 통해 자원의 낭비를 줄이고 환경 오염을 감소시키는 데 기여하고 있다. 미국 시장에서는 이러한 이점에 따라 재활용 산업에 AI와 로봇을 도입하는 움직임이 빠르게 확산되고 있으며, 미국 이외에도 자동화에 대한 수요가 높은 국가에서 해당 기술은 큰 관심을 받고 있다. 또한, 투자자들과 정책 입안자들도 이 기술들이 가져올 경제적 및 환경적 이점을 인식하면서 지원과 규제 완화의 움직임이 활발해지고 있는 추세다. 에이엠피 로보틱스와 같은 비즈니스 모델을 선보이고 있는 글레이셔 Glacier는 실제로 미시건주 환경, 대호수 및 에너지부 Michigan Department of Environment, Great Lakes, and Energy로부터 보조금을 지원받아 디트로이트 지역에 여러 대의 장비를 배치할 예정이다.

기업들의 성공 사례들은 기술이 어떻게 폐기물 관리의 패러다임을 변화시키고 있는지를 보여준다. 지속 가능한 미래를 향한 이러한 기술의 역할은 앞으로도 계속해서 확대될 것으로 예상되며, 이는 쓰레기가 단순한 부담이 아닌, 가치 있는 자원으로 전환하는 녹색 혁명의 핵심 요소로 부상할 것임을 암시한다.

한국은 전 세계 어느 나라보다 쓰레기 분류 배출을 잘하는 것으로 잘 알려져 있다. 환경부 보고서 「전국 폐기물 발생 및 처리 현황」에 따르면 2022년 기준 한국의 폐기물 재활용율은 87.6%에 이른다. 하지만 이 숫자에는 많은 허수가 포함되어 있다. 폐기물이 재활용 선별장에 입고만 되면 모두 재활용된 것으로 보고 통계를 내기 때문이다. 실제로는 재활용 선별장으로 이동한 쓰레기 중 절반 이상이 물질 재활용 단계로 넘어가지 못하고 탈락하고 있다. 이러한 점은 AI를 이용한 분류 기술이 한국에서 많은 잠재성을 가지고 있음을 시사한다. 서울 도봉구의 자원 순환 센터는 AI 로봇인 '닥터B 인공지능 로봇'을 투입해 종이, 비닐, 알루미늄 등 다양한 항목의 쓰레기를 분류하도록 했으며, 바람과 무게를 이용한 쓰레기 선별 기기를 사용하기도 했다. 높은 초기 투자 비용, 기술에 대한 불확실성, 기존 시스템과의 호환성 문제로 도입 과정이 순탄하지는 않겠지만 위에 소개한 성공적인 해외 사례를 벤치마킹해 기술의 효과성을 입증하고, 본격 적용 전에 시범 프로젝트를 운영해 실제 효과를 평가하는 접근 방식도 고려할 수 있다.

 AI 기술은 지속적으로 발전하고 있으며, 이에 따라 향후 폐기물 관리 분야의 글로벌 AI 시장규모도 크게 확장될 것으로 전망된다. 시장 조사 전문 기관 마켓.US Market.US는 폐기물 관리 분야의 글로벌 AI 시장 규모가 2023년 16억 달러(약 2조 원)에서 2033년 약 182억 달러(약 24조 원)로 예측 기간 동안 연평균 27.5%의 성장률을 보일 것으로 예상했다. AI 기술의 발전은 쓰레기 처리 효율성을 높이고 재활용 가능한 자원의 회수율을 증가시키며 처리 비용을 감소시키는 방향으로 진행되고 있기 때문에, 관련 기업들은 더 정교한 센서와 알고리즘 개발을 통해 미세한 재료까지 정확하게 식별하고 분류할 수 있는 능력을 키우기 위해 서로 경쟁할 것으로 보인다. 쓰레기 관리 방식을 혁신하고 환경 문제에 대한 해결책을 제시함으로써 녹색 혁명을 이끌어가는 데 중요한 도구가 될 AI 기술이 재활용 산업에서 어떤 역할로 자리매김할지 벌써부터 기대가 된다.

이지현(실리콘밸리무역관)

| AI가 만드는 산업의 미래 |

불량 잡는 섬유 산업 AI

리스본

다가오는 시즌과 트렌드에 발맞춰야 하는 패션·섬유 산업은 항상 바쁘다. 빠르고 끊임없는 변화 속에서 경쟁력을 유지하기 위해 많은 기업들이 다양한 전략을 모색하고 있는데, 그중 하나가 바로 패스트 패션이다. 패스트 패션은 최신 유행을 즉각 반영한 디자인과 저렴한 가격으로 옷을 제작하여 소비자에게 빠르게 제공하는 전략을 말한다. 그런데 이러한 전략은 심각한 환경 문제를 야기한다.

유엔 환경 계획United Nations Environment Program, UNEP의 파트너인 엘렌 매카서 재단Ellen Macarthur Foundation은 사람들이 평균적으로 60%가량의 옷을 필요 이상으로 구입하고 그중 절반만 입는다고 추정했다. 유럽 의회는 섬유 산업이 제품 염색 및 마감으로 인해 전 세계 수질 오염의 약 20%를 차지하고 있으며, 이는 국제 항공편과 해상 운송을 합친 것보다도 많은 전 세계 탄소 배출량의 10%에 달한다고 지적했다. 또한 EU 집행 위원회 European Commission 에 따르면, 2023년 EU에서만 연간 1,260만 톤의 섬유 폐기물이 발생했다. 더욱 심각한 점은 그러한 폐기물 중 고작 22%만이 재사용 또는 재활용을 위해 별도로 수거되고 나머지는 소각되거나 매립되고 있다.

2024년 발표된 「2020년 유럽 환경청 보고서」에 의하면 포르투갈은 EU에서 세 번째로 많은 섬유 폐기물을 배출하는 국가다. 또한 포르투갈 환경청 Agência Portuguesa do Ambiente, APA 은 2022년 포르투갈의 도시 잔류물 중 3.92%가 섬유로 인해 발생한다고 발표했다.

이러한 문제를 염두에 두고 EU는 2025년부터 EU 회원국이 사용한 섬유의 별도 수거 시스템을 구축하도록 의무화하는 폐기물 프레임워크 지침 WFD 을 비롯한 여러 이니셔티브를 도입했다.

포르투갈의 주요 산업

섬유 및 의류 산업은 포르투갈 경제에서 매우 중요하다. 북동쪽 중심부의 양모, 중남부의 면화와 북쪽의 린넨 등 다양한 섬유를 제조한 역사를 가지고 있다. 아하이올로스 Arraiolos 양탄자, 비아나

두 카스텔루Viana do Castelo와 마데이라Madeira의 섬세한 레이스 제품이 대표적이다. 특히 15~16세기 대항해시대와 함께 섬유 산업은 더욱 호황을 누렸고 선박은 전 세계, 특히 아시아에서 직물과 염료를 가져와 새로운 소재와 색상으로 섬유 시장을 더욱 다양하고 풍성하게 만들었다.

포르투갈 섬유 및 의류 협회Associação Têxtil e Vestuário de Portugal, ATP에 따르면, 오늘날 포르투갈 섬유 산업은 전체 수출의 10%, 제조업 고용의 20%, 제조업 매출액의 9%, 제조업 생산의 9%를 차지한다. 또한 섬유 및 의류 산업의 하위 부문에서 일하는 포르투갈 기업이 약 6,000개나 있다. 이들 중 대부분은 포르투, 브라가, 기마랑이스, 파말리캉 등 포르투갈 북부에 위치해 있지만 포르투갈 북동부 코빌량에도 양모 제품을 전문으로 하는 업체가 있다.

섬유 제조 자동화

포르투갈 기업 스마텍스Smartex는 이러한 상황을 인지하고 해결하기 위해 옷 제작 이전에 의류 폐기물을 획기적으로 줄일 수 있도록 AI를 접목시킨 자동화 시스템을 개발했다. 질베르투 로레이루Gilberto Loureiro, 안토니우 호샤Antonio Rocha와 파울루 히베이루Paulo Ribeiro가 공동 창업한 스마텍스는 섬유 제조 생산 라인에서 발생할 수 있는 문제의 해결을 위한 인공지능 기반 솔루션 개발 업체다. 질베르투는 섬유 공장에서 근무한 부모님을 따라 고등학교 여름방학을 섬유 직물 검사관으로 일하며 보냈다. 이때 섬유 결함 및 관련 비용에 대한 문제를 직접 경험했고, 이를 해결하기 위한 지속 가능한 방책의 필요성을 절실히 느꼈다. 이후 그는 섬유 산업 대학원에서 전자 공학 전공의 호샤와 소프트웨어 전공의 히베이루를 만났다. 그들은 사람의 육안에 의존한 수작업 공정에서의 오류로 결함이 쉽게 발생한다고 생각했다. 때문에 이 수작업 공정을 자동화한다면 결함을 줄일 수 있을 뿐만 아니라 생산 과정에서 발생하는 에너지, 물, 염료, 원사 낭비를 줄일 수 있다고 의견을 모았고, 2018년 스마텍스를 창립했다.

스마텍스는 총 세 가지 첨단 시스템을 가지고 있다. 첫째, 스마텍스 코어Smartex CORE는 원형 편직기 가동 중에 실시간으로 결함을 감지하는 시스템이다. 방대한 직물 이미지 데이터 세트를 학습한 AI 및 머신 러닝 알고리즘이 제조 과정 중에 픽셀 수준으로 섬유 이미지를 분석하여 결함을 나타내는 변형, 이상 또는 패턴을 감지한다. 그렇게 감지된 결함은 미리 설정된 임계값에 따라 유형과 심각도에 따라 분류된다. 이 전체 프로세스는 공장의 기존 섬유 제조 기계에 적용되며 첨단 카메라와 센서를 통해 지속적인 모니터링을 제공한다.

둘째, 스마텍스 팩트Smartex FACT는 코어와 함께 생산 및 물품 관리

섬유 제조 단계에서 결함을 찾아내는 스마텍스 코어 시스템.   출처: 스마텍스

를 효율적으로 하기 위한 온라인 소프트웨어 플랫폼이다. 앞서 등장한 코어가 섬유 제조 기계에 직접 장착되는 하드웨어라면, 팩트는 그 장치로 읽어낸 데이터를 확인하고 조정할 수 있는 소프트웨어라고 볼 수 있다. 이를 통해 장치만 연결되어 있다면 언제 어디서나 상세한 운영 및 생산 데이터에 접속할 수 있다.

마지막으로 스마텍스 루프Smartex LOOP는 생산 과정을 QR코드에 데이터로 상세하게 기록함으로써 품질을 보장한다. 이를 통해 공급 업체는 물론 제조된 섬유를 사용하는 패션 브랜드 또한 생산 과정과 원단의 질을 확인 및 보장할 수 있어, 공급 업체와 패션 브랜드 간의 협업을 더욱 촉진한다.

● 자동 결함 검사 솔루션

스마텍스의 자동 결함 검사 솔루션은 환경적 이익과 경제적 이익이라는 두 마리 토끼를 잡는다. 앞서 언급했듯이 스마텍스 코어 시스템은 결함이 가장 많이 발생하는 섬유 생산의 편직 단계에 적용된다. 실시간 예방적 접근 방식을 통해 결함 발생 시 이를 신속하게 식별하고 해결함으로써 원단의 제직 단계에서 섬유 폐기물을 크게 줄이고, 이는 에너지, 물, 이산화탄소 배출량 등 다른 자원도 연쇄적으로 줄인다. 평균적으로 스마텍스 코어 시스템이 적용될 경우, 기계 한 대당 연간 264시간의 생산 시간, 1,584kg의 원단, 25만 9,356L의 물, 1만 4,256kWh의 기계 에너지, 2,736kg의 이산화탄소 배출량을 절감하는 효과가 있다.

스마텍스 코어 시스템의 또 다른 강력한 장점은 패스트 트랙Fast track 및 패스트 인스펙션Fast Inspection을 구현할 수 있다는 점이다. 이전에 섬유 제조업체는 모든 원단의 질을 수동으로 확인해야 했다. 하지만 스마텍스 코어 시스템의 자동 그레이딩grading을 활용하면 수동 검사가 필요한 원단의 양을 최소화할 수 있다. 섬유 제조 업체들은 그들의 기준에 따라 나눈 A~D등급 중 평균적으로 30%에 불과한 C나 D등급 원단만 재검사하면 되므로 패스트 트랙을 구현하며 신속히 다음 단계로 넘어갈 수 있다. 이후 디지털 롤 맵digital roll map을 사용하여 원단상의 결함 위치를 정확히 찾아냄으로써 수동 재검사조차 간소화하여 패스트 인스펙션도 구현해낸다. 이렇게 수작업 재검사 시간을 크게 줄임으로써 검사 프로세스를 가속화할 뿐만 아니라 100%의 검사율을 보장할 수 있다.

스마텍스의 투자 수익률은 편직, 완제품, 재단 단계에서의 낭비 방지와 패스트 트랙 및 패스트 인스펙션 기능으로 인한 수작업 검사 시간 단축을 기준으로 계산된다. 따라서 환경적 지속 가능성과 경제적 실행 가능성이라는 두 가지 목표를 모두 충족하는 데에 노력을 기울이고 있다. 이들은 지구를 보호할 뿐만 아니라 글로벌 섬유 산업의 번영과 성장에 기여하는 솔루션을 개발한다는 확고한 신념을 가지고 있다. 이처럼 스마텍스 기술을 통해 섬유 제조업체는 전략적으로 인력을 배치할 수 있고, 결함을 줄이면서도 생산 속도를 높일 수 있다. 또한 품질 관리 수준을 높이고 공급망을 간소화하여 비즈니스 경쟁력도 확보할 수 있다.

스마텍스는 현재까지 섬유 생산의 초기 단계인 편직 과정의 결함을 검사하는 솔루션에 집중했다. 이 단계에서 가장 많은 결함이 발생하고 이후 공정 과정에 큰 영향을 미치는 단계이기 때문이다. 그러나 이러한 기술의 잠재성을 알아본 라이트스피드 캐피털 Lightspeed Capital, 토니 파델 Tony Fadell, 스파이더 캐피털 Spider Capital, DCVC, 모멘타 Momenta, HAX, 파버 벤처스 Faber Ventures, 봄빅스 캐피털 Bombyx Capital 등의 유명 투자자로부터 3,000만 유로 이상의 자금을 조달했고, 이를 통해 다른 생산 단계 시스템 연구 개발에 더 투자할 것

 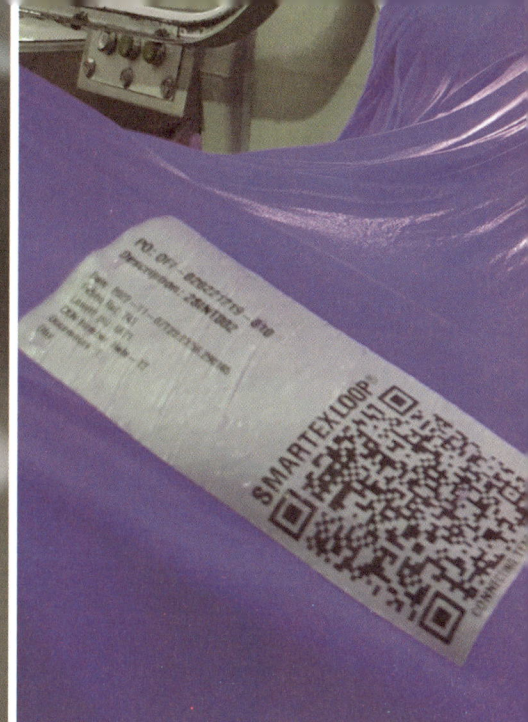

섬유 제조 단계에서 결함을 찾아내는 스마텍스 코어 시스템.   출처: 스마텍스

이며 특히 아시아를 비롯한 다른 시장으로도 확장할 계획이라고 밝혔다.

한국 섬유 산업의 AI

그렇다면 한국 섬유 산업은 어떻게 지속 가능성 문제를 해결하고 있을까? 한국 섬유 산업 연합회(이하 섬산련)는 2021년부터 산업통상자원부의 지원으로 섬유 패션 산업 현장에 AI 기술을 융합할 디지털 인재 양성에 힘쓰고 있다. 2025년까지 AI를 활용한 신규 비즈니스 모델 기획 및 개발이 가능한 1,180명의 전문 인력을 양성하는 것을 목표로 하며, AI를 활용한 디자인 기획과 예측 시스템을 개발하여 소비자 맞춤형 디자인을 추천하는 시스템을 구축하고 있다.

실제로 섬산련의 교육 프로그램을 통해 중소 패션 브랜드인 터미널즈는 AI 기술을 통해 고객 데이터를 분석하고 이를 기반으로 고객 맞춤형 디자인과 마케팅 전략을 수립하여 판매 예측의 정확도를 높였다. 또한, 섬유 제조업체인 우성염직은 AI를 활용한 완전 자동화 공정 시스템을 구축하여 컬러 품질 제고, 에너지 사용 체크, 생산비 감소 등의 효과를 기대하고 있으며, 여성 온라인 쇼핑몰 리얼코코는 AI를 활용한 제품 배치, 클릭량과 실제 구매량 분석을 통해 고도화된 마케팅 솔루션까지 제작하는 성과를 보여주었다.

한편, IT서비스 전문기업인 코오롱베니트는 스마트 매장 솔루션과 AI 기술을 통해 고객 맞춤형 서비스를 제공하고, 패션기업 파크랜드와의 협업을 통해 AI 기반 스마트 매장을 구현할 예정이다. 또한, 11번가, 네이버쇼핑, 지그재그 등 국내 플랫폼들은 AI를 적극 도입하여 쇼핑 경험을 개선하고 있다. 이러한 기술을 통해 마케팅 효율성과 고객 만족도를 높이고 있다.

이처럼 한국과 포르투갈의 사례는 AI 기술이 섬유 산업의 혁신을 어떻게 주도하고 있는지를 잘 보여준다. 포르투갈은 AI 기술을 원단 제작 과정에 집중적으로 활용하고 있는 반면, 한국은 옷 디자인과 재고 관리 등 소비자 맞춤형 서비스에 초점을 맞추고 있다. AI 기술의 도입은 각 나라의 산업 특성과 전략에 따라 조금씩 다른 양상을 보이지만, 모두가 AI를 통해 섬유 산업의 혁신을 이끌어내고 있으며, 이는 전 세계 섬유 산업이 직면한 환경적 문제를 해결하는 데 중요한 열쇠가 될 것이다.

히타 무어, 호소윤 (리스본무역관)

| AI가 만드는 산업의 미래 |

빅브라더가 현실로, 헝가리의 AI 교도소 실험

부다페스트

헝가리 동부 첸게르 지역에서는 '스마트 교도소' 건설이 활발히 진행 중이다. 5.5헥타르 규모의 부지에 세워질 이 교도소는 2024년 9월 완공을 목표로 하고 있으며, 총 1,500명을 수용하게 된다. 첸게르 교도소는 인공지능 등 최첨단 기술을 도입해, 헝가리 내 기존 교도소와는 완전히 다른 방식으로 운영될 예정이다. 벤츠 리트바리Bence Rétvári 헝가리 국무장관은 최첨단 기술이 적용된 시설을 두고 "탈출 가능성이 극도로 낮아질 것"이라며 기대감을 드러냈다.

첸게르 교도소 건설 현장. 출처: 헝가리 교정 시설 본부 BVOP

● 점호, 열쇠, 종이 없는 첸게르 교도소

　첸게르 교도소에는 없는 세 가지가 있다. 점호, 열쇠, 종이다. 첸게르 교도소 수감자들의 표정과 행동은 방 안에 설치된 카메라에 의해 실시간으로 촬영된다. AI 간수는 영상을 토대로 감방 안에서 벌어지는 모든 일을 기록하고 분석한다. 수상한 표정이나 움직임이 포착되는 순간, 시스템에 연동된 애플리케이션을 통해 교도관에게 자동으로 신호가 간다. 위치와 현황이 실시간으로 파악되니 점호가 필요치 않다. 이상 행동의 정도가 심하다고 판단되는 경우에만 교도관이 직접 출동한다.

순찰 시간이 되면, 디지털 시스템이 알람을 울린다. 교도소 복도로 향하는 중문에서 교도관이 얼굴 인식 기기 앞에 선다. 교도관의 허리춤에는 열쇠가 없다. 교도관의 얼굴을 인식한 시스템이 잠금을 해제한다. 필요한 문마다 이러한 기기가 설치돼 있어 열쇠가 필요치 않다. 순찰을 마치면 복도에 설치된 키오스크에서 일지를 작성한다. 순찰 도중 수감자의 요청 사항이 있는 경우, 애플리케이션을 통해 관리한다.

수감자들은 방 안에 설치된 컴퓨터를 활용해 할당된 노역을 수행한다. 제한된 온라인 채널을 통해 작업 내용과 일정, 데이터 등 관련된 정보를 전달받는다. 교도관들은 시스템에서 작업 현황을 실시간으로 확인한다. 온라인에서 벌어지는 일들도 스마트 프로그램을 통해 감시된다. 교도관은 행정업무도 디지털 시스템을 활

첸게르 교도소 내부. 출처: 헝가리 교정 시설 본부

용해 처리한다. 이 모든 과정에 종이로 된 서류는 없다.

첸게르 교도소 건설 프로젝트 리더인 라슬로 비초 László Biczó가 설명한 첸게르 교소도의 풍경이다. 점호와 열쇠, 종이가 사라진 교도소. 기술을 활용해 행정 효율이 극대화된 교도소를 구현하는 게 그의 목표다. 헝가리 교정 시설 본부는 첨단 기술을 활용한 시스템이 감독 비용을 최소화하고 보안 리스크를 줄일 것이라고 설명했다.

스마트 교도소의 탄생 배경

첸게르 교도소 건설은 헝가리의 대규모 교도소 건설 프로젝트의 일환이다. 헝가리 교도소 중 다수가 19세기에 지어져 시설이 노후화했다는 지적이 끊이지 않았다. 낡은 시설은 교정 업무의 난도를 높이고, 교도관과 재소자의 생활 환경을 악화시켰을 뿐 아니라, 지역 주민의 안전을 위협했다. 이에 헝가리 정부는 교도소 현대화 작업에 착수해 잠금장치 교체, 전기 및 냉난방 시설 보수, 화장실 개선, 주방 장비 보완, 천장 방수 처리 등을 추진했다.

시설 공급 부족 또한 문제였다. 유럽 인권 감시 기구인 유럽평의회 Council of Europe가 발표한 보고서에 따르면, 2023년 1월 기준 헝가리의 교도소는 유럽연합 EU 27개 회원국 중 다섯 번째로 과밀한

국가	100개 수감 시설당 밀도(A/B)	수감자 수(A)	수감 시설 수용 인원(B)	감방 수(C)	감방당 평균 수감자의 수(A/C)
Cyprus	166	1,026	620	504	2
Romania	120	23,040	19,147	NA	***
France	119	72,294	60,662	NA	***
Belgium	115	11,196	9,712	NA	***
Hungary	**112**	**20,221**	**18,142**	**5,744**	**4**
Italy	109	56,127	51,403	32,127	2
Slovenia	107	1,435	1,345	NAP	***
Greece	103	10,465	10,175	2,777	4
Sweden	102	8,414	8,252	7,168	1
Croatia	101	4,091	4,052	NA	***
Ireland	99	4,432	4,457	3,381	1
Portugal	98	12,383	12,618	NA	***
Finland	97	2,912	2,996	2,474	1
Denmark	97	4,230	4,367	4,217	1
Czechia	94	19,052	20,373	NA	***
Netherlands	90	9,334	10,381	8,648	1
Slovakia	85	9,939	11,653	1,045	10
Poland	83	71,228	85,768	NA	***
Germany	80	58,098	72,519	NA	***
Luxembourg	71	705	995	886	1
Bulgaria	69	6,501	9,497	NA	***
Estonia	68	2,056	3,041	1,681	1
Spain	62	55,909	90,817	57,067	1
Austria	***	9,088	NA	NA	***
Latvia	***	3,229	NA	1,419	2
Malta	***	581	NA	471	1
평균	**124**	**30,651**	**26,614**	**12,792**	**2**

2023년 EU 회원국 수감 시설 밀도. 출처: 유럽평의회

상태다. 전체 수감 시설의 총 수용 가능 인원은 1만 8,142명이지만, 실제 수감 인원은 2만 221명으로 정원을 약 11% 초과했다. 재소자 수도 많은 편이다. EU에서 수감 규모가 가장 큰 프랑스의 경우 인구 1만 명당 재소자의 수가 약 11명인 반면, 헝가리는 약 29명으로 프랑스보다 2.6배 이상 많다. 시설 내 감방 1개실당 수용 인원 역시 EU 평균과 비교해 높은 편이다. 헝가리는 평균 4명인 반면, EU는 2명으로 2배 수준이다. 헝가리 교정 시설 본부 커뮤니케이션 부서장인 조르지 머쿨러György Makula에 따르면 2024년 4월 기준으로 헝가리에서는 32개의 교도소가 운영되고 있다.

수감 시설의 과밀 상태는 일시적 현상이 아니라 수십 년간 지속된 문제로, 관련 당국의 오랜 골칫거리였다. 폐쇄됐던 교도소를 개장하고 기존 교도소를 확장하는 작업을 2010년부터 지속했지만 교정 시설 증설이라는 근본적인 방책 없이는 해결이 어려웠다. 유럽평의회가 2015년에 시설 증설을 요구한 뒤, 헝가리 정부는 결국 교도소 증설 계획을 발표했다. 정부는 첸게르를 비롯하여 베케시, 헤베시 등 6개 지역에 교도소를 건설 또는 증설할 계획이다.

AI를 활용한 스마트 교도소 건설은 교정 시설 공급 부족, 기술 발달뿐 아니라 교도관 인력 부족 문제와도 연관이 있는 것으로 풀이된다. 헝가리는 국가 전체적으로 노동력이 부족한 상황이다. 수년째 실업률은 3~4%를 유지하고 있으며 글로벌 기업의 투자가 이어지고 있어 일자리 수요가 공급을 압도하고 있다. 게다가 교정

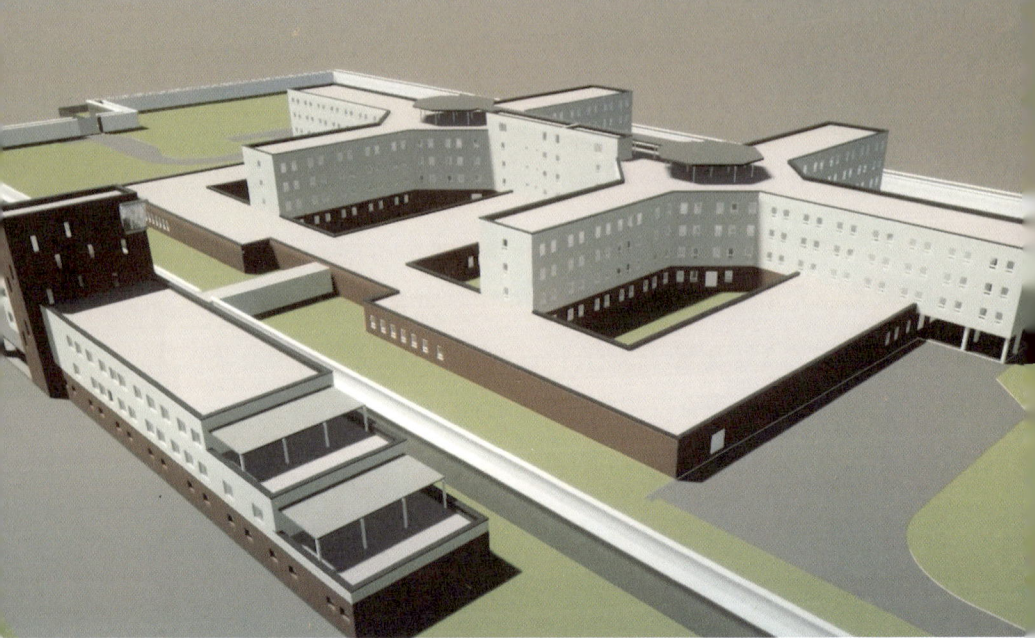

첸게르 교도소 조감도.   출처: 헝가리 교정 시설 본부

시설의 열악한 근무 환경과 상대적으로 낮은 임금은 직원들의 이직률을 높이고 있다. 인력 부족은 교도소 운영의 효율성을 떨어뜨리고 교도관들에게 과중한 업무를 부여하여 스트레스를 가중하는 원인이 된다. 교정 업무 인력을 단기간에 확대하는 것은 헝가리 정부가 당면한 과제다. AI 기술을 활용해 시스템을 자동화함으로써 인력 부족 문제를 해결하고 효율적인 운영을 도모할 수 있을 것으로 예상된다.

문제 해결을 위해 헝가리 교정 시설 본부는 채용 홍보에 나섰다. 본부 내 경제 연구소는 첸게르 인근 도시 니레지하저 Nyíregyháza에서 대학생들을 대상으로 설명회를 열고 프로젝트를 설명했다. 시설이 낙후된 기존의 교도소와는 달리 새로 건설한 건물에서 일하게 되며, AI 등 첨단 기술이 도입돼 업무 부담이 상대적으로 적다는 점을 강조했다. 적극적인 홍보 덕인지 약 1,500명이 지원했고 이 중 196명을 채용했다고 본부는 밝혔다.

벤츠 리트바리 헝가리 국무장관은 스마트 교도소 건설 지역으로 첸게르를 선택한 것은 의도적이었다고 강조했다. 헝가리는 국가 전체적으로는 일자리 공급보다 수요가 많지만, 이는 주로 글로벌 기업이 다수 진출해 있는 수도 부다페스트와 서부 지역에 국한된다. 산업이 발달하지 않은 동부에서는 오히려 일자리 부족으로 인해 인구 공동화와 빈부 격차가 심화되고 있다. 첸게르는 루마니아와의 국경 지역에 있는 마을로, 헝가리에서는 소득이 상대적으로 낮은 편이다. 인구가 약 4,000명에 불과한 이곳에서 첸게르 교도소가 약 700개의 일자리를 창출할 것으로 예상된다.

첸게르 교도소 취업 설명회.   출처: 헝가리 교정 시설 본부

공정성과 안정성이라는 과제

첨단 기술의 도입은 그 시도가 획기적인 만큼 다양한 우려도 불러일으키고 있다. 특히 AI 기술은 머신러닝과 딥러닝을 기반으로 하기에, 일단 도입하고 나면 기술이 어떻게 작동하는지 관찰하거나 이해하기가 어려워진다. 이러한 현상은 AI의 '블랙박스' 문제라고 불린다. AI 기술에 대한 의존도가 높아지는 경우 AI 블랙박스 문제가 교도소의 블랙박스 문제로 확대될 여지가 있다.

그레이스 번스Grayce Burns 미국 싱크탱크 리즌 재단의 기술 정책 분석가는 교정 시설 관리자가 AI에 지나치게 의존하면 공정성과 안전성 문제가 제기될 수 있다고 강조한다. AI 기술은 업무 효율화에는 도움이 되지만, AI의 분석 결과가 항상 옳은 것은 아니기에 유의해야 한다고 지적했다. 예컨대 무해한 행동을 오인해 수감자를 부당하게 처벌하게 된다거나, 안전 문제가 발생했음에도 기술의 한계로 인해 인지하지 못하는 상황이 발생할 가능성이 있다.

또 하나의 큰 화두는 재소자의 사생활 침해 문제다. 유럽평의회에서 형벌 관련 기준과 원칙을 연구하는 형벌협력위원회PC-CP에 따르면 새로운 기술이 인권에 어느 정도의 영향을 미칠 수 있는지에 대한 연구가 아직 부족하다. 위원회 구성원이자 핀란드 교도소 및 보호 관찰국의 안전, 보안 및 개인 코칭팀 리더인 피아 푸오라카Pia Puolakka는 AI를 윤리적으로 사용하려면 기술에 대한 이해가 필수적이라고 강조했다. 그는 교도관과 보호관찰관이 ICT 전문가가 아니기에 기술 지식 부족함에도, 현재 관련 교육이나 권고사항 안내가 제한적인 상황이라고 설명했다.

실제로 첸게르 교도소에서는 수감 인원을 실시간으로 촬영하고 감시하기 때문에 이 과정에서 인권과 관련한 우려도 제기될 수 있다. 헝가리 교정 시설 본부는 교도관을 비롯해 관계자들을 대상으로 새롭게 활용되는 기술과 관련한 교육을 시행할 예정이라고 밝혔다. 중동부 유럽에서 최초로 시도하는 프로젝트인만큼 추진 과정에서 다양한 시행착오가 발생할 가능성을 완전히 배제하기는 어렵다.

이외에도 AI가 교정에 부정적인 효과를 미칠 수 있다는 우려도

첸게르 교도소용 앱 교육. 출처: 헝가리 교정 시설 본부

제기된다. 관련 연구에 따르면, 교도관과 재소자 간의 친밀한 관계가 교정에 긍정적인 영향을 미칠 수 있기 때문이다. 즉, 인간 간의 접촉을 AI로 대체할 경우 교정 효과가 떨어질 수 있다는 입장이다.

세계 최초 로봇 교도관 개발한 한국

AI 기술을 활용한 교도소는 우리나라에서도 논의된 바 있다. 2012년 우리 연구팀은 세계 최초로 '로봇 교도관'을 개발했다. 수감자의 행동을 촬영하고 분석해 이상 징후를 포착하여 종합 관제실에 알림을 보내는 등, 이 로봇에 적용된 기술은 헝가리 첸게르 교도소의 청사진과 상당히 유사하다. 로봇 교도관은 포항 교도소에서 2014년부터 시범적으로 활용될 예정이었다. 결과적으로는 실행되지 못했지만, 당시 이 연구는 AI 기술이 활용된 교도소를 최초로 구상한 사례라는 의의가 있다.

이후 우리 정부는 2019년 인공지능 국가 전략을 발표해 2020년부터 교정 분야에 기술 활용을 시도할 예정임을 공개했다. 실제로 지난 2022년, 경기도 이천시 국군 교도소에서 AI 기술을 활용한 시설이 등장했다. 건물 외부 울타리에 AI 시스템이 설치돼 침입을 감지하고, 출입문을 지나는 이들을 실시간으로 확인해 분석한다. 국군 교도소가 성공적으로 운영될 시, 추후 AI를 비롯한 첨단 디지털 기술이 민간 교정 시설에까지 확대될 여지가 있을 것으로 기대된다.

한국은 정부 및 민간 부문의 투자에 힘입어 강력한 AI 생태계를 만들고 있다. 교정 분야에서 AI 기술을 활용하게 되면, 업무를 효율화하고 모니터링 기능을 향상할 수 있다는 이점이 있다. 하지만, AI의 판단 오류나 교도관 일자리 축소, 교정 효과 감소 등의 우려를 동시에 불러일으킨다. 헝가리 첸게르 교도소의 시행착오와 경험이 우리에게 좋은 이정표가 될 것으로 기대해본다.

이규정 (부다페스트무역관)

AI 물류 혁명

| AI 물류 혁명 |

이커머스의 패러다임을 바꾼 스마트 물류

베이징

클릭 한 번으로 1000원짜리 해외 제품이 5일 만에 집 앞으로 배달되는 경험이 가능해졌다.

중국의 알리익스프레스AliExpress와 테무Temu 같은 전자상거래 플랫폼 덕분이다. 글로벌 소비자들은 저렴한 가격과 다양한 상품을 즐길 뿐만 아니라, 주문한 상품이 예상보다 훨씬 빨리 도착하는 경험에 신선한 충격을 받고 있다.

이러한 변화의 중심에는 중국의 물류 혁신이 자리하고 있다. 중국의 전자상거래 플랫폼들과 물류업체들은 인공지능, IoT, 빅데이터 분석 등의 첨단 기술을 활용하여 물류 시스템을 자동화하고 최적화하고 있다. 이를 "스마트 물류"라고 부르는데, 물류 과정 전반에 첨단 기술을 적용하여 효율성을 극대화하는 것을 의미한다.

중국 전자 상거래 대표 주자의 물류

중국 전자상거래 대표 주자인 알리바바는 물류 자회사인 차이냐오Cainiao를 통해 물류 혁신의 선두에 서 있다. 차이냐오는 AI와 빅데이터를 활용한 스마트 물류 시스템을 구축하여 상품의 입고부터 출고까지 모든 과정을 자동화했다. 이로 인해 재고 관리, 주문 처리, 배송 등 모든 과정이 실시간으로 최적화된다. 예를 들어, 차이냐오의 스마트 창고에서는 로봇이 상품을 자동으로 분류하고 포장하며, AI가 재고를 실시간으로 관리하여 부족한 상품을 보충한다. 차이냐오의 이러한 혁신은 물류 비용을 절감하고, 배송 시간을 단축시키는 효과를 가져왔다. 특히, AI가 예측 분석을 통해 최적의 경로를 제시함으로써 배송 효율을 높이고 있다. 이로 인해 고객들은 더 빠르고 정확하게 상품을 받을 수 있게 되었다.

그러나 혁신은 출고 과정에서 그치지 않는다. 알리바바의 차이냐오 네트워크가 선보인 지능형 배달 로봇 샤오만뤼小蛮驴는 라스트 마일 배송 과정을 더욱 빠르고 안전하게 변화시키고 있다. 라스트 마일 배송은 고객의 문 앞까지 상품을 전달하는 최종 단계다.

차이냐오의 샤오만뤼. 출처: 차이냐오 홈페이지

이 로봇은 첨단 기술을 활용해 복잡한 도시 환경에서도 자율적으로 이동하며, 장애물을 피하고, 긴급 정지나 급커브 같은 상황에서도 안전하게 주행할 수 있다. 1번 충전으로 100km 이상 주행할 수 있으며, 하루에 최대 500개의 소포를 배송할 수 있다. 고객은 배송 시간과 장소를 미리 예약할 수 있으며, 샤오만뤼는 자동으로 경로를 계획하고 배송을 완료한다. 출시 이후 샤오만뤼는 1년 만에 100만 건 이상의 소포를 배달했다.

샤오만뤼는 캠퍼스의 물류 혁신을 이끄는 주인공이기도 하다. 최근 이 로봇은 시안전자과기대학교에 도입되어, 학생들에게 배송을 시작했다. 샤오만뤼는 학교 지도를 기반으로 최적의 배송 경로를 자동으로 계획하고, 주문 위치 및 도로 상황을 실시간으로 분석해 이동한다. 또한, 캠퍼스 내의 안전 요구 사항을 지켜 운행하며, 피크 시간이나 복잡한 도로에서도 자유롭게 이동할 수 있다.

교사와 학생 들은 차이냐오 앱을 통해 배송 시간을 예약할 수 있으며, 샤오만뤼는 예상 도착 시간, 픽업 코드, 도착 위치 등을 SMS로 알려준다. 도착 후에도 전화로 픽업을 알리고, 3~5분 동안 기다리다가 픽업하지 않으면 상품을 다시 차이냐오 스테이션으로 반환한다. 소형 소포는 2위안(약 360원), 대형 소포는 4위안(약 720원)의 수수료가 부과되며, 교사와 학생 들에게는 수시로 쿠폰이 발급되어 더 낮은 가격에 배송 서비스를 이용할 수 있다.

샤오만뤼는 교사와 학생의 다양한 서비스 니즈를 충족시키고 있으며, 스마트 캠퍼스 구축에 큰 역할을 하고 있다. 알리바바는 샤오만뤼의 비전을 더 빠르고 장거리 배송이 가능한 대형 자율 배송 차량을 배치하는 물류 환경에 두고, 더욱 혁신할 계획이다.

스마트한 물류 혁신

중국의 전자 상거래 기업인 JD 또한 물류 혁신에 앞장서고 있다. JD는 자사의 스마트 물류 허브를 통해 인공지능과 로봇 기술을 적극적으로 활용하고 있다. JD의 물류 허브는 자동화된 창고 관리 시스템을 통해 상품의 입고, 분류, 출고 과정을 모두 자동으로 처리한다. 이 시스템에는 수천 대의 로봇이 연동되어 있으며,

실시간으로 데이터를 분석해 최적의 물류 운영을 가능하게 한다.

특히 중국의 가장 큰 소비 프로모션 기간인 6.18 기간 동안, 중국 시민들은 JD의 더욱 빠른 물류와 유통 서비스를 경험할 수 있었다. 한 고객은 "아침에 주문했는데 오후에 배송이 왔어요. 정말 빨랐어요!"라고 말했다. 그러나 보통 이 기간에는 수요가 몰리기 때문에 물류가 늦어지거나 문제가 생기기 쉽다. 또한 제조업체는 미리 상품 재고를 충분히 확보해야 하지만, 창고 공간이 한정되어 있어 일정 관리가 쉽지 않다.

그렇다면 JD는 어떻게 이 문제를 효과적으로 해결했을까? JD가 제시한 것은 '스마트 스케줄링 플랫폼'이다. 이 플랫폼은 사용자 주문, 특급 배송, 창고 보관 및 생산 데이터를 하나로 연결한다. 빅데이터 분석과 인공지능 기술을 이용해 화물량을 예측하고, 경로를 지능적으로 계획하여 일정과 배차 계획을 제안한다. 예전에는 배차 담당자가 직접 데이터를 수집하고 화물량을 예측하며 경로를 직접 계획해야 했기 때문에 시간이 많이 들고 힘들었다. 하지만 이제는 스케줄링 플랫폼이 이 모든 작업을 자동으로 처리한다. 담당자는 계획을 확인하기만 하면 된다. 징둥 물류 담당자는 "이전에는 운송 업체가 택배 유형별 다양한 차량을 준비하고, 운전자가 24시간 전에 도착해 대기해야 했지만, 이제는 특정 요구에 맞는 차량만 준비하면 되고, 운전자의 대기 시간도 8시간으로 줄어들었다"라고 설명했다.

지능형 창고 시스템

JD에는 지능형 스케줄링 플랫폼 외에 지능형 창고 시스템도 존재한다. JD 로지스틱스 관계자에 따르면, 창고에서는 디지털 장치가 모든 과정을 관리한다. 빅데이터와 기계 학습 알고리즘을 통해 제품의 베스트셀러 여부와 관련성을 예측하고, 제품의 보관 위치를 최적화한다. 예를 들어, 베스트셀러 제품은 피킹 라인과 가까운 곳에 보관하여 쉽게 적재하고, 빠르게 피킹할 수 있다.

또한, 지능형 창고 시스템은 피킹 과정에서 최적의 경로를 안내한다. 상품 배송 시에는 빅데이터 알고리즘이 상품의 크기에 따라 합리적인 수의 패키징을 추천하여 포장 효율을 극대화한다. 큰 상자와 작은 품목을 함께 포장하거나, 과도한 패키지 수를 줄여 포장 시간을 절약한다. 업계 관계자는 인공지능 기술과 알고리즘이 계속 최적화됨에 따라 창고 전체의 생산 효율성이 더욱 향상되고, 생산 비용도 절감될 것이라고 말한다.

이러한 JD의 물류 혁신을 뚜렷하게 관찰할 수 있는 곳은 후난성 샹장신구에 위치한 JD 로지스틱스의 '아시아 원Asia One' 창샤 지능형 산업 단지(이하 창샤야이Changsha Yayi)다. 창샤야이에는 JD의 고속 자동 분류, AGV 지능형 피킹 로봇 등 다양한 스마트 물류 장비가 집결되어 있다. 이 프로젝트는 2021년에 가동되어 후난성 소비자에게 서비스를 제공하고 있으며 현재 헝양, 창더, 웨양, 화

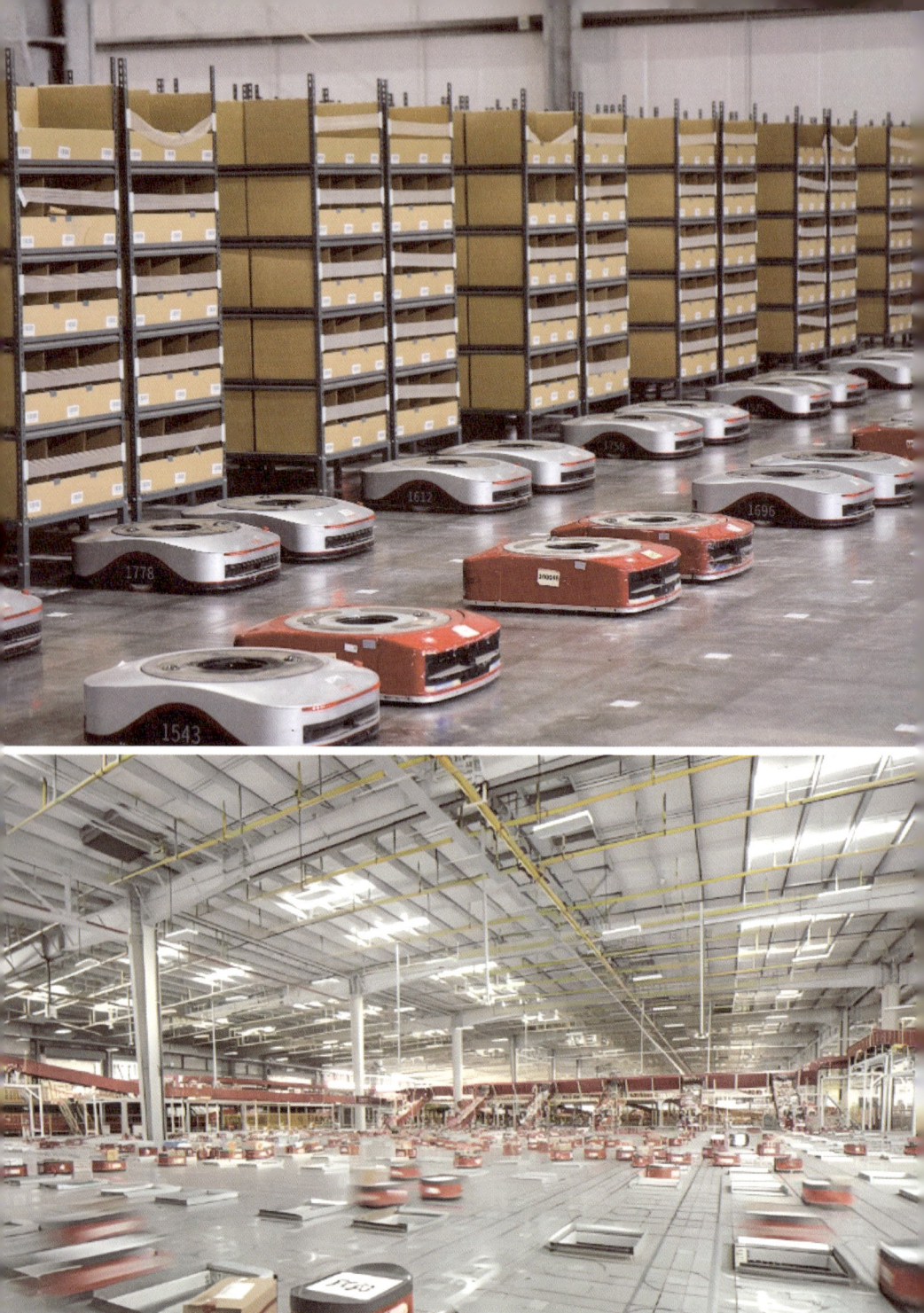

JD의 지능형 창고 시스템. 출처: JD 로지스틱스 홈페이지

이화 등의 지역에 있는 JD 로지스틱스의 여러 중앙 창고 및 위성 창고와 함께 통합적이고 다면적인 물류 네트워크를 형성하고 있다. 창샤야이의 창고에서는 제품 적재부터 분류까지가 기존의 방식보다 훨씬 빠르고 효율적으로 운영된다.

이렇듯 JD 로지스틱스의 창샤야이 산업 단지는 지능형 운송, 적재, 물류의 추적, 관리 등 다양한 측면에서 5G 기술을 적용하여 운영 및 관리 효율성을 크게 향상시켰다. 특히 분류 효율성은 기존 수작업보다 3배 더 높아졌으며, 시간당 최대 8만 6,000개의 항목을 처리할 수 있게 되었다. 현재 창샤야이의 크고 작은 품목 네트워크는 중국 성내 100% 커버리지를 달성했으며, 자체 운영 주문의 90% 이상을 24시간 이내에 배송할 수 있다. 덕분에 창고가 위치한 후난성의 소비자는 시간 단위, 심지어 분 단위로 물류 서비스를 누릴 수 있게 되었다.

연간 50억 개 택배 물량을 처리하는 법

1993년에 설립된 SF 익스프레스는 30년 만에 중국 최대의 물류 기업으로 성장했다. 연간 50억 개 이상의 택배 물량을 처리하고 있다. SF 익스프레스는 2022년 기준 중국의 기업 중 물류 분야에서 14년 연속 고객 만족도 1위를 달성한 바 있다. 대표적인 혁

JD의 자동화 시스템.　　　　　　　　　　　　　　출처: JD 로지스틱스 홈페이지

신 기술로는 CCTV 데이터 분석 시스템과 한 번의 클릭만으로 손쉽게 택배의 부피를 측정할 수 있는 스마트 시스템이 있다.

그중에서도 SF 익스프레스에서 선보인 퀵테스트AR快測AR은 한 번의 클릭으로 소포의 정확한 부피를 측정할 수 있다. 택배 기사가 앱에서 측정 버튼을 클릭한 후 소포를 촬영하여 데이터를 얻는 방식이다. 오차는 3% 내외로, 정확한 수치와 크게 차이가 나지 않는다. 기존의 수동 부피 측정은 평균 30초가 소요되지만 퀵테스트AR을 통해 측정 시간을 2초로 단축시키는 등 인력 작업 시간 단축 및 효율성을 크게 향상시켰다.

해당 앱은 측정이 편리한 상자뿐만 아니라 특이한 모양의 제품 부피도 측정이 가능하다. 측정 과정 중 참조 개체를 수동으로 배치하거나 선택할 필요가 없다. 측정이 완료된 후 부피에 따른 운임 또한 자동으로 생성된다. SF 익스프레스 관계자는 퀵테스트AR이 다양한 스마트 시스템과 결합되어 물류 산업의 발전 및 디지털화에 크게 기여할 것이라고 예상하고 있다.

기회와 도전만 남은 물류 기술

이처럼 중국의 물류 혁신은 단순한 기술 발전을 넘어 효율성과 신뢰성을 크게 향상시키고 있다. AI와 로봇 기술을 활용한 자동화

시스템, 드론과 블록체인 기술의 도입으로 물류 과정 전반이 혁신적으로 변화하고 있다.

중국 정부도 물류 혁신을 적극 지원하고 있다. 농촌 지역으로의 물류 라인 건설, 해외 창고 건설, 중국과 유럽을 잇는 열차 활용 등 다양한 방법으로 내수 확장과 해외 전자상거래 확대를 추진하고 있다. 민간의 혁신과 정부의 지원이 맞물려 중국의 물류 혁신을 이끌어내고 있는 것이다.

이러한 혁신은 한국에게 기회와 도전을 동시에 제공한다. 물류 속도의 향상으로 한국 기업들은 더 빠르게 제품을 공급하고, 재고 관리 효율성을 극대화할 수 있게 된다. 더 나아가, 물류 비용 절감의 혁명은 한국 기업들의 가격 경쟁력을 강화시킬 수 있다. 물류 비용이 절감되면 저렴한 비용으로 원자재나 제품을 수입할 수 있

SF 익스프레스의 기존 부피 측정 방법(좌) 및 퀵테스트AR 시스템(우). 출처: SF 익스프레스

게 되고, 이는 우리 기업들이 글로벌 시장에서 경쟁력 있는 가격을 제시할 수 있도록 도와 수출 확대에 기여할 것이다.

그러나 도전 요인도 존재한다. 중국 기업들이 물류 혁신을 통해 가격 경쟁력을 높이면 한국 기업들은 이에 대응해야 하는 압박을 받게 된다. 이는 특히 중소기업들에 큰 부담으로 작용할 수 있다.

중국과의 데이터 공유 및 관리 과정에서 발생할 수 있는 보안 문제도 한국 기업들이 해결해야 할 중요한 문제 중 하나다.

앞으로 더욱 발전할 중국의 물류 기술은 한국 기업들에게 지속적으로 새로운 기회와 도전을 제공할 것이다. 한국 기업들은 중국의 물류 혁신 동향을 면밀히 모니터링하고, 적절히 대응하는 전략을 수립해야 한다. 중국의 최신 기술과 혁신 사례를 벤치마킹하여 자사의 물류 시스템에 도입하고, 중국과의 협력을 통해 상호 이익을 극대화할 방안을 모색해야 한다. 이를 통해 한국도 글로벌 물류 시장에서 더욱 강력한 입지를 구축할 수 있을 것이다.

성희현, 홍연(베이징무역관)

| AI 물류 혁명 |

유럽의 항만 디지털라이제이션 프로젝트

헬싱키

인공지능은 영화 〈이미테이션 게임 Imitation Game〉의 주인공이자 실존 인물인 앨런 튜링 Alan Turing이 1950년대에 고안했으나, 수십 년간 과학자들 또는 개발자들에게만 익숙한 개념이었다.

2016년 알파고와 이세돌의 대결로 사람들에게 놀라움과 두려움을 안겨주기도 했던 인공지능은 2022년 말 미국 오픈 AI Open AI가 챗GPT ChatGPT를 발표한 이후 우리에게 더 이상 낯설지 않은 단어가 되었다. 인공지능의 영향력은 스마트폰 음성 인식 기능이나 더 편리한 쇼핑을 위한 알고리즘 추천 같은 일상의 변화에서 끝나지 않는다. 인공지능은 모든 산업에 접목되어 생산성을 개선시키고 있으며, 단순 업무가 반복되는 물류 산업에서도 새로운 시대를 열어가고 있다.

    핀란드는 한국과 마찬가지로 대외 교역이 많은 국가이며 지리적인 특성으로 인해 선박을 활용한 물류 의존도가 높다. 한국이 동아시아의 물류 허브로서 인천, 부산 등 주요 항만을 중심으로 세계적인 물류 네트워크를 형성했다면, 핀란드는 북유럽의 관문으로서 발트해를 중심으로 한 해상 물류의 중심지로 발전해왔다. 두 나라 모두 인공지능, 사물 인터넷, 빅데이터 분석 등의 첨단 기술을 활용하여 항만 운영의 효율성을 극대화하고 탄소 배출을 최소화하는 다양한 시도를 하고 있다.

    핀란드는 2018년부터 EU 공동 프로젝트로 운영 중인 코리얼리스Corealis 프로그램을 통해 항만 물류를 최적화하고 배출 가스를 감축했다. 실시간 데이터 분석과 다양한 예측 상황을 반영한 항만 물류 시스템Terminal Operating System, TOS 덕분에 병목 구간을 최소화하고 있다. 핀란드의 항만 운영사인 스티브코Steveco는 코리얼리스에서 다진 기반을 바탕으로, 2023년부터 2026년까지 진행하는 어드미럴Admiral을 통해 새로운 형태의 항만 시스템 도입을 실험 중이다.

    코리얼리스는 2018년 5월 EU 내 컨테이너 항만 효율화를 위해 시작되었으며, 515만 유로(약 77억 원)가 투자된 대형 프로젝트다. 테스트 기간 중 5G를 기반으로 IoT, 데이터 분석, 차세대 물류 관리를 활용하여 물류 항만의 효율성을 개선하고 환경 영향을 줄이는 것을 목표로 한다. 핀란드의 하미나-코트카항 Port of Haminakotka, 그리스의 피레우스항 Piraeus port, 스페인의 발렌시아항 Valencia port, 네덜란드의 안트베르펜항 Antwerp port, 이탈리아의 리보르나항 Livorno port 등 5개 항구에서 프로젝트를 시행했다.

어드미럴 프로젝트는 코리얼리스의 연장선상으로 2023년 시작해 3년 동안 진행되며, 유럽 9개국에서 20개 파트너사가 참가하고 있다. 포르투갈·스페인, 슬로베니아·크로아티아, 리투아니아, 핀란드의 항만을 대상으로 실증 사업을 진행하고 있다. 핀란드의 하미나-코트카항은 데이터 공유, 디지털 전환과 AI 기반의 운영 계획을 통한 항만 효율화를 테스트 중이다.

● 항만 물류 사업에 혁신 가져온 프로젝트

EU는 코리얼리스 프로젝트를 통해 핀란드를 포함한 5개 국가의 항만 물류 사업에 혁신을 가져왔다. 해당 프로젝트의 주인공 중 하나인 핀란드의 하미나-코트카항은 목재, 펄프, 지류, 화학 제품 등의 수출입에 필요한 선적 및 하역, 운송, 통관 서비스와 터미널 서비스를 제공하는 종합 컨테이너 터미널이다. 1,100ha의 항만 면적에 약 200개의 회사가 입주해 있어 발트해에서 가장 바쁜 컨테이너 터미널 중 하나로, 핀란드 최대 규모의 수출 및 환적 항

하미나-코트카항.   출처: 하미나-코트카항 홈페이지

구다. 하미나-코트카 항을 운영하는 스티브코는 코리얼리스 프로젝트의 결과로 운영 중인 3개의 항구에 트럭 예약 시스템TASS을 도입하며 유럽 스마트 항구의 선두로 자리매김할 발판을 마련했다.

● 코리얼리스 프로젝트

이 프로젝트의 목표는 항만에서 매일 이루어지는 작업에 인공지능을 도입해 운영 효율성을 크게 향상시키고 환경에 미치는 영향을 최소화하는 데에 있었다. 스티브코는 컨테이너 터미널의 운영을 시각화하는 시뮬레이션 툴, 포트모드PORTMOD를 활용하여 스마트 터미널을 운영하고 있다.

포트모드는 컨테이너의 거리 분석, 창고 활용도 분석, 머신 풀링의 이점 분석에 활용되고 있는 플랫폼이다. 이 플랫폼의 장점은 간단한 검색으로 다양한 선박 입출항 정보, 크레인 및 터미널 내 다른 영역의 정보를 얻을 수 있으며, 컨테이너 이동을 야드 레이아웃 맵에 시각화하여 정보를 더 쉽게 이해할 수 있다는 점이다. 포트모드 시뮬레이션 소프트웨어를 사용하여 스트래들 트럭* 운영의 장점을 확인하고, 크레인을 효율적으로 서비스하기 위한 최적의 스트래들 트럭의 수를 분석하는 가상 시나리오를 통해 크레인을 효율적으로 제공하기 위한 최적의 스트래들 트럭 개수 분석이

- 항만에서 컨테이너 여러 개를 한번에 옮기는 운반 장치.

포트모드 사례인 스트래들 트럭. 출처: 스티브코 홈페이지

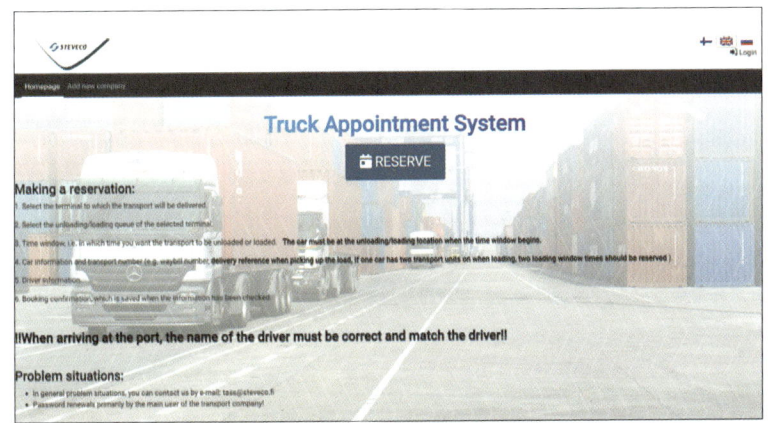

TASS 인터페이스. 출처: 스티브코 홈페이지

가능하다. 이로 인해 항만 운영 계획 및 통제 과정이 개선되었다.

스마트 터미널은 사물 인터넷 센서를 활용해 유지 보수와 모니터링 예측 시스템으로 운영되며, 실시간 데이터 분석을 통해 컨테이너 운반에 예상되는 병목 현상을 확인하고, 하역에 필요한 운송 장비 배차의 효율성을 판단하는 등 항만에서 일어나는 화물 처리 과정을 원활하게 진행한다. 항만에 도착하는 트럭들이 활용할 수 있는 예약 시스템과 실시간 트럭의 적재 상황, 이동 경로 분석 등을 결합하여 선박의 평균 대기 시간을 20% 이상 감소시켜 운영 비용도 크게 낮출 수 있었다.

스마트 터미널 운영의 중요한 도구인 트럭 예약 시스템은 항만 운영을 최적화하고, 화물 운송 과정을 손쉽게 관리할 수 있게 한다. 또한 사용자 친화적인 인터페이스를 제공하여 트럭 운전사나

1
터미널에서 TASS 활용, 차량
로딩 예약을 효율적으로 처리

2
셀프 서비스 키오스크를
사용하여 컨테이너 작업 가능

3
항구 처리 정보를 실시간으로
제공하는 웹 서비스

4
터미널 화물 정보 입력
간소화하는 웹 서비스

5
트럭체크넷과 통합하여
번거로운 서류 작업 간소화

6
창고 재고 추적 컨테이너
실시간 모니터링

7
컨테이너 승하차 간소화
자동화된 알림으로 효율 증진

8
컨테이너 연동, 맞춤형
전자 데이터 전송 서비스 제공

9
항구와 창고의 빈 컨테이너
배송 과정 확인

트럭 예약 시스템 TASS 개요.

출처: 스티브코 홈페이지

물류 관리자가 모든 과정에 손쉽게 접근할 수 있게 한다. 트럭 운전사와 물류 회사는 TASS를 통해 트럭이 항만에 도착하기 전에 미리 온라인으로 도착 시간을 예약할 수 있다. 이에 필요한 모든 서류 작업도 온라인으로 처리할 수 있어 복잡한 항만 출입 과정을 간소화하고, 불필요한 대기 시간을 줄이며, 교통 혼잡을 완화하는 데 큰 도움이 된다. 대기 차량의 공회전에서 발생하는 배출 가스와 에너지 소비를 줄여 환경 보호에도 큰 기여를 하고 있다.

어드미럴 프로젝트

어드미럴 프로젝트는 인공지능 기반 솔루션을 통해 물류 공급망의 투명성을 높이고, 전체 공급망에서의 온실가스 배출량 시각화를 통해 가장 환경 친화적인 서비스를 제공하며, 실시간 데이터 분석으로 최적의 운영 전략을 구현하여 항만 내 물류 효율성을 높이는 것을 목표로 한다.

현재 스티브코는 자체 개발한 배출가스 모니터링 시스템을 통해 환경에 영향을 줄 수 있는 지표를 효과적으로 관리하고, 물류 처리 단계별, 장비별로 수집된 데이터를 활용해 설비 투자로 얼마나 많은 직접 배출을 줄일 수 있는지 미리 확인한다.

스티브코의 담당자는 인터뷰를 통해 이렇게 말했다.

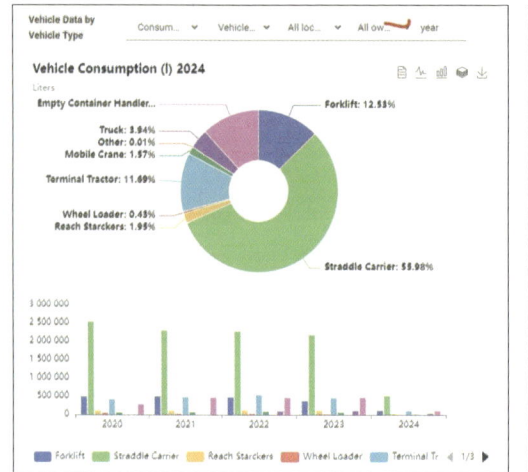
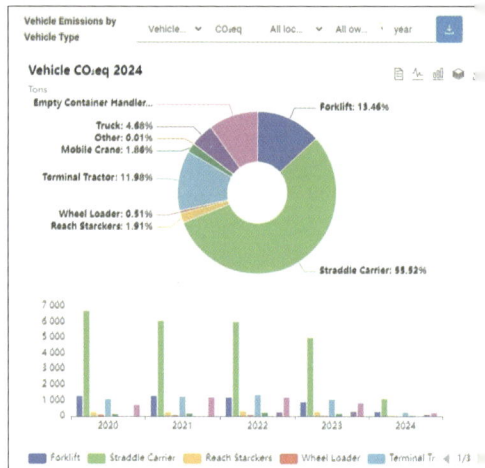

스티브코 배출가스 모니터링 시스템. 출처: 스티브코 홈페이지

"스티브코는 하역 시간, 주행 거리, 연료 소비를 측정하고 처리된 톤당 연료 배출량g/ton을 계산하고 있으며, 이를 활용하여 기존 작업의 효율성 극대화와 온실가스 배출을 추적해 줄여나가는 것이 중요한 목표 중 하나다."

해당 기업의 플랫폼에서는 아래와 같이 온실 가스 프로토콜의 배출 범위 중 직접 배출(Scope 1)에 대한 데이터를 세밀하게 보여준다. 어드미럴 프로젝트에서 개발 중인 플랫폼 또한 각 단계별 배출 가스 데이터를 사용자에게 보여줌으로써 운영에 활용할 방안을 열어준다.

EU에서 주도하고 유럽 내 9개 국가와 20개 기업이 참여 중인 이 프로젝트에는 핀란드의 인공지능 플랫폼 개발사인 어웨이크 AI

Awake AI와 항만 운영사 스티브코가 참여하고 있다. 어웨이크 AI는 스티브코와 함께 어드미럴 프로젝트를 통해 물류 운송 시장에서의 스카이 스캐너 Sky scanner(항공권 예약 플랫폼)와 같은 온라인 마켓 플레이스를 개발하고 있다. 이 플랫폼에서는 물류 과정의 모든 단계를 연결해 환경적 요인, 비용, 배송 시간을 기반으로 최적의 물류 파트너를 사용자가 직접 선택할 수 있도록 한다. 사용자는 컨테이너의 크기와 개수를 입력하고 출발지와 도착지를 선택한 후 해당 루트를 제공하는 서비스 공급 업체들 중에서 운송 파트너를 선택할 수 있다. 어드미럴 프로젝트는 유럽 내의 물류 환경 개선에 중점을 두고 있기 때문에 어웨이크 AI가 개발하는 플랫폼은 유럽 내의 항구를 이동하는 물류에만 적용될 예정이지만, 중장기적으로는 글로벌 시장에서 활용할 수 있는 가능성이 보인다.

항만 운영의 효율성 향상

총 7년 동안 진행되는 두 프로젝트(코리얼리스는 2018년 5월 ~2022년 4월, 어드미럴은 2023년 5월~2026년 4월)는 항만 운영의 효율성 향상이라는 연계된 목표를 갖고 기술과 방법론을 공유함으로써 항만 물류 자동화에 다가서고 있다. 이는 핀란드뿐만 아니라 유럽의 항만 산업과 물류 처리 프로세스 개선에 도움을 줄 것으로 보인다. 두 프로젝트의 공통점은 인공지능이 사람의 일을 분담하여 더 필요한 업무에 인적 자원을 투입하게 하고 더 높은 업무 성과를 끌어낸다는 점이다.

이러한 프로젝트들은 물류 및 항만 운영에서의 인공지능 기술 적용과 탄소 배출 최소화에 대한 새로운 표준을 제시하며 글로벌 무역과 물류 분야에서 장기적인 이점을 제공할 것이다.

스티브코의 프로젝트 책임자인 헤이키 얀스켈라이넨Heikki Jääskeläinen 수석부사장은 "인공지능을 활용한 자율 시스템과 같은 새로운 기술들이 물류와 항만 운영에 점점 더 중요한 역할을 하게 될 것이다. 특히, 향후 몇십 년 내에는 자율 주행 시스템이 도입되어 물류 시스템의 계획 단계뿐만 아니라 전 단계의 자동화가 실현될 가능성이 크다"라고 해당 프로젝트 이후의 방향을 제시했다.

한국도 2024년 4월 부산항 신항 7부두에 완전 자동화 항구를 개장하는 등 최첨단 기술과 시스템을 도입하여 항만 운영을 자동화하고 있다. 자율 주행 기술 및 스마트 물류 시스템에 강점을 가진 핀란드와의 협력을 통해 한국과 핀란드는 서로를 보완하고 함께 더 나은 물류 시스템을 구축할 가능성이 보인다. 유럽 내의 다양한 국가에서 진행되는 파일럿 프로젝트들의 성공적인 구현 사례를 기반으로 이러한 기술들을 국내 또는 전 세계로 확장할 수 있는 전략을 마련하는 것이 중요할 것으로 보인다.

한국의 항만 물류자동화 노력은 높은 기술력과 다각적인 접근을 통해 현실화되고 있으며, 핀란드도 코리얼리스와 어드미럴 프로젝트를 통해 같은 목표를 가지고 있다. 이러한 공동 지향점이 바탕이 된 양국의 노력은 미래의 항구 운영 모델에 대한 새로운 토대를 마련하고, 세계적으로 경쟁력 있는 물류 거점을 구축하는 데 중요한 역할을 할 것이다. 더 나아가 배출가스 감축 등 운송 부문의 지속 가능한 발전을 위한 중요한 전환점을 제공할 기회로 보인다.

이예진(헬싱키부역관)

| AI 물류 혁명 |

세계 물류 허브로 도약하는 말레이시아

쿠알라룸푸르

　말레이시아도 한국과 마찬가지로 반도 국가라는 걸 알고 있는가? 수에즈 운하 Suez Canel, 도버해협 Dover Strait에 이은 세계 3대 핵심 운항로인 말라카해협 Malacca Strait을 품고 있는 말레이시아는 세 면이 바다로 둘러싸여 해상 물류가 잘 발달된 나라다. 2021년 세계 해운 협의회 World Shipping Council, WOC에서 발표된 순위에 말레이시아의 대표 항만인 클랑 항만 Port of Klang과 탄중 펠레파스 항만 Port of Tanjung Pelepas, PTP이 20위권 내에 나란히 자리를 차지했다. 말레이시아는 중국을 제외한 2개의 항만을 보유하고 있는 유일한 아시아 국가로 선정되었다.

말레이시아 국무 총리 안와르 아브리힘 Anwar Ibrahim 은 탄중 펠레파스 항만이 국제적 위치에서 성공적으로 운영할 수 있었던 이유를 전략적인 항만 계획과 지속적인 관리로 꼽으며, 앞으로 말레이시아 항만의 높은 잠재력과 발전 가능성에 대해 언급했다. 동남아시아 내 지리적 요충지에 위치한 덕분에 말레이시아 항만의 영향력은 점차 커져가고 있다. 더불어 해상 물류업의 트렌드, 스마트 항만을 도입하면서 비약적인 성장을 경험하고 있는데, 과연 어떤 이유로 이것이 성장의 동력이 된 것일까?

AI 접목시킨 항만

말레이시아에서 싱가포르와 가장 가까이 인접한 도시, 조호르바루 Johor Bahru 에 위치한 탄중 펠레파스 항만은 현지 내 1위 항만인 클랑 항만과 어깨를 견줄 만큼 거대한 물동량과 1,900ac 규모의 터미널과 1,600ac 규모의 자유 무역 지역 인프라를 갖추고 있다. 하지만 남다른 규모의 물동량을 처리하는 탄중 펠레파스가 말레이시아 내에서 이상적인 사례로 주목받는 데 분명한 이유가 있다.

최초로 말레이시아 항만에 AI 및 기계 학습 시스템을 도입시켜 가장 성공적인 사례로 뽑히는 탄중 펠레파스는 2022년부터 대대

• 한국의 부산항은 6위를 차지했다.

적인 디지털 개편화에 들어갔다. 탄중 펠레파스의 CEO였던 마르코 닐슨Marco Neelsen은 이전부터 전통적인 항구 운영에 대한 문제점을 언급해왔다. 전통적인 항구 운영이 곧 높은 에너지 소비를 요구하며 수작업 방식은 운영 비용을 증가시키기에 운영 방식과 비용 측면에서 모두 비효율적이라는 점을 지적하며 "앞으로 해양 산업에서 디지털화와 자동화의 전환은 점점 가속화될 것이다"라고 강조했다.

최근 글로벌적 항만 트렌드 이슈로 언급되는 탈탄소화 정책을 비롯한 환경, 사회 및 거버넌스 문제와도 상응하지 않기에 이러한 점들이 개선될 수 있도록 지속적으로 목소리를 높여왔다.

탄중 펠레파스는 이노베즈 원Innovez One에서 개발한 인공지능 기

탄중 펠레파스의 모습.   출처: MIMAMaritime Institute of Malaysia

반 항만 관리 정보 시스템Port Management Information System, PMIS을 도입했다. 해당 시스템은 이미 각국의 스마트 항만에서 사용되고 있는 시스템으로, 주요 기능은 수작업으로 이루어졌던 진행 과정에 AI 기술을 접목해 물류, 문서 작업과 통신을 데이터 기반으로 변환, 효율화하는 것이다. PMIS는 최적화된 컨테이너 이동 경로를 제공해 에너지 소비를 예측하여 불필요한 연료 소비와 온실가스 배출을 감소시켜준다. 이는 탄중 펠레파스가 녹색 항만으로 거듭나는 데 크게 일조했다.

선박 교통 관리 시스템Vessel Traffic Management System, VTMS도 함께 쓰이고 있다. VTMS는 실시간으로 선박의 이동을 추적할 수 있으며 지도 기능을 제공하고 있어, 항만 관리자들이 선박의 움직임을 전보다 더 정확하게 예측할 수 있고 기존의 혼잡했던 출·입항 과정도 축소되었다. 선박의 도착 예정 시간Estimated Time of Arrival, ETA 변경이 유연해지고 선박 대기 시간을 줄일 수 있었기 때문이다.

또한 시스템을 통한 항만의 자동 청구 처리가 가능해지면서, 항만, 선박사 및 물류사 등 다양한 이해 관계자 간의 커뮤니케이션도 전보다 원활해졌다. 그간의 수작업 방식의 업무 프로세스에 대한 의존도를 집중적으로 개선하며, 탄중 펠레파스는 장기적으로 지속 가능한 운영 방향성을 찾기 시작했다.

● 지속 가능한 환경을 위한 올바른 선택

2023 말레이시아 국가 에너지 전환 로드맵National Energy Transition Roadmap, NETR 정책에서는 재생 에너지 발전과 수소 에너지 및 탄소 포집 저장 등의 친환경 산업 실행 계획을 주요 노력으로 언급하며, 말레이시아 내 에너지 생산 방식의 변화뿐만 아니라 기후 변화 이슈에 대한 정부의 향후 대응도 함께 전했다.

말레이시아 교통부, 말레이시아 해양청, 말레이시아 해양 연구소에서 탄중 펠레파스를 방문했다. GV2050 Green Voyage 2050 프로젝트와 동아시아 해양 환경 관리 협력 기구 Partnership in Environmental Management for the Seas of East Asia, PERSEA의 아시아 해양 운송 배출 프로젝트의 일

GV2050 프로젝트의 모습. 출처: MIMA

환인 국제 해양 탈탄소화 정책을 마련하고자 한 것이었다.

이처럼 국가적 이니셔티브에 발맞춰, 말레이시아 대표 물류사인 콘테나 내셔널 물류사Kontena National Sdn Bhd도 변화하는 물류 트렌드에 따라 지속 가능한 공급망 솔루션을 제공하기 위해 다양한 노력을 시도하고 있다.

2023년부터 콘테나 내셔널은 말레이시아 조호르 바루 물류 센터에 최초로 네덜란드의 그로닝어 클리닝 시스템Groninger Cleaning System을 도입하여 긍정적인 변화를 경험했다. 이전까지는 탱크 내의 굳은 라텍스 잔여물을 화학 세척제로 용해시켜 탱크 내부를 가열하는 수작업 방식으로 처리했다면, 이제는 고압 및 저압 화학 순환 시스템을 사용하여 탱크 세척이 가능하게 되었다. 그로닝어 클리닝 시스템의 도입 덕분에 ISO 탱크의 세척 시간이 이전보다

친환경 ISO 탱크 클리닝 디포.　　　　　　　　　　출처: 콘테나 내셔널 물류사

약 75% 단축되어 운영 효율성에도 큰 변화를 주었다. 무엇보다도 잠재적인 유해 물질 배출을 환경부 규정에 맞게 처리하여 물 낭비 제로화에 성공했다는 것이 큰 성과였다.

콘테나 내셔널 물류사는 탄소 발자국 줄이기와 친환경 운영 방식 솔루션을 강화하겠다는 의지를 전달하며 말레이시아 내의 주요 공급망 물류사로서의 경쟁력을 다시 한번 각인시켰다.

● 항만 트렌드

유엔 무역 개발 협의회 UN Trade and Development, UNCTAD에서 발표한 2023년 3분기 해운 연결성 지수 Liner Shipping Connectivity Index, LSCI 자료에 따르면, 말레이시아는 연결성이 가장 우수한 국가로 중국, 한국, 싱가포르에 이어 4위를 차지했다.

해운 연결성 지수는 국가의 해상 네트워크 내 위치를 수치화로 나타낸 지표다. 선박 통과 횟수, 항만의 컨테이너 처리 능력, 가장 큰 선박의 크기 등 해운 서비스를 종합적으로 평가함으로써 국가의 해상 네트워크 내 위치를 수치화한다. 이는 말레이시아가 아시아 전역이 아닌 전 세계적으로 중요한 물류 허브로 자리 잡고 있음을 의미하는데, 말레이시아가 지금과 같은 경쟁력을 가질 수 있었던 이유는 바로 항만에 대한 지속적인 투자와 발전이다.

현재 항만의 트렌드는 AI 기술을 접목시킨 스마트 항만 구축이라고 말할 수 있다. 말레이시아도 그 어느 때보다 스마트 항만 개발 전략에 전투적으로 몰두하고 있다.

지리적인 위치와 선진화된 기술력이 만나 시너지를 만들고 있는 지금, 한국 기업들이 이러한 장점을 활용해 해외 시장 확보와 협력 파트너십 구축을 통해 글로벌 시장으로 널리 도약할 수 있기를 바란다.

남상은 (쿠알라룸푸르무역관)

PART 2
Optimized Mobility

모빌리티,
지능형 서비스로
진화하다

무한한 가능성의
항공 경제

| 무한한 가능성의 항공 경제 |

하늘에 탄생한 시장, 중국 저공 경제 산업

광저우

2023년 12월 28일, 중국 광둥성 광저우시 지우룽 호수공원에서 승객을 태운 무인 전동 수직 이착륙기 Electric Vertical Take-Off and Landing, eVTOL가 세계 최초의 상업 비행 시연을 성공적으로 마쳤다. 일명 "드론 택시"로 불리는 eVTOL은 중국 도심 항공 교통 및 드론 제조 분야 선두 기업인 이항즈넝 eHANG이 만든 EH216-S 모델로, 2024년 3월 28일 중국 민용 항공국으로부터 제품 양산 허가를 취득하여 연간 600대 생산을 목표로 하고 있다.

2024년 3월 25일, 중국 광둥성 선전시에서는 물류 운송 대표 기업인 순펑 順丰의 드론들이 본격적으로 택배 배송을 시작했다.

광저우시 eVTOL 상업 비행 시연 현장. 출처: 이항즈넝 공식 홈페이지

선전시 드론 택배 배송 현장. 출처: 신화망(新华网) 공식 홈페이지

중국의 카카오톡인 위챗에서 가격 12위안(한화 약 2,300원)의 순평 펑이커지 丰翼科技 드론 택배 서비스를 신청하면, 선전 시내에 있는 지역 간 기준으로 2시간 내에 배송을 받을 수 있다. 안전 등 문제로 아직 드론이 주문 고객에게 직접 배송하는 것은 아니고 택배 물류 중간 과정에서 드론이 활용되는 것이지만, 선전의 한 엔지니어는 업무상 긴급하게 보낼 서류가 있을 때 이 서비스를 무조건 선택하고 있다고 밝혔다.

앞의 두 사례에서 알 수 있듯이, 지금 중국의 공중에서는 새로운 경제와 산업이 탄생하고 있다. 중국에서는 이를 "저공 경제(저고도 경제)"라고 부른다. 저공 경제는 유무인 항공기의 저공 비행을 기반으로 여객·화물 운송 서비스를 제공하고, 농업, 관광, 의료 산업 등 유관 분야와 융복합 형태로 연계 발전하는 경제를 의미한다.

● 중국 저공 경제 산업 발전 현황

2024년 1월 중국 국무원에서 발표된「드론 비행 관리 임시 조례」에서도 언급되었듯이, 저공 경제는 국가적 차원에서 향후 전략적으로 추진해야 할 미래 산업이자 유망 발전 분야로 손꼽힌다. 스마트 교통 플랫폼 구축, 도서·산간 지역 물류 운송, 관광 산업 등 그 적용 범위가 다양하며, 최근 광둥성에서 발표한 저공 경제

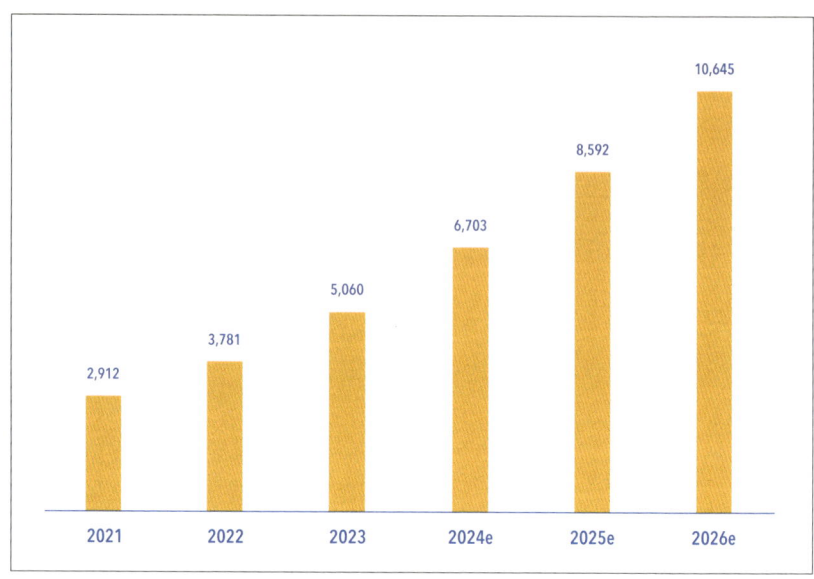

2021~2026년 중국 저공 경제 시장 규모(단위: 억 위안). 출처: CCID 컨설팅

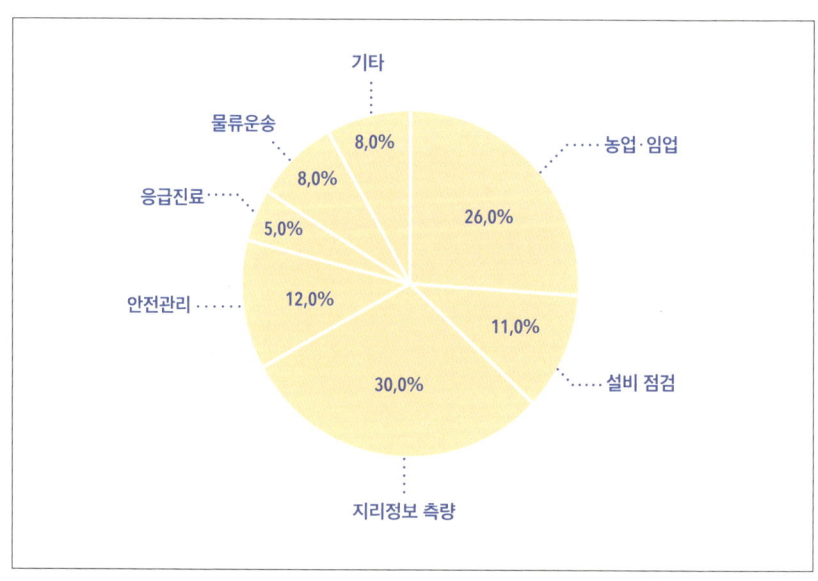

중국 드론 산업 수요 분야 현황.
출처: 중국 민용 항공국, 프로스트 앤드 설리번Frost&Sullivan, 첸잔 산업 연구원前瞻产业研究院 종합

시범 구역(무인기 등 테스트가 가능한 항공 영역) 설정 및 비행 활동 심의 프로세스 간소화 정책은 특히 주목할 만하다.

정책 지원을 토대로 중국 저공 경제 시장은 매년 성장하고 있으며 2024년 시장 규모는 약 6,700억 위안(약 126조 원)에 달할 것으로 전망된다. 또한 드론이 저공 경제의 중요 구성요소인 만큼 드론 연관 산업으로도 그 응용 범위가 확대되고 있다.

앞서 소개된 이항즈넝 외에 DJI 大疆创新, 샤오펑후이톈 小鹏汇天 등 드론, eVTOL, 플라잉카 제조 혁신 기업들이 중국 저공 경제를 이끌어가고 있다. 저공 경제 산업과 관련된 기업은 2024년 2월 기준 5.7만 개사가 넘는 것으로 파악되며, 최근 5년간 신규 설립된 기업 수는 2.1만 개사에 육박했다. 지역별로 보면 광둥성, 장쑤성, 후난성, 저장성, 산둥성 등에 저공 경제 관련 기업들이 밀집되어 있다.

● 저공 경제 관광 산업

중국 쓰촨성에서는 헬리콥터 관광, 비행기 조종 훈련, 패러글라이딩 등 저공 경제 관광 산업이 발전하고 있다. 중국 〈쓰촨일보〉에 따르면, 관광객이 소형 비행기를 타고 공중에서 경치를 감상하며, 유네스코 세계문화유산으로 지정된 쓰촨성 두장옌 관광지구에 약 7분 만에 도착할 수 있다. 자동차로 이동할 경우 약 50분이 소요

단샤 지형 열기구 관광 및 헬리콥터 탑승 교육 현장. 출처: 중국민항보

되는 거리임을 감안하면 혁신적인 관광 경험이 가능한 셈이다.

중국 간쑤성 장예시 단샤丹霞 국립 지질 공원에서도 다양한 저공 경제 여행 프로젝트를 추진 중이다. 단샤 지형은 2,400만 년 이상의 기간 동안 퇴적 작용으로 인해 형성된 다채로운 색상의 암석 지형으로 유명한데, 관광객이 열기구 혹은 소형 헬리콥터를 타고 마치 크레파스로 칠한 듯한 절경을 공중에서 감상할 수 있다.

● 응급 구조와 의료 서비스

중국 남쪽의 섬 지역인 하이난성 하이커우시에서는 드론을 이용하여 이미 30여 차례 이상 해상 조난자 및 어선 응급 구조를 성공적으로 수행했다. 최근 하이커우시 바이샤먼 공원 인근 해상에서 거센 풍랑으로 인해 카누 동호인 2명이 물에 빠졌다는 신고를 받았으나 정확한 위치를 알 수 없어 관계 당국이 난처한 상황이었다. 그러나 5G 인터넷 기술이 적용된 드론을 사고 해역에 신속하게 급파하여 피해자의 구체적인 해상 위치를 파악할 수 있었고, 결과적으로 인명 피해 없이 조난자들을 구조할 수 있었다.

또한 농촌 지역에도 드론 기반의 저공 경제를 통해 이전에 없던 의료 서비스가 제공되고 있다. 중국 저장성의 왕뎬 인민 병원에서는 약 6km 정도 떨어진 난메이 마을 촌민의 혈액검사를 드론으로

선전시 건강검진 관련 드론 활용 사례. 출처: 선전시 인민 정부 홈페이지

진행하고 있다. 이 마을의 노령 인구 500여 명은 대부분 당뇨병과 고지혈증을 앓고 있어 정기적인 혈액검사가 필요한데, 마을에서 자전거를 타고 30분 이상을 가야 병원에 도착할 수 있는 데다 접수, 진료, 검사 등을 하다 보면 꼬박 하루를 병원에서 보내야 하는 상황이었다. 그러나 마을 현장에서 채취한 혈액 샘플을 드론이 8분 만에 병원에 배송하면서, 건강 상태를 효율적으로 진단할 수 있게 되었다. 이 과정에서 병원 측에서는 인건비나 유류비 등 혁신적인 비용 절감이 가능하여 촌민들에게 고품질의 의료 서비스를 제공할 수 있게 됐다고 밝혔다.

광둥성 선전시 룽화구 인민 병원에서도 드론을 활용하여 주민들에게 원격 건강검진 서비스를 제공하고 있다. 병원에서 약 2.1km 떨어진 보건소에서 오전에 주민들이 채혈을 하면 병원이 드론을 통해 혈액 샘플을 바로 전달받아, 당일 오후에 검사 결과를 주민들에게 알려준다.

중국 저공 경제의 방향성

현재 중국 저공 경제 산업에서의 주도적인 비행기체는 드론과 eVTOL이지만, 향후 산업 발전 양상에 따라 헬리콥터, 소형 항공기, 플라잉카 등 다양한 비행기체가 저공 경제 영역에서 활용될 것이다. 이미 중국 국영 기업인 중항공업 中航工业은 저공 경제 산업용 소형 항공기 및 헬리콥터를 개발 및 양산하고 있으며, 샤오펑후이텐 小鹏汇天은 기존에 보유한 전기차 생산 기술 및 디자인 노하우를 플라잉카에 적용하여 관련 시장에서 앞서 나가고 있다. 또한, 이러한 비행기체를 저공 영역에서 안정적으로 운영하기 위해서는, 저공 영역에서의 인터넷 연결을 보장하는 통신 기술의 개선뿐만 아니라, 전용 공항이나 창고 등 관련 비행 시설 및 충전·급유 인프라 구축도 선결 과제가 될 것으로 전망된다.

기존의 물류·운송, 농림업, 관광, 응급구조 등 산업 외에, 레

중국 저공 경제를 이끌어 갈 비행기체 현황.   출처: 기업별 홈페이지 종합

저·휴양, 치안·방산, 수출입 통관, 소방안전, 교육, 금융·보험, 해양·수산 등 저공 경제가 융복합 형태로 연계 발전할 수 있는 산업은 무궁무진하다. 이미 총 32개의 중국 직할시, 성급 지방정부 중 26개 지역에서 관련 정책을 발표하고 있으며, 지역별 저공 경제 서비스의 빠른 상용화를 위해 비행기체와 서비스를 사전에 충분히 테스트할 수 있는 별도 시범 구역 설정 및 안전 보장 관련 법체계 구축이 점차 활성화될 것으로 예측된다.

한국에 기대하는 저공 경제 산업

현재 시점에서 저공 경제 시장을 이끌어가고 있는 메인 플레이어인 드론 산업의 진척 상황을 근거로 판단해보자. 세계 이동통신 사업자 연합회 GSMA는 영국 통신 대기업인 BT그룹과 함께 '드론 준비도 조사 Race to the top'를 수행했다. 이 조사는 G7(미국, 일본, 독일, 영국, 프랑스, 이탈리아, 캐나다)에 한국, 싱가포르, 핀란드, 스위스, 호주까지 총 12개 주요 선진국을 대상으로 하여 도심 항공 교통 및 산업용 드론 관련 규제, 경제, 통신 및 ICT, 기업 수요라는 네 요인을 중심으로 각국의 드론 산업 현황을 진단했다.

결과적으로 스위스, 이탈리아가 1, 2위를 차지했으며 한국은 최하위를 기록했다. 하지만 한국은 연구 개발(R&D) 부문에서 100점만점을 기록했을 정도로 기술·산업적 준비도가 우수하고, 5G 등 통신 인프라 부문에서도 G7을 앞서며, 합리적 규제 등이 뒷받침되면 글로벌 드론 시장을 선도할 수 있는 가능성도 충분하다는 평가를 받았다.

종합 1위를 차지한 스위스는 2017년 세계 최초로 도심 비가시권 드론 비행(감시자가 눈으로 감시할 수 없는 장거리 비행)을 허용했으며, 스위스 연방 민간 항공청을 중심으로 세밀한 원격 인증 체계 및 비행 관련 규제를 제도화했다. 한국은 2023년 관련 규제 체계가 마련되었고, 2025년 9개 드론 시범 도시가 국내에 지정되면서 대규모 상업 비행이 예정되어 있다. 또한, 공공기관과 통신 대기업 등으로 구성된 콘소시엄 형태로 UAM 초기 상용화를 위한 기술적 준비를 착실히 하고 있다.

지자체 차원에서도 유관 기업과의 협업으로 드론 산업 지원 센터, 드론 앵커 센터 등 저공 경제 산업 발전에 필수적인 시설을 적극적으로 개소하고 있으며, 산업 간 연계 목적으로 도서·산간 및 격오 지역 물류 운송, 해상 응급 구조 테스트에 적합한 유휴 산업단지 개방 등 좋은 환경을 활용할 여지가 많은 상황이다.

한국의 저공 경제 산업 진입이 중국보다는 한걸음 늦은 것처럼 보일 수도 있지만, 이미 산업에 필요한 인터넷 기술 등 기초 인프라가 어느 정도 갖춰진 상황으로 판단된다. 향후 양국간 기술·산업적 협력 기회가 많아지고, 전 세계 다양한 분야에서 우리 기업의 저공 경제 비즈니스 활동 범위가 넓어진다면, 저공 경제라는 글로벌 혁신 미래 산업을 주도적으로 이끌어가는 주체는 한국이 될 수도 있지 않을까?

이정무, 유자미 (광저우무역관)

| 무한한 가능성의 항공 경제 |

성큼 다가온 유럽의
도심 항공 모빌리티 시대

암스테르담

　퇴근 시간, 지상에는 신호를 대기하는 자동차가 길게 줄을 섰지만 하늘에는 4인용 소형 비행기가 떠 있다. 이 소형 비행기는 최단 거리로 목표 지점에 도착해 승객을 내려준다. 평소 1시간 걸리던 퇴근 시간이 15분으로 확 줄어들었다. 공상과학 영화에나 나오던 드론 택시, 그리고 혈액과 장기를 항공으로 신속하게 운송할 수 있는 미래는 생각보다 가까이 다가왔다.

　최근 UAM^{Urban Air Mobility, UAM}이 도시의 인구 증가와 도로 교통 혼잡, 환경 문제를 해결할 3차원 미래형 교통수단으로 떠오르고 있다. UAM은 eVTOL^{Electric Vertical Take-Off and Landing, eVTOL}를 이용하여

도시 권역을 이동하는 공중 교통 체계를 의미하는데, 2025년부터 시범적으로 서비스될 전망이다. 이에 첨단 항공 교통Advanced Air Mobility, AAM 분야에 종사하는 대부분의 차량 제조업체들이 eVTOL 항공 택시나 전기 및 하이브리드 항공기를 제작하는 데 주력하고 있다.

이런 가운데 색다른 플라잉 카 업체가 시선을 끌고 있다. 플라잉 카란 말 그대로 자동차처럼 도로도 달리고 하늘도 비행할 수 있는 자동차-비행기 겸용 기체다. 네덜란드의 PAL-V 인터내셔널Personal Air and Land Vehicle International이란 회사는 야심차게 세계 최초로 PAL-V 리버티PAL-V Liberty라는 플라잉 카를 제조했다. 이 회사의 역사는 2008년으로 거슬러 올라간다. 2008년에 창업자 로버트 딩어만스Robert Dingemanse는 플라잉 카를 실현하기 위해 회사를 설립했다. 4년 후인 2012년 시제품 PAL-V 원PAL-V ONE을 제작했고 2017년 스위스 제네바 모터쇼에서 PAL-V 리버티 모델을 최초로 공개했

PAL-V 플라잉 카.　　　　　　　　　　　　　　　출처: PAL-V 홈페이지

다. PAL-V 리버티는 2020년 8월 도로 주행 테스트를 성공적으로 통과해, 현재 공식적으로 유럽 도로에서 볼 수 있는 세계 최초의 상업용 비행 자동차가 되었다. 이 회사는 두바이에 소재한 에이비테라Aviterra 사로부터 100대 주문을 받아 2025년에 첫 출하를 앞두고 있다.

PAL-V 리버티는 도로 주행 모드에서 비행용 프로펠러와 후방 날개를 삼륜 차량의 루프와 후방에 접이식으로 저장하고, 9초 이내에 시속 100km에 도달할 수 있으며 최고 속도는 시속 160km, 최대 주행 거리는 1,315km다. 비행 모드로 전환하려면 헬리콥터처럼 생긴 날개가 차량 지붕에서 솟아오르고 플랩이 뒤쪽에서 나오기 때문에 5분 정도 걸린다. 차량의 차체도 들어 올려지고 2개의 해치가 열리면서 자이로 비행기의 뒤쪽 프로펠러가 드러난다. 차량에서 항공기로 변신하는 방식이 007 영화의 한 장면과 매우 유사하다. 항공기로서 비행 범위는 400~500km이며 최대 속도는 시속 180km, 최고도 1만 1,000피트까지 도달할 수 있다. 이착륙을 위해서는 최소 200m 이상 뻗어 있는 활주로가 필요하다.

시장 조사 기관인 마켓앤드마켓Marketsandmarkets은 전 세계 UAM 시장 규모에 대해 2023년 38억 달러 규모에서 2030년 285억 달러 규모로 연평균 33.5% 성장할 것으로 전망한다. 이는 전기 자동차 시장 성장률보다 높은 것인데, 지역별로는 북미 지역과 유럽을 중심으로 성장이 두드러질 것이며, 특히 도심 지상 교통 문제가

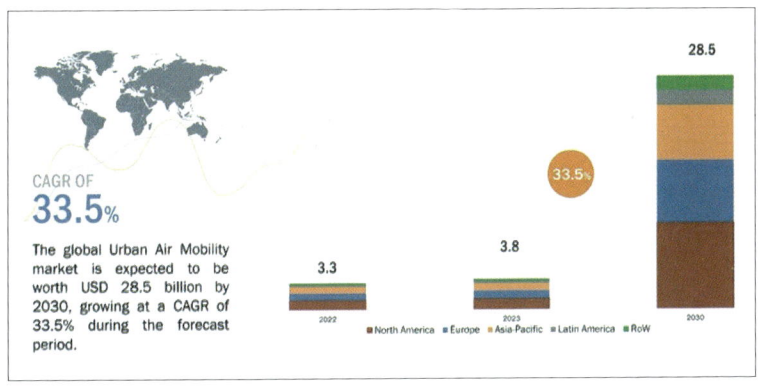

전 세계 UAM 시장 규모(단위: USD 10억, %). 　　　　　　　　출처: 마켓앤드마켓

많은 유럽 지역에서 UAM에 대한 수요가 많을 것으로 예측한다.

● UAM 관련 EU와 네덜란드

유럽 항공 안전청 European Union Aviation Safety Agency, EASA 은 2019년부터 eVTOL 인증 기준을 개발 및 제정했는데, 감항성(안전성)과 관련하여 eVTOL 특수 조건을 마련하고 상용 eVTOL이 적용해야 하는 중요 기술 목표를 제시했다. 또한 수직 이착륙장 Vertiport 운영 및 조종사 라이선스에 대한 규제도 마련했다.

유럽 공역을 통합 관리하는 '싱글 유러피안 스카이 Single European Sky' 이니셔티브 이행 사업(2016~2024년)은 기존 대형 항공기 위주에서 드론, 개인 비행체 Personal Air Vehicle, PAV 등 소형 비행체를 포함한 공역 관리 시스템 개발 사업으로 확장했다. EASA는 무인 항공 시스템Unmanned Aerial Systems, UAS을 통합 관리하기 위해 세계 최초로 U-space/UTM˙ 규제 패키지를 준비하고 있다. 2020년 12월 31일부터 EU 영공에서 '드론의 안전한 사용을 위한 유럽 규정'이 시행되고 있다.

네덜란드에서 UAM과 드론 개발은 국가적 사업이기도 하지만 국제 개발과도 보조를 맞추고 있는데, 드론 프로그램에서 도심 환경과 항만 지역을 포함해 드론 도입에 대한 적극적인 정책을 추진하겠다는 뜻을 밝혔다. 네덜란드에는 드론 유형(무게, 등급, 최대 거리 등)과 비행 위치 등을 규정한 「원격 제어 항공기 규정Regeling op afstand bestuurbare luchtvaartuigen, Roabl」이 있다.

네덜란드 드론 델타 재단

2019년 12월 4일부터 6일까지 암스테르담에서는 '암스테르담 드론 위크'가 개최되었다. 이때 로열 스키폴 그룹Royal Schiphol Group은 행사에 참가한 12개 회사와 함께 UAM과 드론이 네덜란드에 가져올 수 있는 모든 이점에 대해 토론했다. 이들은 드론 이용이 확

- 유럽에서 드론이 저고도 공역(150미터 미만)에서 안전하고 효율적으로 운용될 수 있도록 설계된 서비스 및 절차.

대될 것으로 예상하며, 스마트하고 지속 가능한 솔루션의 궁극적인 개발을 위한 플랫폼으로서 네덜란드 드론 델타 재단 Dutch Drone Delta Foundation을 설립했다.

이 재단은 네덜란드에서 UAM을 위한 생태계를 조성하여 시장 참여자와 정부가 지속 가능하고 새로운 부가가치를 제공하고자 노력하고 있다. 또한 재정적 투자뿐만 아니라 드론 애플리케이션을 만들고 UAM의 미래를 위한 지식, 전문성, 경험 및 영향력을 공유하고 있다. 협회는 2025년까지 네덜란드의 공공 및 민간 조직이 수출할 가치가 있는 제품 및 서비스, 적절한 법적 전제 조건, 충분히 적절하고 안전한 영공, 데이터, 서비스 및 상품(2025년 이후에는 사람)을 위한 지속 가능한 모빌리티 솔루션을 위한 지상의 적절한 인프라를 통해 사회와 경제에 지속 가능한 기여를 하는 건강한 UAM 생태계를 구축하기 위해 노력할 것을 천명했다.

또한 '케이스 5.2 Case 5.2'라고 명명한 UAM 운영을 위한 항공 및 지상 인프라 연구 프로젝트를 수행하기도 했다. 네덜란드 드론 델타 재단에 따르면 이 프로젝트에 참가한 회사는 네덜란드 항공 교통 통제 위원회 LVNL, 로테르담항, 로열 스키폴 그룹, 안테아 그룹 Antea Group, KPN, 스페이스53 Space53을 비롯해 총 10곳이다.

eVTOL 개발 스타트업 회사인 심플리시티 SimplyCity도 있다. 이 회사는 UAM 분야에서 쉽고 지속 가능하며 효율적인 솔루션을 제공하고, 혁신적인 디자인과 에너지 효율성을 통해 어떤 기상 조건 아래에서도 비행할 수 있는 eVTOL을 개발한다는 비전을 가지고 2023년 설립되었다. 현재는 2025년까지 첫 번째 프로토타입을 테스트할 계획 가운데 연구 개발에 전념하고 있다. UAM의 상용화에는 도심 내 관련 인프라의 구축도 필수적인데, 베이야드 버티포트 솔루션스Bayards Vertiport Solutions라는 회사가 수직이착륙장 건설 프로젝트를 진행하고 있어 주목할 만하다. 이 회사는 헬리콥터 착륙 플랫폼 설계, 엔지니어링, 제조, 건설 및 설치하는 베이야드 건설 그룹Bayards Constructions Group의 자회사로, 앞으로 UAM의 발전과 함께 도심의 풍경이 변화하는 데 기여할 전망이다.

   도심 항공 교통의 시대는 우리 앞으로 성큼 다가와 있다. 2025년에 시험 운행이 본격화되고 2035년에는 큰 시장으로 성장할 것으

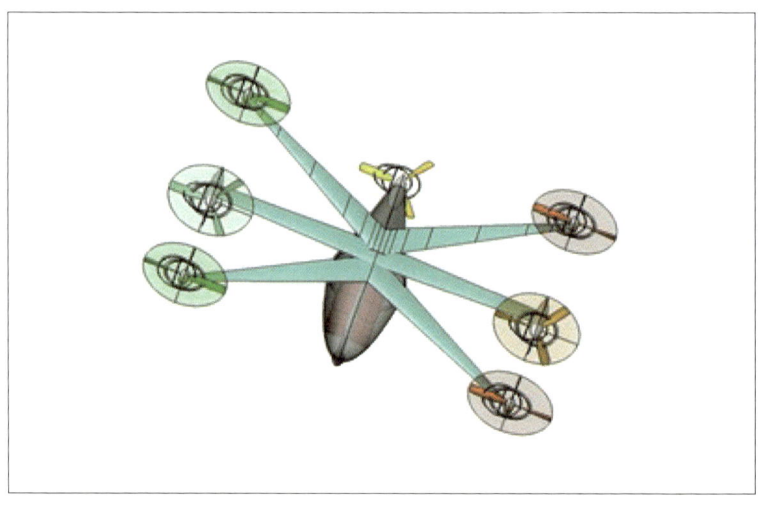

심플리시티에서 개발 중인 eVTOL.　　　　　　　　　　　출처: 심플리시티 홈페이지

로 전망되고 있다. 영화에서나 보던 상상 속의 장면이 현실화하는 것이다. 네덜란드와 우리나라는 상대적으로 작은 국토 면적에 많은 인구가 거주하므로 교통 혼잡이 자주 발생하는 공통점이 있다. 이런 유사한 점이 협력하기에 좋은 토대가 될 것으로 생각된다.

한국과 네덜란드 기업이 협력하여 UAM 기술을 개발하고 상용화하면, 글로벌 시장 진출에 있어 시너지 효과를 낼 수 있다. 또한 양국의 강점을 결합하여 경쟁력 있는 UAM 솔루션을 제공할 수 있을 것이다. 한 예로 한화시스템과 한국공항공사는 2023년 6월 21일에 네덜란드 국립항공우주연구소 Nationaal Lucht- en Ruimtevaart-laboratorium, NLR 와 'UAM 인프라 사업 협력을 위한 3자 업무 협약'을 체결해, UAM 인프라 운영과 시스템 핵심기술 개발에 협력하기로 했다. 이와 같이 유럽 UAM 인프라 시장의 메이저 플레이어들과 협력을 통해 다양한 사업 기회를 창출하고, 한국 UAM 기술 경쟁력을 제고할 수 있을 것으로 기대된다.

한문갑 (암스테르담무역관)

| 무한한 가능성의 항공 경제 |

누구나 즐기는 민간 우주 관광

애틀랜타

올해 90세를 맞이한 에드 드와이트^{Ed Dwight}는 젊은 시절 우주 비행 훈련을 받은 우주 비행사 후보였다. 미국 최초의 흑인 우주 비행사가 되려던 그의 꿈은 당시 인종차별로 이루어지지 못했다. 하지만 2024년 5월 19일, 그는 미국 우주 탐사 기업 블루 오리진^{Blue Origin}의 뉴 셰퍼드^{New Shepard} 호를 타고 우주로 날아가 그의 오랜 꿈을 이뤘다.

우주선은 고도 65.7마일(약 105km) 상공까지 날아가 무중력 상태를 체험하고 지구로 무사히 귀환했고, 그 비행으로 드와이트는 우주여행을 성공한 최고령자에 이름을 올렸다. 이처럼 그가 우주여행의 꿈을 실현할 수 있었던 것은 미국의 민간 우주여행 산업 발전의 결실이다.

미국의 민간 우주여행은 2021년 버진 그룹Virgin Group의 리처드 브랜슨Richard Branson 회장이 버진 갤럭틱Virgin Galactic호를 타고 4분간의 무중력 우주여행을 하고 돌아오면서 본격적으로 시작됐다. 그해 여름 아마존 창업자 제프 베조스Jeff Bezos도 자신이 창업한 블루 오리진의 로켓을 타고 우주여행을 했으며, 같은 해 9월에는 테슬라 창업자 일론 머스크Elon Musk가 설립한 스페이스 엑스Space X의 팰컨Falcon 9호가 민간인을 태우고 지구를 선회하는 우주 관광에 성공했다. 이들 세 회사는 상업용 우주여행을 주도하고 있으며 각기 다른 종류의 우주여행을 제공하고 있다.

버진 갤럭틱은 로켓 추진 우주선을 이용해 지구와 우주 경계선인 약 36만 피트(약 100km)까지 비행하는 우주 관광 상품으로 가격은 1인당 45만 달러(약 6억 원)이다. 블루 오리진의 뉴 셰퍼드는 지상 100km 높이에서 7.9km/s의 속도로 지구 궤도를 약 10분간 돌며 무중력을 체험하고 돌아오는 우주여행을 제공한다.

정확한 가격은 밝혀진 바가 없지만 2021년 첫 비행 당시 한 좌석의 경매 가격은 2,800만 달러(약 380억 원)에 달했다. 한편 스페이스 엑스는 드래건Dragon호를 타고 지구와 달을 왕복하는 여행을 제공한다. 2022년 일주일간의 달나라 여행 비용은 5,500만 달러(약 756억 원)였다.

버진 그룹의 버진 갤럭틱이 비행하는 모습. 출처: 버진 갤럭틱 홈페이지

블루 오리진의 뉴 셰퍼드 외형. 출처: 블루 오리진 홈페이지

스페이스 엑스의 팰컨 발사 모습. 출처: 스페이스 엑스 홈페이지

다양한 상업용 우주 관광 상품이 등장하면서, 과거에는 특별히 훈련받은 비행사만 가능했던 우주여행을 민간인도 갈 수 있게 되었지만 지나치게 높은 가격 때문에 일반인들에게는 여전히 우주여행이 현실성 있게 다가오지는 않는다. 하지만 2025년 상용화를 목표로 하고 있는 스페이스 퍼스펙티브 Space Perspective 와 월드 뷰 스페이스 World View Space 의 보다 저렴한 가격의 성층권 우주여행으로, 한층 더 현실로 다가온 민간 우주여행의 시대가 열릴 것으로 기대된다.

비행기처럼 편안하게 즐기는 우주여행

풍선을 타고 하늘로 날아가 우주여행을 한다는 만화 같은 이야기가 곧 현실화될 전망이다. 우주 관광 기업 스페이스 퍼스펙티브는 2024년 2월, 캡슐 형태의 열기구 우주선 넵튠 Neptune 의 완성된 모습을 선보였다. 전체적인 모습은 우주선을 상승시키는 풍선 역할을 하는 스페이스벌룬 SpaceBalloon™ 과 예비 하강 시스템, 그리고 승객이 탑승하는 캡슐로 구성되어 있다.

스페이스벌룬은 시속 12마일(약 19.3km)의 완만한 속도로 넵튠을 부드럽게 들어올리는 역할을 하는데, 지구에 미치는 환경적 영향을 최소화하기 위해 수소 가스를 사용한다. 수소는 공기보다 가볍기 때문에 부력을 활용해서 공중으로 떠오를 수 있다. 따라서

넵튠의 전체 모습. 출처: 스페이스 퍼스펙티브 홈페이지

넵튠의 캡슐 형태. 출처: 스페이스 퍼스펙티브 홈페이지

넵튠 내부 인테리어. 출처: 스페이스 퍼스펙티브 홈페이지

기존의 로켓과 달리 쏘아올릴 때 폭발이 필요 없고 상승과 하강 과정에서 거의 제로에 가까운 탄소 배출을 한다. 스페이스벌룬은 완전히 부풀었을 때 축구 경기장 하나를 덮을 수 있을 만큼의 크기까지 늘어난다.

승객이 탑승하는 캡슐은 지름 약 4.9미터 크기의 구형 모양이다. 이는 블루 오리진 뉴셰퍼드의 2배, 스페이스 엑스 크루 드래곤의 4배에 달하는 크기로, 조종사 1명과 승객 8명을 포함해 한번에 9명이 탑승할 수 있다. 현재까지는 1985년에 8명의 비행사를 태우고 운항했던 우주 왕복선 STS-61-A가 최대 인원을 태운 우주선으로 기록되어 있는데, 넵튠의 실제 운항이 이루어지면 현존하는 최다 인원 탑승 우주선으로 기록될 것이다. 기존 우주선의 내부는 좁고 복잡한 장비들이 배치되어 있는 공간이었지만 넵튠의 캡슐은 편하게 휴식을 취할 수 있는 의자와 무드 조명, 식음료에 사용될 허브 등이 있는 라운지를 갖추고 있다. 구형으로 설계되어 연속적인 파노라마 뷰를 제공하며 이를 위해 수직 창을 배치했다. 특수 유리 창문은 햇빛의 유해한 파장을 차단하는 동시에 캡슐 내부의 열을 제어하는 역할도 한다. 게다가 편안한 안식처를 제공한다는 의미로 스페이스 스파 Space Spa라고 이름 지은 화장실도 캡슐 내부에 있다. 캡슐 전체가 압력이 없기 때문에 다른 우주선처럼 진공 화장실이 필요하지 않다.

넵튠의 가장 큰 특징은 중력이 있는 상태에서 편안하게 지구를 바라보는 여행이 가능하다는 점이다. 기존의 우주여행은 무중력 상태를 견디기 위한 특별 훈련이 필요했지만 넵튠의 탑승객들은 그러한 훈련 없이 마치 비행기를 타는 것처럼 쉽고 편하게 우주 비행을 할 수 있다. 어떻게 중력 상태의 우주여행이 가능할까? 넵튠의 최대 비행 높이는 지구 대기의 99% 상공, 약 30.5km에 해당하는 성층권이기 때문이다. 성층권 높이에서도 지구의 둥근 지평선을 볼 수 있으며, 그 너머로 떠오르는 일출을 감상할 수 있다. 광활한 우주의 어둠 속에 있는 태양과 가늘고 푸른 대기선도 볼 수 있다. 넵튠의 총 여행 시간은 6시간으로, 최고 높이까지 상승하는 데 약 2시간이 걸리며 30km 정상에서 약 2시간 동안 우주를 즐긴 후 다시 하강해서 돌아오는 데 2시간 정도가 소요된다.

성층권 우주여행의 장점은 가격이다. 넵튠의 1인 좌석 가격은 12만 5,000달러(약 1억 7,000만 원)로 여전히 저렴하지는 않지만, 기존의 우주여행과 비교해 크게 낮아졌다. 현재까지 넵튠의 우주여행 티켓을 구매한 사람은 1,750여 명에 이르며 본격적인 여행이 시작되는 2025년에는 더 많은 구매가 이뤄질 것으로 예상된다. 스페이스 퍼스펙티브 측은 2024년 말까지 4,000석 판매, 약 4억 달러(약 5,500억 원)의 예약을 달성할 것으로 기대하고 있다. 2024년 중에 약 10회 정도의 무인 비행 테스트를 실시하고 연이어 승무원이 탑승한 시험 비행을 완료한 후, 2024년 말~2025년 초에 상업 운항을 시작할 계획이다.

넵튠처럼 풍선을 활용한 성층권 우주여행을 준비하고 있는 월드 뷰 스페이스는 넵튠보다도 더 저렴한 가격인 5만 달러(약 6,800만 원)에 성층권 우주여행 티켓을 판매하고 있다. 월드 뷰 스페이스는 오랫동안 풍선을 활용한 고고도 High-altitude 원격 감지 및 지구 관측 서비스를 제공해온 경험을 바탕으로 성층권 우주여행선을 개발했다. 우주선의 모양과 여행 여정 등은 넵튠과 흡사하지만, 월드 뷰 스페이스의 차별성은 우주선이 출발하는 우주 공항을 전 세계 불가사의로 불리는 7개 지역에 설치했다는 점이다. 미국의 그랜드 캐니언 Grand Canyon, 호주의 그레이트 배리어 리프 Great Barrier Reef, 케냐의 세렝게티, 브라질의 아마존, 노르웨이의 오로라 보레알리스 Aurora Borealis, 이집트의 기자 피라미드, 중국의 만리장성이다. 우주여행과 지구 여행을 연결할 수 있는 산업 확장 포인트가 될 것으로 기대된다. 현재 미국에서 출발하는 여정은 이미 1년 동안의 예약이 매진된 상태이며, 호주에서 출발하는 여정의 예약을 받고 있다. 예약을 위해서는 보증금 500달러를 지불하고 순서를 기다려야 한다.

● 민간 우주 관광 시장 전망과 정책

시장 조사 기관 그랜드뷰 리서치 Grandview Research 에 의하면, 전 세

위: 월드 뷰 스페이스 우주선.
아래: 월드 뷰 스페이스 우주선 비행 모습.

출처: 월드 뷰 스페이스 홈페이지
출처: 월드 뷰 스페이스 홈페이지

계 우주 관광 시장은 8억 5,140만 달러(약 1조 1,750억 원)규모이며 2024년부터 2030년까지 연 평균 44.8%의 성장을 보일 것으로 전망된다. 2023년 북미의 시장 점유율은 38.9%로 전체 시장을 주도하고 있으며, 앞으로도 미국은 기술 투자 증가로 인해 계속해서 높은 점유율을 유지할 것으로 전망된다. 현재는 스페이스 엑스, 블루 오리진, 버진 갤럭틱 등의 대기업과 관련 부품 및 서비스를 제공하는 중소 업체들이 미국 우주 관광 시장의 성장을 주도하고 있다.

또한 고액 자산 보유 인구가 늘어나 우주여행 비용을 감당할 수 있는 잠재 고객이 증가하고 있다. 미국 투자 은행 코웬Cowen이 2020년 실시한 설문 조사에서 재산 500만 달러(약 69억 원) 이상인 사람 5명 중 2명이 버진 갤럭틱의 우주 관광에 최소 25만 달러(약 3억 4,500만 원)이상을 지불할 의향이 있다고 응답했다. 이는 전 세계적으로 볼 때 약 240만 명의 잠재 고객이 있다는 의미가 될 수 있다.

미국의 우주 산업은 1957년 설립된 미국 항공 우주국National Aeronautics and Space Administration, NASA를 통한 정부 예산의 주도로 발전했다. 연방 정부는 NASA를 중심으로 과학 연구에 투자했고 우주 경쟁에서 미국을 승리로 이끌었으나, NASA의 연방 지출 비중은 감소하고 있는 추세다. NASA에 투입된 연방 지출은 1966년 연방 예산의 약 4.5%로 정점을 찍었지만 1975년에는 예산의 1%로 하락했고 이후 계속해서 감소해 2011년 이후 전체 연방 예산의 0.5% 수준을 유지하고 있다.

정부 주도 우주 탐사에 대한 미국 정부의 자금 지원은 감소하는 반면에 민간 우주 개발 사업은 매우 활발히 진행되고 있으며 관련 연구 개발 활동에 대한 관심과 투자가 늘고 있다. 2020년 12월 9일에 발표된 미국의 「국가 우주 정책 National Space Policy」은 우주 산업과 관련된 국가 차원의 정책을 명시한 것으로 책임감 있고 건설적인 우주 이용, 강력한 상업 우주 산업 촉진, 달과 화성 탐사 추진, 우주에서의 미국과 동맹국 이익 수호를 위한 노력 등의 내용을 담고 있다. 10년 만에 개정된 이번 「국가 우주 정책」은 빠르게 성장하는 미국 상업 우주 산업의 중요성을 인식하고 우주 상업의 중심 국가로서 미국의 역할을 강조하고 있다. 미국 상업 우주 분야의 성장을 위해서 정부는 상업용 우주 산업과 협력해 우주 탐사에 대한 비용 절감을 이루고, 시장 수요에 적응할 수 있도록 규제를 간소화할 것을 지시한다.

현재 미국의 우주 산업 규제 기관은 교통부 산하의 연방 항공청 Federal Aviation Administration, FAA 으로, 로켓과 우주선 발사를 희망하는 민간 기업들의 상업용 우주 면허를 발급하고 우주 발사체의 작동 안정성을 확인하며 승무원 자격 및 교육에 대한 규제를 제공한다. 따라서 상업용 우주 산업 기업들은 연방 항공청에 실제 시험 비행에서 발사체가 의도대로 작동하며 안전 규정을 충족하는지 확인

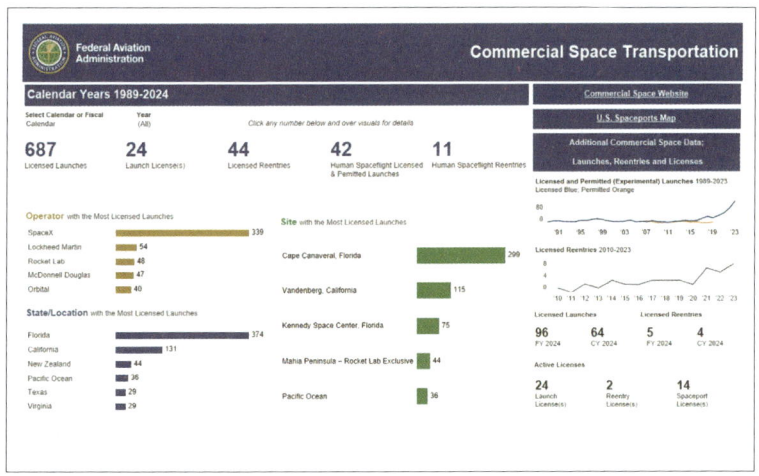

연방 항공청 홈페이지 데이터. 출처: FAA 홈페이지

받을 때까지는 탑승이 불가능하다.

연방 항공청은 상업용 인류 우주 비행 산업이 계속 성장할 것이며 우주 비행을 경험하는 사람들의 수가 크게 늘어날 것이라고 전망한다. 현재까지 FAA 면허를 통해 발사 허가를 받은 유인 우주선은 42건이며, 그 가운데 발사체에 탑승해 지구 표면 상공 약 80km 이상의 상공에 도달한 승무원과 우주 비행 참가자는 총 97명이다. 이들은 모두 FAA 상업용 유인 우주 비행 인정 웹 페이지에 이름이 등재된다. 2004년 6월 스페이스십 원 SpaceShip One을 타고 우주 비행을 한 마이크 멜빌 Mike Melville을 시작으로 2024년 3월까지 스페이스 엑스와 버진 갤럭틱, 블루 오리진 등을 통해서 우주 비행을 마친 사람들이 포함돼 있다. 상업용 우주 발사는 우주

항공 시설이 갖춰진 플로리다에서 가장 많이 이뤄졌으며, 캘리포니아가 그 뒤를 잇는다. 앞으로 다양한 형태의 우주 비행이 개발될 것이기 때문에 연방 항공청은 더 이상 "우주 비행사"라는 지칭을 사용하지 않으며, 우주가 어디에서 시작하는지, 그리고 어디까지인지도 지정하지 않고 있다.

● 우리의 가능성

2022년 6월, 일명 누리호라 불리는 KSLV-II의 발사가 성공하면서 한국은 독자 개발한 발사체를 이용해 위성을 쏘아 올린 전세계 7번째 국가가 되었고 우주 항공 기술의 면모를 과시했다. 2024년 5월 27일 우주 항공청이 문을 열면서 한국에서 민간 우주 산업 육성이 활발하게 이뤄질 것으로 기대되고 있으며, 실제로 누리호 3차 발사에는 한화에어로스페이스, 한국항공우주산업 KAI, 현대중공업 등 300여 개의 국내 민간 업체가 참여하고 있다. 이러한 민간 기업들에 우주 관광 산업은 무한한 시장이 될 수 있다.

한편, 우주 관광 산업은 우주 발사체와 관련된 산업뿐만 아니라 다양한 관련 산업을 창출하는 기회의 문을 열고 있다. 우주 관광 스타트업 액시옴 스페이스 Axiom Space 와 오리온 스팬 Orion Span 은 이미 지구 저궤도에 호텔 건설 계획을 세우고 있다. 우주여행객들의 숙박 및 식사, 레크리에이션을 즐길 수 있는 시설을 건설할 예정이다. 또한, 우주여행 전체를 아우르는 여행 일정 계획, 우주 공항까지의 항공권 예약, 비행 전 준비를 돕는 다양한 서비스를 제공하는 우주여행사도 활발히 설립되고 있다. 그리고 우주여행에 대한 대중의 관심이 늘어남에 따라 우주 테마 엔터테인먼트 및 체험 공간을 제작할 수 있는 기회도 창출될 수 있다. 실제 우주 비행에서 찍어온 영상을 활용해 우주여행을 시뮬레이션하는 가상 현실 체험이나 우주 테마 놀이공원을 설립할 수 있으며, 우주 관련 실습 교육 프로그램 작성에도 활용할 수 있다. 이외에도 우주여행 보험 상품, 우주 택배 서비스 등 기존에는 상상할 수 없었던 무한한 아이디어가 가능해진 우주 관광 시대가 성큼 다가왔다.

이상미 (애틀랜타무역관)

일상으로 들어온
자율 주행

| 일상으로 들어온 자율 주행 |

운전석에 기사님 없다고
놀라지 마세요, 로보택시

우한, 모스크바

    이제 중국 도시에서 로보택시(무인 자율 주행 택시)를 만나는 것은 더 이상 드문 일이 아니다. 기차역, 공항, 여행지, 심지어 건물 지하 주차장에서도 '운전자 없는 택시'를 종종 볼 수 있다. 물론 아직 지정된 시범 지역에서만 가능하지만, 중국인들은 휴대전화에 앱을 내려받고 목적지만 입력하면 로보택시를 부를 수 있다. 이런 스마트한 여행은 중국의 새로운 '모빌리티 기술의 이정표'가 되고 있다.

    최근 수년간 베이징, 우한, 상하이, 광저우, 선전 등 중국 51개 도시에서 자율 주행 테스트 관련 정책이 발표되며, 60개 이상의

우한에서 운행 중인 자율 주행 택시. 출처: 우한무역관

기업이 자율 주행 테스트 면허를 취득하는 등 무인 자동차 상용화가 빠르게 확산되고 있다. 이 중 일부는 아직 테스트 단계에 있지만, 점차 운전자 없는 여행은 현실이 되고 있다. 예를 들어, 우한시에서는 2023년 말 기준 총 3,000km^2 면적과 3,379km 길이의 도로에서 491대의 자율 주행차가 운행하고 있다. 무인 주행이 가능한 거리와 지역 수에서 우한은 중국 전체 1위를 자랑한다.

2024년 2월, 아폴로 로보택시는 우한의 장강대교 두 곳을 자율 주행으로 건넜다. 일반 도로보다 복잡한 다리 위에서의 차선 변경, 진입로 합류, 도로 정체 등을 해결하며 '장강 최초 횡단'을 사고 없이 수행했다. 한편 베이징 로보택시 서비스 제공 기업 4개사가 공항 고속도로를 주행하는 픽업 서비스를 승인받았다. 이들 로보택시는 고속도로를 최고 120km/h로 달리며 무인 자율 주행차가 갖고 있던 속도 제한의 한계를 극복했다.

● 테스트 넘어 상업화된 중국 자율 주행차

2016년 6월 상하이에 중국 최초의 '지능형 네트워크 차량' 국가 시범 구가 설립된 이후, 전국에 스마트 시티와 지능형 네트워크 차량의 공동 개발을 위한 17개의 국가 시범 구와 16개의 시범 도시가 구축되었다. 테스트를 위해 지정된 도로가 2만 2,000km

우한의 자율 주행 버스.   출처: 우한무역관

주행 중인 아폴로 택시.　　　　　　　　　　　　　　　　출처: 우한무역관

에 달했고 5,200개 이상의 시범 운영 라이선스가 발급되었으며, 이를 통해 총 8,800만km의 테스트를 진행했다.

2022년 8월 우한과 충칭에서 중국 최초의 완전 무인 로보택시 상용화가 시작되면서, 2023년 중국의 자율 주행 산업에도 새로운 변화가 일어나기 시작했다. 정부의 정책 지원 초점이 과거의 도로 주행 테스트, 서비스 시범 운영 등에서 자율 주행차의 생산 확대, 상업 모델의 안착 등으로 바뀌었다. 중앙 및 지방정부에서는 2023년에만 30개가 넘는 정책을 발표하며, 자율 주행차의 운행, 네트워크 보안, 사고 처리, 법적 책임 등에 대한 구체적인 규정을 마련하고 있다.

빠르게 확장되는 중국 자율 주행 시장

중국 자율 주행 서비스 시장에는 자율 주행 기술 개발 기업뿐만 아니라 전통 완성차 제조기업, 인터넷 기업 등도 참여하고 있다. 이들 기업은 독자적으로, 때론 서로 협력하며 자율 주행 시장을 확장하고 있다. 현재 중국의 대표적인 로보택시 서비스 기업으로는 바이두百度아폴로, 샤오마즈싱小馬智行 등이 있다. 이 중 바이두 아폴로는 2023년 기준 누적 주문 건수가 500만 건을 돌파하며 세계 1위를 기록했다.

이 4개사 외에도 다양한 배경의 기업들이 중국 자율 주행 시장에서 기반을 다지고 있다. 2024년 4월 중국 최대 온라인 콜택시 플랫폼인 DDT 택시는 광저우자동차와 함께 레벨 4급 로보택시 생산에 투자, 2025년까지 1만 대 차량에 자사 플랫폼을 장착할 계

기업명	누적 주문량	운행 도시 수	협력기업 및 모델
바이두 아폴로 百度, Apollo	500만 이상	12개	아크폭스
샤오마즈싱 小马智行, Pony.ai	30만 이상	4개	토요타
원위엔즈싱 文远知行, WeRide	50만 이상	4개	광저우자동차
안투 安途, AutoX	-	5개	크라이슬러

중국 자율 주행 서비스 기업. 출처: 기업 공식 웹사이트 및 언론 종합

획이다. 한편 전기차 제조사인 샤오펑자동차 小鹏汽车는 2022년부터 광저우 로보택시 서비스에 자사 차량의 개량형 모델을 투입했으며, 광저우 외에도 여러 도시에서 주행 테스트를 진행하고 있다.

공유 모빌리티 플랫폼이 남긴 교훈

현재 중국 로보택시 산업은 2015년 공유 모빌리티 산업에서 있었던 출혈경쟁과 비슷하다. 당시 공유 모빌리티 플랫폼은 많은 자금을 조달하여 이를 활용한 보조금 지원으로 대량의 사용자를 확보함으로써, 가능한 한 빨리 규모의 경제를 구축하고 손익분기점을 달성했다. 그때와 다른 점은 자율 주행에 필요한 기술 수준

이 월등히 높고, 상용화를 위해 더욱 다양한 상황에서 데이터 축적이 요구된다는 점이다.

중국은 미국보다 한발 늦었지만, 무서운 데이터 축적으로 빠르게 글로벌 자율 주행 시장을 선도하고 있다. 바이두는 2013년에 처음으로 자율 주행 사업에 뛰어들었지만, 현재까지 축적한 데이터와 탑승 횟수로 이미 미국 선두 기업을 뛰어넘었다. 투자도 매우 공격적이다. 중국 정부는 일찍이 2015년, 미래 산업으로 자율 주행을 선정하고 국가 전략인「중국제조 2025」에도 자율 주행을 포함했다. 또한 최고의 제조 역량을 바탕으로 자율 주행차의 핵심

구분	일반 택시	전기차 택시	로보택시	비고
운행거리(km)	100,000	100,000	100,000	연간 기준
차량 구입비(위안)	21,667	21,667	50,000	내용연수 6년 기준
유류/전기료(위안)	60,000	10,000	10,000	주유비 0.5원/km 충전비 0.1원/km
유지보수비(위안)	5,000	5,000	8,000	
보험료(위안)	10,000	10,000	13,000	
인건비(위안)	96,000	96,000	0	8,000위안/월 기준
총비용(위안)	192,667	142,667	81,000	
단위비용(위안/Km)	1.93	1.43	0.81	비용으로 환산

일반 택시와 전기차 택시, 로보택시 비용 비교. 출처: 아지 라이트이어, Car100 싱크탱크

부품 가격도 현저히 낮추는 데 성공했다. 최근 테슬라는 자율 주행에 중요한 요소인 데이터 센터를 중국에 구축하겠다고 발표한 바 있다. 그만큼 중국은 자율 주행에 있어서 기술도, 시장도 있는 곳으로 평가받고 있다.

바이두 아폴로는 비용이 줄어들수록 로보택시의 대중화가 보다 빨라질 것이며, 2026~2027년부터 로보택시 서비스 수익성이 전환기를 맞이할 것으로 보고 있다. 한편 컨설팅 기업 IHS 마킷은 2030년까지 중국의 전체 공유 모빌리티 시장 규모가 2조 2,500억 달러(약 2,993조 원)에 이를 것이며, 그중 로보택시 비중은 60%인 1조 3,000억 달러(약 1,730조 원)에 달할 것으로 전망하고 있다.

중국 이용자가 바라는 로보택시 요건

아직까지는 운영 중인 로보택시의 규모가 작고 서비스 대상 지역 역시 인구밀도가 낮은 교외에 집중되어 있어, 실제 탑승을 경험한 소비자는 많지 않다. 그런데도 2023년 조사에 따르면 중국인 응답자의 60% 이상이 로보택시에 관심을 보였으며, 사용해볼 의향이 있는 것으로 나타났다.

한편, 설문 응답자의 절반 이상(52%)은 택시 이용료가 서비스

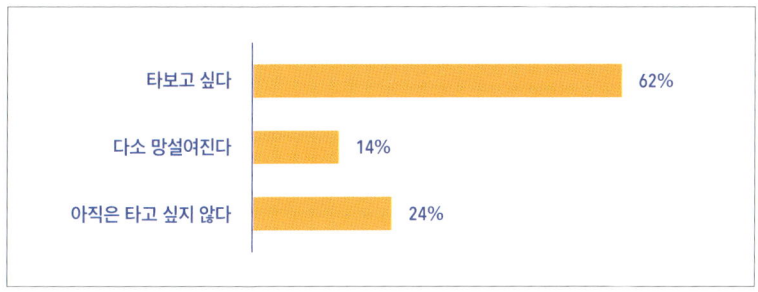

로보택시 서비스 이용 의사. 출처: 롤란드 버거Roland Berger

사용에 영향을 미친다고 답변했는데, 이는 향후 로보택시가 일반 택시와 경쟁하기 위해서는 비용 절감, 규모의 경제 달성 등 경제적인 측면을 만족시켜야 한다는 것을 보여준다. 또한 바이두 아폴로가 실제 사용자를 대상으로 조사한 설문에 따르면, 사용자들은 주로 출퇴근용으로 로보택시를 사용하고 있는 것으로 나타났다. 이들이 요구한 개선 사항은 '사용 가능 지역 추가(26%)', '주문 소요 시간 단축(19%)', '경로 확대(17%)' 등이었다.

러시아의 자율 주행 택시

러시아 최대 ICT 기업으로 종종 '러시아의 구글'이라 불리는 얀덱스Yandex도 세계적인 추세에 맞춰 자율 주행 택시의 개발을 선도하고 있는 기업 가운데 하나다. 글로벌 투자은행 모건 스탠리 Morgan Stanley가 2021년 발표한 세계 자율 주행 자동차 개발 기업 평가 보고서에 따르면 자율 주행 자동차 사업을 전담하는 얀덱스의 자회사 얀덱스SDG는 미국, 유럽 및 중국의 경쟁 기업들과 비교하여 기술력과 사업 전망이 전혀 뒤지지 않는 유망한 기업으로 인정받는다. 얀덱스는 팬데믹 시기에 자율 주행 택시 개발 열풍이 다소 수그러들고 2022년 러시아-우크라이나 사태 발생 이후 러시아의 일부 서방 기술에 대한 제약이 점점 더 강화되는 오늘날에도 자사의 자율 주행 택시를 본격적으로 상용화하려는 노력을 꾸준히 기울이고 있다.

얀덱스SDG의 자율 주행 택시.   출처: 얀덱스 블로그

🔵 러시아의 차세대 핵심 사업

얀덱스는 2016년 초 독자적으로 개발한 자율 주행 택시의 운영을 차세대 핵심 사업 가운데 하나로 삼겠다는 계획을 발표한 후 약 2년 반에 걸친 연구 끝에 2018년 여름부터 자사 자율 주행 택시의 시범 운행을 개시했다. 2018년 8월 러시아 타타르스탄공화국의 카잔시 인근에 위치한 이노폴리스Innopolis에서 유럽 최초의 자율 주행 택시 운영을 시작했으며, 2018년 10월에는 모스크바 근교의 스콜코보Skolkovo 과학기술 혁신 단지에서도 사업을 전개했다.

이노폴리스 내 얀덱스 자율 주행 택시 이용 빈도가 서비스 시작 후 약 3달 만에 1,000회를 넘어서며 사업이 성공적으로 궤도에 오르자, 얀덱스는 서비스 지역을 러시아 외부로 넓혀나갔다. 얀덱스의 자율 주행 택시는 2018년 12월부터 이스라엘 교통부와의 협약에 기초하여 텔아비브에서도 운행되기 시작했으며, 2019년 초 미국 라스베이거스에서도 세계적인 가전제품 전시회인 CES 2019가 진행되는 동안 도시 곳곳에서 승객을 태우고 다녔다. 얀덱스는 2019년 10월 세계에서 5번째로 전체 운행 거리 합계가 100만 마일(약 161만km)을 넘어선 자율 주행 자동차 개발 기업 목록에 이름을 올리기도 했다.

2022년 러시아-우크라이나 사태 이후 대러 제재 강화로 인해 GPU와 같은 핵심 부품의 수급에 차질이 발생하는 등 얀덱스의 자율 주행 택시 사업에 어려움이 늘어났다. 그럼에도 얀덱스는 여전히 자율 주행 택시 개발 및 본격적인 상용화에 많은 노력을 쏟고 있다. 먼저 얀덱스SDG의 기업명을 변경하고 등록지를 외국으로 이전하는 방법을 통해 대러 제재 저촉 문제 해결에 나섰다. 얀덱스SDG는 2022년 이스라엘로 법인을 이전했으며, 2023년 3월에는 사명을 에이브이라이드Avride로 변경했다. 이와 함께 미국 텍사스주의 오스틴시에 법인을 새롭게 등록하며 미국 내 자율 주행 택시 사업을 재개하려는 움직임을 보이고 있다.

범용 자율 주행 장치

얀덱스의 자율 주행 택시를 이용하는 방법은 매우 간단하다. 러시아 내에서는 얀덱스가 제공하는 교통 및 배달 애플리케이션 '얀덱스 고Yandex GO'에 들어가 자율 주행 택시 서비스를 선택한 후 탑승 및 하차를 희망하는 장소를 고르기만 하면 된다. 예를 들어 모스크바의 야세네보 동에는 인공지능에 의해 관리되는 승하차 가능 지점 45곳이 지정되어 있다.

이처럼 자율 주행 택시를 호출하면 일반적으로 예비 운전자 겸 기술자가 만일의 상황을 대비하여 동승한 자율 주행 택시가 배차된다. 이용 요금의 경우 자율 주행 택시 운행이 아직 시험 단계임

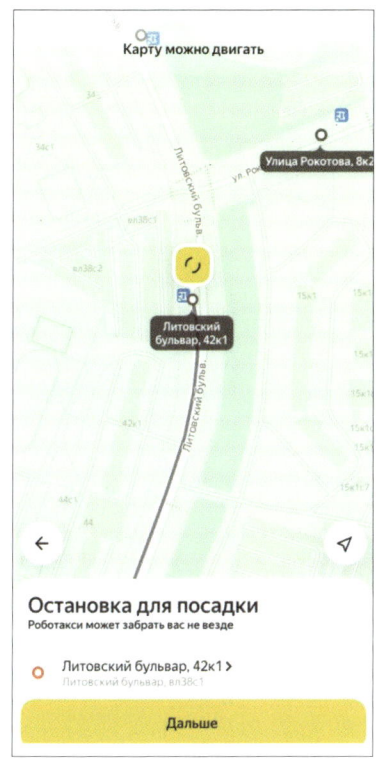 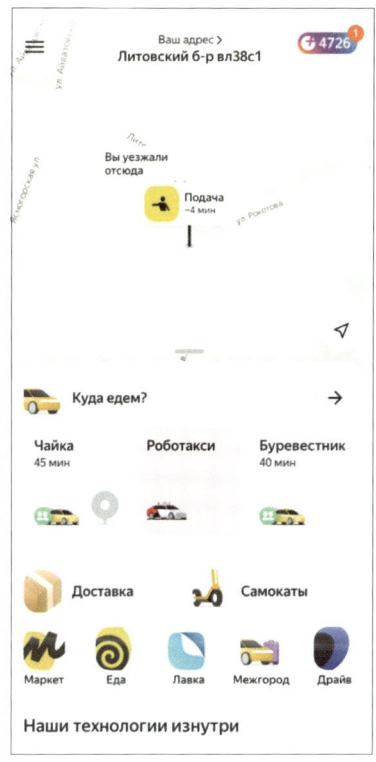

'얀덱스 고' 앱의 자율 주행 택시 요청 화면.   출처: 얀덱스 블로그

을 감안하여 주행거리와 상관없이 100루블(약 1,500원)이 일괄적으로 부과되고 있다.

　ICT 기업인 얀덱스는 완성된 차를 즉시 공급할 수 있는 기업과 협약을 맺고 시판 중인 차량에 주변 환경을 인식하는 기기들과 수집된 정보를 신속히 처리하는 장비를 장착하는 방식으로 자사의 로봇택시를 제작한다. 2020년 6월에는 현대모비스와의 기술 협력에 기초한 차세대 자율 주행 택시를 공개했다. 현대자동차의 쏘나타 모델에 기반한 이 차량에는 얀덱스와 현대모비스가 공동으로 개발한 AI 기반 자율 주행 플랫폼이 적용되어 있으며, 이전 세대보다 늘어난 카메라 센서와 레이더들이 추가로 설치되어 있다.

얀덱스의 최종적인 목표는 기존과 같이 특정 차량 모델을 자율 주행 자동차로 개조하는 데에서 나아가 차종에 상관없이 설치할 수 있는 범용 자율 주행 장치를 만들어내는 것이다. 얀덱스는 이 과정에서 운전자의 개입이 전혀 없는 최고 수준의 자율 주행 기술도 개발하고자 한다. 이를 위해 얀덱스는 중국 기업과의 협력을 강화하고 있다. 2024년 1월 얀덱스는 자사의 차세대 자율 주행 자동차 개발을 위해 자율 주행 자동차용 전자 제어 장치ᴱᶜᵁ 관련 중국인 전문가를 구하고 있다는 공고를 올려 업계의 관심을 끌었다. 2022년 러시아-우크라이나 사태 이후 얀덱스가 최신 기술을 습득할 가능성이 점점 더 감소하는 상황에서 중국은 얀덱스의 자율 주행 택시 상용화에 주요한 창구가 될 전망이다.

얀덱스의 자율 주행 택시는 다른 경쟁 기업들과 비교하여 다음과 같은 세 가지의 강점을 가진다. 첫째, 자사가 안정적으로 운영하고 있는 주요 ICT 플랫폼을 활용하여 주행 효율을 높인다. 얀덱스는 이미 '얀덱스 지도'와 '얀덱스 내비게이션' 등 경로 판단 및 교통정보 파악을 가능하게 하는 원천 기술을 서비스하는 중이다. 얀덱스 자율 주행 택시는 운행 경로상 교통 체증이 발생하는 경우

(위) 얀덱스의 토요타 프리우스 기반 자율 주행 택시.
(아래) 현대 쏘나타 기반 자율 주행 택시.

출처: 얀덱스 블로그

얀덱스가 자체 개발한 라이다 기술 시연 화면. 출처: 얀덱스 블로그

'얀덱스 내비게이션'을 통해 실시간 도로 정보를 파악하고 최적의 운행 경로를 재검색한다.

둘째, 극단적인 날씨와 다양한 지형을 아우르는 주행 데이터 세트를 구축해놓았다. 자율 주행 자동차가 설정된 목적지까지 최단 시간에 가장 안전하게 주행할 수 있는 경로를 판단하는 과정에서는 도로 및 주변 환경에 대한 정보를 신속하게 처리하는 머신 러닝 기술이 활용된다. 이를 위해 얀덱스는 유럽, 아시아 및 북미에 위치한 도시들에서 1,600시간 이상 진행한 시범 운행을 통해 방대한 양의 데이터를 확보했다. 이러한 데이터 세트는 러시아의 혹한과 이스라엘의 혹서 등 극단적인 날씨에서 이뤄진 주행 정보가 다량 포함되어 있다는 점에서 특징적이다.

셋째, 자율 주행에 필수적인 원천 기술을 직접 개발하여 성능과 가격 효율성을 동시에 높였다. 얀덱스는 2021년에 카메라 및 레이더로 주변 환경을 감지하는 '라이다 센서'의 독자 개발에 성공했다. 라이다 센서를 적용한 차량은 도심과 주차장 등에서 성능이 급감하는 GPS를 사용하지 않고도 위치 정보를 센티미터 단위까지 정밀하게 파악하고 주변 사물의 유형, 위치, 속도 및 가속도, 운동 방향 등의 다양한 정보를 인지할 수 있다. 아울러 기존에 타사 센서를 사용할 경우 접근이 제한되던 미가공 데이터도 활용할 수 있다. 얀덱스는 자사의 자동차에 자체 개발한 센서를 활용하는 극소수의 기업 가운데 하나다.

● 기술 진보, 대중 인식, 제도 정비

얀덱스의 자율 주행 택시가 시범 운행 단계를 넘어 완전한 상용화에 성공하기 위해서는 아직 몇 가지 문제가 해결될 필요가 있다. 이 문제는 크게 기술, 대중 인식, 제도적 차원으로 구분된다.

먼저 완전한 자율 주행을 보장하는 체계의 개발이 이뤄져야 한다. 자율 주행 기술은 '운전자의 개입이 필수적임(0단계)'부터 '운전자의 관여 없이 어떠한 조건에서도 차량 스스로 운행할 수 있음(5단계)'까지 모두 6단계로 구분된다.

얀덱스의 체계는 현재 특정한 조건에서만 자율 주행이 가능하며 특이 사항 발생 시 운전자가 개입해야 하는 4단계 수준이며, 5단계 개발은 사실상 이제 막 시작되었다.

하지만 이것은 자율 주행 택시 사업에 참여한 대부분의 기업들이 겪는 문제로, 상용화에 가장 근접했다고 평가받는 구글 산하의 웨이모 Waymo 역시 아직 5단계를 구축하지는 못한 상태다.

다음으로, 자율 주행 택시에 대한 일반 대중의 인식을 제고할 필요가 있다. 이노폴리스에서 2018~2021년 얀덱스 자율 주행 택시를 일상적으로 사용한 이용자들을 대상으로 진행한 설문 결과에 따르면 자율 주행 택시의 가장 큰 장점은 다른 차량과 외부 환경을 적절히 고려하며 이뤄지는 주행의 안정성이었다.

반면에 2022년 러시아에서 일반인을 대상으로 한 설문에서는 응답자의 46%만이 자율 주행 택시가 안전하다고 평가했다. 이에 더해 대다수의 설문 참여자들은 자율 주행 자동차에 기술적 결함이 존재할 가능성과 다른 운전자의 과실로 인한 사고를 방지할 방안이 전무하다는 점을 가장 큰 위험 요인으로 꼽았다. 얀덱스가 앞으로 자율 주행 택시 대중화에 성공하기 위해선 이와 같은 인식의 격차를 선제적으로 해결해야 한다.

끝으로, 자율 주행 택시의 전면적인 운행을 뒷받침하는 제도적 기반이 마련되어야 한다. 자율 주행 택시에는 운전자가 탑승하지 않기 때문에 사고가 발생할 경우 누구에게 책임을 물어야 하는지가 문제시된다.

이에 미국, 독일, 일본 등 뉴 모빌리티의 개발이 활발히 이뤄지는 국가에서는 2010년대 중반부터 자율 주행 자동차에 적용되는 기술적 요구 사항과 책임 소재를 규정하는 도로교통법의 제·개정이 활발히 이뤄져왔다. 반면에 러시아와 같은 국가에서는 아직까지 자율 주행 자동차의 운행을 규제하는 구체적인 법규가 존재하지 않고, 정부 시행령을 통해 자율 주행 택시의 시험 주행을 관리하며 교통부에서 규제 방안의 내용을 구체화하고 확정하는 단계에 머물러 있다.

한국 자율 주행 택시의 가능성

한국에서는 많이 알려지지 않았지만, 얀덱스 그룹은 러시아 제1의 ICT 기업으로 최대 검색 포털뿐만 아니라 택시·쇼핑·배달 등 각종 플랫폼을 운영하며 사회·문화적으로 러시아에서 가장 영향력 있는 기업으로 평가받는다. 한국의 현대모비스와는 지난 2019년 딥러닝 기반 자율 주행 플랫폼 공동 개발 파트너십을 체결하고, 2020년에는 공동 개발한 4단계 자율 주행 택시를 공개하는 등 다양한 협력을 펼쳐온 바 있다. 한때 국민 브랜드로 자리 잡았던 현대 및 기아와 얀덱스의 만남은 현지에서도 좋은 반응을 이끌어냈다. 또한, 2022년에는 우리나라 KT와 자율 주행 분야에서의 업무협약 MOU를 체결하여 KT의 AI/DX 역량과 얀덱스의 자율 주행 로봇 기술을 접합할 수 있는 기틀을 조성하기도 했다. 다만, 러시아-우크라이나 사태 이후 대러시아 제재로 인해 두 협력 사안은 잠정 중단된 상태다.

또한 첨단 기술의 향연지인 중국에서는 자율 주행에서도 신기술과 제품의 보급이 나날이 빨라지고 있다. 2009년 중국이 신에너지 자동차 산업을 시작한 이래 보급률이 1%를 돌파하는 데는 6년, 다시 4.7%로 올라가는 데는 4년이 걸렸고, 17.3%로 급증하는 데 2년도 채 걸리지 않았다. 자율 주행 산업도 미국보다 늦게 시작했지만 지금은 제조, 기술, 데이터 산업 전 단계에서 미국과 선두를 다투고 있다.

한국에서도 자율 주행 보급을 위한 움직임이 활발하게 이뤄지고 있다. 제주도에서는 레벨 3+단계의 자율 주행 서비스가 운영 중이고, 정부는 자율 주행 차량의 사고 발생 시 책임 소재를 가릴 법적 근거 마련에 나섰다. 아직 중국 수준의 완전 무인화까지는 갈 길이 멀겠지만, 탄탄한 자동차 제조 인프라, 정부의 R&D 투자, 혁신적인 모빌리티 기술을 보유한 우리도 미래를 앞당길 것으로 기대가 된다.

박은균, 한가람, 류빈(우한무역관), **황중석**(모스크바무역관)

| 일상으로 들어온 자율 주행 |

주차도 충전도 한번에 해결, AI 발렛 파킹

뮌헨

🌑 자율 주행차에 대한 오래된 로망

등장 인물이 경찰의 습격을 받고, 음성으로 차량에 방어 시스템 작동 및 탈출 명령을 내린다. 자동차는 스스로 핸들을 돌리며 포위망을 빠져나온다. 또한 필요한 정보를 등장인물에게 제공하거나 질문에도 답하며 스스로 주행한다. 여전히 도래하지 않은 미래 세계의 일부로 보이는 이 내용은 이미 2014년 마블 유니버스 영웅 캡틴아메리카의 두 번째 영화, 〈윈터 솔저〉에서 구현되고 있는 모습이다. 자율 주행차에 대한 로망은 역사가 깊은 이야기이다.

현재 자율 주행 기술은 영화에서처럼 슈퍼컴퓨터로 인공지능을 탑재하고 사고와 학습, 인간과의 통신과 상호작용이 가능하며 자아를 가지고 있는 정도까지는 도달하지 못했다. 기술적으로 현재 자율 주행 기술은 부분 자동화가 이루어진 2~2.5단계에 해당한다. 즉 시스템은 고속도로 주행 보조 및 원격 스마트 주차 보조 등에 그치며, 운전자가 여전히 상황을 파악하고 운전을 해야 한다. 상상했던 것만큼 빠르지는 않지만, 자율 주행 기술의 발전은 지속적으로 이루어지고 있다. 이로 인해 관련 인프라와 시장 또한 발전하고 있다.

● 자동 주차 대행 기술

매해 미국 소비자 가전 협회 Consumer Electronics Association, CEA 주관하에 라스베이거스에서 개최되는 세계 최대 규모의 가전 및 IT 제품 전시회 CES 2016에서 보쉬 Bosch 는 이미 사물 인터넷 Internet of Things, IoT 을 통한 연결성을 발전시킨 가정, 도시, 자동차, 일터를 위한 혁신 제품, 즉 '생활 속 기술 Invented for life'을 선보였다. 자동 주차 대행 기술도 그중 하나였다.

UN 연구에 따르면 2050년까지 전 세계 인구의 3분의 2가 도시에 거주하게 될 것으로, 이는 전력 시스템과 교통 인프라 및 빌

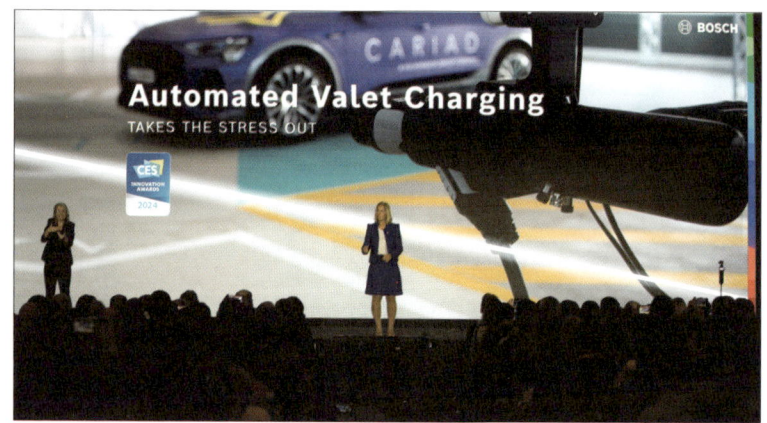

자동 주차 대행 기술의 자동화 단계를 설명하는 그림. 출처: 보쉬 홈페이지

딩의 지능적 연결을 필요로 한다.

보쉬는 특히 도심 교통 체증의 30%가 주차 공간을 찾는 중에 발생하며, 재산 피해가 발생한 전체 자동차 사고의 40%가 주차 중 발생한다는 점에 착안했다. 그리고 효과적인 주차를 위한 기술 개발이 필요하다고 인식했다.

이에 따라 보쉬는 주차장 인프라의 자체 기술과 차량 간 통신을 통한 자동 주차 대행 솔루션을 이용해 주차장에 있는 차량이 무인으로 완전 자동화되어 주차 공간까지 주행할 수 있도록 한다. 운전자는 입구 근처의 지정된 구역에 내린 후 스마트폰 등을 통해 주차 프로세스를 시작한다. 차량이 자동으로 적합한 주차 공간을 찾는다. 운전자가 돌아오면 차량은 명령에 따라 픽업 장소로 직접 와서 운전자를 태운다.

보쉬의 자동 주차 대행 기술은 특히, 여러 번의 조작이 필요한 좁은 주차 공간이나 서로 가까이 주차된 차량 출입 문제에서 운전자의 주차 및 출차 스트레스를 크게 덜어준다. 운전자는 버튼만 누르면 주차 과정을 모니터링하고 제어할 수 있다. 더구나 많은 경우 좁고 혼란스러운 주차장에서 기동할 때, 이전에 기록된 경로를 따라가는 방식으로 후진 보조 장치가 조향을 맡아 도움을 주며, 도로에서 장애물이 감지되면 자동으로 제동을 가하기도 한다. 이를 통해 운전자는 주차 스트레스를 줄이고, 주차를 위한 시간 및 비용을 절감할 수 있다.

슈투트가르트 공항 주차장: 보쉬의 자동 주차 대행.　　　　　출처: 보쉬 홈페이지

자동 충전 대행 기술

2024년 1월 개최된 CES 2024에서 보쉬는 궁극적으로 지구를 위해 삶을 더 쉽고, 안전하고, 편리하게 만들어줄 뿐만 아니라 더욱 지속 가능하게 해줄 기술과 애플리케이션인 자동 충전 대행 automated valet charging 기술로 미국 소비자 기술 협회 Consumer Technology Association, CTA 로부터 CES® 2024 혁신상을 수상했다.

이 새로운 기술이 탑재된 전기차는 자동 주차 대행 시스템이 설치된 주차장에서 충전 공간이 마련된 빈 주차 공간으로 스스로 운

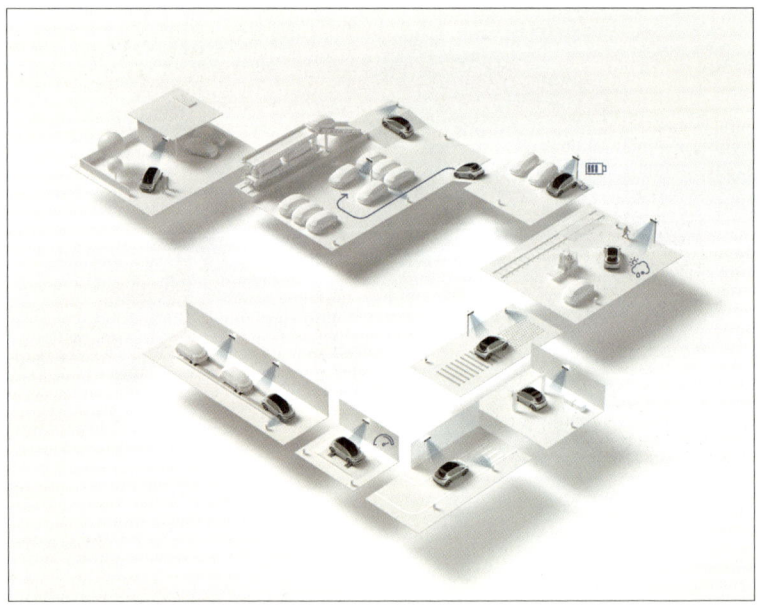

자동 주차 대행 방식을 보여주는 그림.   출처: 보쉬 홈페이지

전해서 갈 수 있다. 스마트폰의 버튼 하나만 누르면 로봇이 사람의 추가적인 개입 없이 배터리를 충전한다. 충전이 완료되면 차량은 다음 차량이 충전할 수 있도록 무인 주행으로 다른 주차 공간으로 이동한다.

보쉬는 폭스바겐 소프트웨어 자회사인 카리아드 Cariad 와 협력하여 독일 잉골슈타트 Ingolstadt 의 카리아드 직원 주차장에 자동 주차 대행 기술을, 루드비히스부르크 Ludwigsburg 에 있는 보쉬의 개발 주차장에서 자동 충전 대행 기술을 테스트하고 있다. 두 독일 기업이 협력하여 구축하고자 하는 솔루션은 충전소가 있는 빈 주차 공간으로 전기차를 자율적으로 유도하고, 충전 로봇이 자동으로 충전하고, 충전이 완료되면 전기차를 다른 무인 주차 공간으로 이동

자동으로 충전되고 있는 전기차.　　　　　　　　　　출처: 보쉬 홈페이지

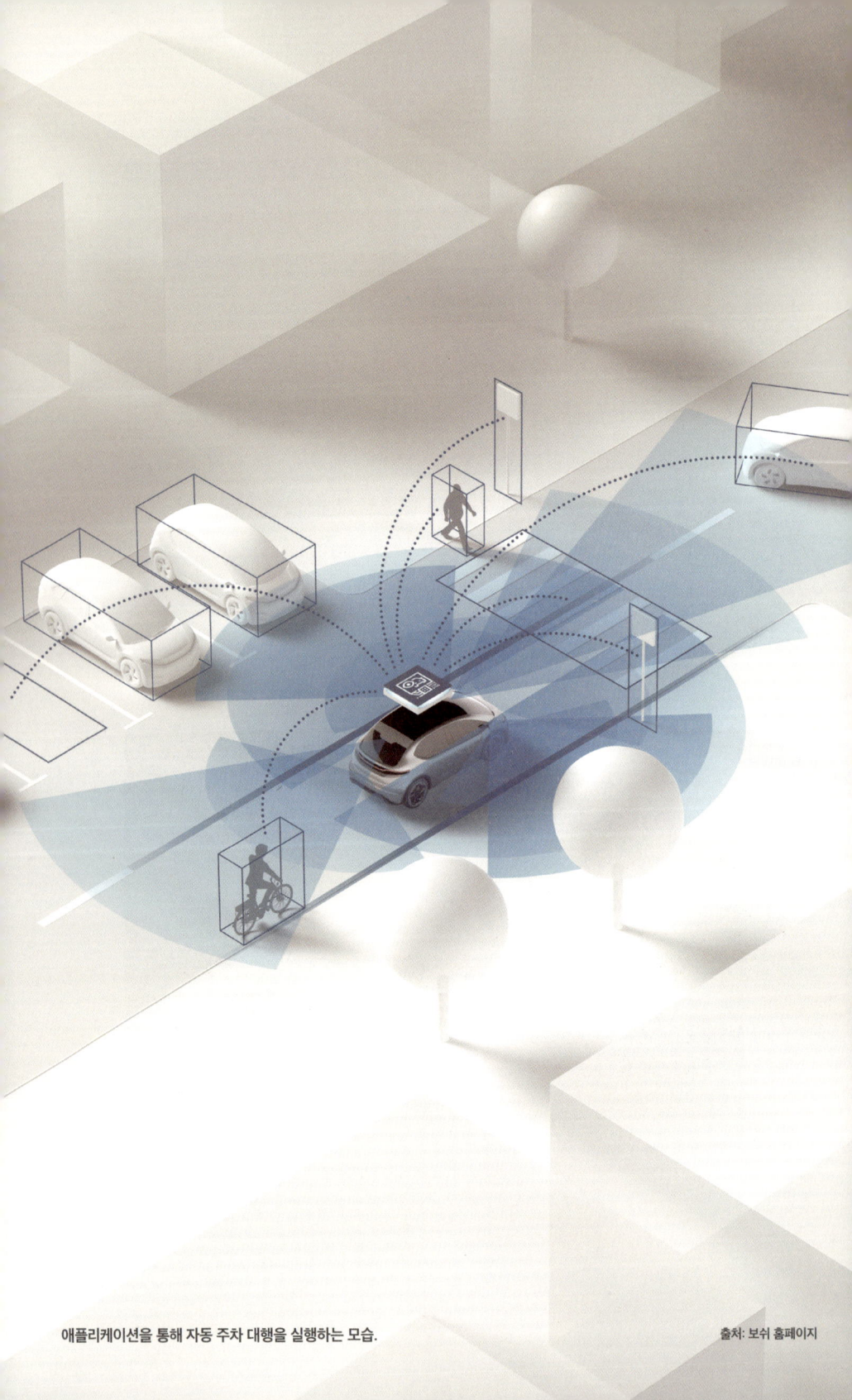

애플리케이션을 통해 자동 주차 대행을 실행하는 모습.　　　　　　　　　　　　　　　　　　출처: 보쉬 홈페이지

시킨 뒤 다음 전기차를 받는 시스템이다.

한편 보쉬는 메르세데스-벤츠와 협력하여, 슈투트가르트 공항 P6 주차장에 자동 주차 대행 시스템을 도입하여 테스트하고 있다. P6 주차장의 자동 주차 대행은 현재 벤츠 S-Class, E-Class, EQS, EQS SUV, EQE 및 EQE SUV 차량 소유자가 인텔리전트 파크 파일럿Intelligent Park Pilot이라는 소프트웨어를 통해 이용 가능하다.

● 수요 정체에 대한 아쉬움

보쉬는 벤츠 및 카리아드와 함께 스마트 주차 기술을 개발하고 출시했지만, 최근 몇 년 동안 해당 솔루션에 대한 수요가 예상만큼 발전하지 않는다는 사실도 함께 확인했다. 보쉬의 자동 주차 시스템 책임자인 로버트 엑슬러Robert Exler는 유선 인터뷰에서 최근 몇 년간 기대만큼 자동 주차 대행 솔루션에 대한 시장 수요가 늘지 않고 있고, 따라서 오랜 시간에 걸쳐 투입되었던 인력과 투자가 개편되어 당분간 힘을 빼고 갈 것이라는 다소 회의적인 전망을 내놓았다.

상상이 현실로 구현되는 데에는 물론 시간이 걸린다. 기술 개발이 필요할 뿐만 아니라 법과 제도가 이를 뒷받침해야 하고, 무엇보다도 사람들의 인식은 순식간에 변하지 않기 때문이다. 이는 최근 유럽연합의 기후 중립 달성을 위한 전기차 전환 속도와 관련된 입장에서도 여실히 드러난다.

유럽연합은 2050년까지 기후 중립을 달성해야 한다. 2024년 2월 6일 EU 집행위원회는 2040년까지 유럽의 탄소 배출을 1990년 대비 90% 감축하겠다는 새로운 임시 목표를 수립했다. 2035년 EU 전역에서 발효될 신규 내연기관 차량 금지 조치도 이를 달성하는 데 도움이 될 것이다. 동 시점부터 이 규정은 가솔린, 가스 또는 하이브리드 구동장치를 갖춘 모든 신차에 영향을 미치게 된다. 그러나 이러한 움직임에 일부 제동이 걸리고 있다. 유럽의회 선거를 앞둔 현재 기민 기사 연합은 2035년부터 내연기관 금지 반대를 선거의 주요 캠페인으로 삼고 있다. 유럽의회 선거에서도 한 발 물러서는 모습을 보여주고 있다. 야심차게 시작한 2035년 전기차 완전 전환은 여러 가지 이유로 생각만큼 빠르게 진행되고 있지는 못하다.

● 더 큰 자유와 새로운 서비스

그럼에도 불구하고 세탁기나 식기세척기처럼, 일상생활을 영위하기 위해서는 반드시 할 수 밖에 없는 반복적이고 단조로운 일들을 대신하는 것에 대한 수요는 꾸준히 증가할 수밖에 없다.

자동차 운전도 마찬가지다. 자동차를 운전하기 위해서는 차를 꺼내고, 운전이 끝난 후 주차를 하고, 필요에 따라 주유 또는 충전을 하는 귀찮은 과정을 거쳐야 한다. 더구나 이 과정은 좁고 복잡한 도시의 공간적 특성상 갈수록 더 많은 스트레스를 유발할 수 있다.

이런 상황에서 보쉬의 자동 주차 대행을 통해 운전자는 더 큰 자유뿐만 아니라 완전히 새로운 서비스도 누릴 수 있다. 이 서비스는 운전자 없이도 차량을 빈 주차 공간으로 안전하고 효율적으로 안내하여 가장 좁은 공간에도 주차하며, 필요한 경우에는 충전도 스스로 한다. 운전자가 스마트폰 앱으로 차량을 요청하면, 자동 주차 대행 서비스가 차량을 픽업 구역으로 이동시켜주기 때문에 운전자가 주차장에서 차량을 직접 찾아야 하는 번거로움이 없다. 주차 요금 결제는 차량이 차고에서 나가는 순간 자동으로 처리된다. 자동 주차 대행 및 자동 충전 대행 시스템은 일상에서 반드시 거쳐야 하는 반복적이고 지루한 행위를 많은 부분 덜어줄 수 있을 것이다.

보쉬는 자동 주차 대행과 자동 충전 대행이 결합된 솔루션으로 전기 이동성의 편의성을 높이기 위한 행보를 계속하고 있다. 보쉬가 제공하는 하드웨어, 소프트웨어 및 서비스는 운전자의 주차 부담을 덜어준다. 운전자 외에도 주차를 위한 검색 트래픽 감소와 기존 지역 활용도 향상으로 인해 환경과 도시에도 이점이 있다.

즉 보쉬는 자동 주차 대행 및 자동 충전 대행 솔루션을 통해 모든 사람의 삶의 질과 환경의 질을 향상시키는 지능적으로 네트워크화된 도시인 스마트 시티의 실현에 중요한 기여를 하고 있는 것이다.

특히, 주차장은 인적이 드물어 범죄의 현장이 되기 좋다. 한국 경찰 범죄 통계에 따르면 2020년 한 해 전체 158만 7,866건의 범죄 중 2만 7,839건이 주차장에서 발생했다. 특정 장소에서 발생한 것임에도 무려 전체 범죄의 1.8%를 차지하는 비율이다. 그중 강력 범죄는 233건이었으며 성범죄가 168건이었다는 것을 고려하면, 주차장이 많은 이들에게 위험한 장소 중 하나이며 특히 여성들에게 위험하다는 것을 확인할 수 있다.

자동 주차 대행 시스템이 도입됨으로써 주차장에서 발생하는 범죄 문제도 상당 부분 해소될 수 있을 것이 기대되며, 이는 시민 삶의 질을 더 높이는 스마트 시티로 나아가는 걸음 중의 하나가 될 것이다. 특히 보쉬가 개발한 개인 주차장이나 공동주택 지하 주차장에서의 주차에 대한 홈존Homezone 주차 보조 장치는 집과 도시, 차량의 연결성을 더 견고하게 만들어, 궁극적으로 시민의 삶의 질을 더욱 향상시킬 것으로 기대된다.

우리나라에서도 자율 주행에 이어 자율 주차에 대한 기술 개발이 활발하게 이루어지고 있다. 기존 자율 주행 주차가 GPS 기반의 실외 주차만이 가능했던 데에 반해, 현재 자체 센서를 통해 장소에 구애받지 않고 자율 주차가 가능한 기술이 개발되며 상용화에 대한 기대감도 한층 높아지고 있다. 정부는 2027년 완전 자율주행차 상용화를 목표로 하고 있으며, 따라서 보쉬의 자동 주차 대행 서비스에 더욱 귀추가 주목된다.

심나리 (뮌헨무역관)

| 일상으로 들어온 자율 주행 |

모스크바 거리의
로봇청소부

블라디보스톡

    모스크바의 쿠즈민키Kuzminki, 소콜니키Sokolniki 공원에 가면 사람 대신 눈과 쓰레기를 치우는 자율 주행 무인 청소 로봇 픽셀Pixel을 볼 수 있다. 2023년 4월 모스크바 시청에서 처음 모습을 드러낸 픽셀은 이후 시내 여러 거리와 공원에서 운영 테스트를 거쳤다. 테스트 중 발견된 여러 문제점을 개선하고 실제 작업 투입을 위한 추가 요구 사항을 충족한 후 2024년 2월부터 12대의 픽셀이 공원 등 공공 장소 5곳에 정식 배치되어 운영되고 있으며 운행 중 지속 수집되는 정보를 통해 추가 개선 작업도 이뤄질 예정이다.

    픽셀은 2017년 설립되어 현재 모스크바 국립대학교의 로모노

자율 주행 무인 청소 로봇, 픽셀.   출처: 모스크바 시장 세르게이 소뱌닌Sergey Sobyanin 개인 블로그

소프Lomonosov 혁신 클러스터에 입주 중인 IT 기업 아프토노미카 Avtonomika LLC가 고안, 개발했다. 아프토노미카의 대표인 알렉세이 시비도프Alexey Sividov는 창업 후 최근 수년간 가장 인기 있는 연구 주제인 로봇 공학과 인공지능에 관심을 갖기 시작했으며, 특히 연구한 기술을 가시적이고 발전 잠재력이 큰 분야에 적용하기를 원했다. 시민들의 주거 환경 개선을 위한 공공 부문 자율 주행 청소 로봇차를 만들겠다는 아이디어는 이렇게 탄생했다. 모스크바에서는 약 5만 명이 거리 청소 작업에 투입되고 있으나 그럼에도 불구하고 인력이 충분하지 않은 상황이기 때문에 픽셀의 도입으로 이러한 문제가 해소될 수 있을 것으로 전망된다. 아울러 이러한 로봇

픽셀과 아프토노미카 대표 알렉세이 시비도프.   출처: 러시아연방 국가 상임위원회 공식 홈페이지

이 2만 개 도입될 경우 근로자의 고된 육체 노동의 필요성이 90% 감소하는 것으로 추산되어 근로자의 노동 강도 및 근로 안전 문제를 개선, 해소해줄 수 있을 것으로 기대된다.

다람쥐도 피해 가는 기술과 친환경성

픽셀의 크기는 소형 트랙터(길이 약 2.5m, 중량 670kg) 정도이며 안전을 위해 일반 성인의 키보다 낮게 제작되었다. 픽셀에는 작업 용도에 따라 여름 및 겨울용 빗자루, 잔디 깎는 기계, 스프링클러, 제설기, 액체 제빙제 살포기 등을 탈·부착할 수 있으며 전

계절, 거의 모든 날씨에 작업이 가능하다. 아울러 모래 살포기, 웅덩이 제거기와 같은 새로운 도구 개발 관련 다양한 제안을 지속적으로 받고 있으며 이러한 제안이 실제 개발로 이어질 경우 향후 더욱 다양한 작업을 수행할 수 있을 것이다.

특히 픽셀이 갖춘 가장 중요한 기술적 특징은 무인 자율 주행이 가능하다는 점이다. Wi-Fi 및 LTE 모뎀 모듈, GPS 및 GLONASS Global Navigation Satellite System 내비게이션 시스템(러시아가 교통, 물류, 국방 등에 활용하고 있는 자체 위성항법 체계), 초음파 센서, 카메라, 레이더, 라이다 센서 등이 장착되어 있으며 머신 비전을 통해 생명체와 기타 장애물을 모두 인식할 수 있다. 운행 도중 장애물을 만나면 빠르게 이를 인식한 후 주어진 알고리즘에 따라 행동하며 자동차, 자전거, 사람, 개뿐만 아니라 다람쥐와 같은 작은 물체도 인지, 회피하여 안전한 운행이 가능하다. 동시에 무인 청소 로봇차가 근처를 지나가고 있음을 주변 사람들에게 알리는 조용한 경보 장치도 작동된다. 또한 픽셀은 디지털 트윈 기술의 도움으로 모스크바 거리를 스스로 학습할 수 있으며 관제 센터에서 경로를 사전에 할당받은 후 작업이 끝나면 스스로 기지로 돌아간다. 리모컨을 통한 수동 조작도 가능하나 기본적으로 무인 자율 주행 기술을 기반으로 인적 개입을 최소화해 부주의로 인한 사고를 막고 작업 효율성을 극대화한다.

아울러 픽셀에는 총 출력 6kW의 전기 모터 2개가 장착되어 있

픽셀 자율 주행 작동 개념도. 출처: 아프토노미카 홈페이지

으며 리튬 이온 배터리를 탑재해 충전 방식으로 하루 최대 16시간 작동할 수 있다. 일반적인 거리 청소 차량처럼 경유 등 화석연료 기반이 아닌 배터리 전기 충전 방식으로 운행되기 때문에 환경보호에 기여하며 소음도 거의 없어 주변 생태계에 미치는 영향도 적다. 이러한 장점들에도 불구하고 대당 가격은 유럽의 중형 도로 청소 기계의 절반 수준인 1,550만 루블(약 2억 4,000만 원)에 불과하다.

픽셀은 2024년 하반기 양산에 들어갈 예정으로 이후 모스크바 내 더 많은 지역의 청소를 담당할 것으로 예상되며 러시아 타 도시들도 점진적으로 픽셀을 도입할 것으로 전망된다.

🔵 인간과 로봇 상생에 대한 고민

최근 급격한 AI 기술의 발전에 따라 대두되는 사회적 이슈가 바로 인간과 AI의 공존이다. 일부 산업 분야에서 AI의 사고와 연산, 업무 처리 속도 및 정확성이 이미 인간을 뛰어넘으며 인간이 일자리를 AI에게 넘겨주는 게 아니냐는 우려가 확산되고 있다. 하지만 픽셀을 개발한 회사의 대표이자 개발자인 알렉세이 시비도프는 픽셀이 환경미화원 등 공공 근로자를 대체하기 위해서가 아니라 상호 보완적인 역할을 위해 개발되었다고 말한다.

앞서 밝힌 바와 같이 모스크바의 청소 노동력 부족을 해소하고 청소 근로자의 업무 효율성을 향상하는 데 픽셀이 도움을 줄 것으로 기대된다. 픽셀은 사람이 청소하기 힘든 넓은 구역을 최대 16시간까지 장시간 청소할 수 있고 늦은 밤과 새벽같이 사람이 일하기 힘든 시간에도 작업이 가능하다. 또한 눈이 자주 내리는 러시아 특성상 눈 때문에 사람의 작업이 어렵거나 중대형 제설 장비가 진입할 수 없는 곳에서 픽셀이 중간 솔루션으로서의 역할을 톡톡히 해낼 수 있다.

아프토노미카는 현재 픽셀 운영을 위해 기계 5대당 사람 1명이 제어, 관리해야 한다는 표준을 도입했다. 2024년 말 양산이 시작되고 10대 수준이 아닌 수백 대, 수천 대 수준으로 운행이 확대되면 이를 관리하는 인력의 수도 더욱 증가할 수 있다. 또한 지역 주민들은 이제 청소 근로자뿐만 아니라 청소 로봇 관리자라는 다소 생소하지만 새로운 직업을 얻을 수 있는 기회를 갖게 될 것이다. 더 나아가 로봇의 기술 발전을 도울 청소 로봇 원격 제어 전문가, 엔지니어, 분석가 등과 같은 직업의 출현도 가능하며 기존 단순 노동보다 고임금의 일자리를 창출할 수 있다.

"우리의 목표는 모든 사람이 새로운 미래를 창조하는 데 기여할 수 있도록 하는 것입니다."라는 시비도프의 말이 궁극적으로 실현될 수 있을지 지켜봐야 할 것이다.

미래형 모빌리티 개발에 힘 쏟는 러시아

글로벌 조사 기관 스태티스타 Statista에 따르면 2022년 러시아 AI 시장 규모는 6,470억 루블(약 10조 원)로 2020년 대비 50% 증가하며 시장이 빠른 속도로 성장하고 있으며 이 중 자율 주행 기술을 포함한 다양한 미래형 모빌리티에 대한 연구 개발과 테스트도 활발히 진행되고 있다.

러시아 대통령 블라디미르 푸틴 Vladimir Putin은 2020년 9월 무인 차량 분야에서 러시아가 이미 강점을 가지고 있다며 이 분야에서의 리더십을 유지, 강화할 것을 촉구했으며 육상, 해상, 항공 무인 운송을 활용하면 경제, 개별 산업의 발전과 함께 다양한 분야의 많은 문제를 해결할 수 있다고 언급한 바 있다. 특히 푸틴 대통령은 미래형 모빌리티 개발과 이를 활용한 운송에 대한 정부의 관심과 지원을 확대해나가겠다고 약속했다.

이후 러시아 정부는 2021년 자율 주행 분야에 8,000억 루블(약 12조 4,000억 원)의 예산을 할당했으며 여기에는 2030년까지 미래형 육상, 해상, 항공 모빌리티 개발, 운행 및 충전 인프라 구축 등이 포함되었다. 또한 2022년에는 인공지능을 기반으로 한 자율 주행차 관련 8가지 표준을 채택하며 제도 정비, 구축 및 표준화에도 적극적으로 나서고 있다.

이러한 지원에 힘입어 각 산업 분야에서 다양한 실질적인 개발 성과가 가시화되고 있다. 해상 운송 분야에서는 2023년 12월 축구장 2개 길이(200m)의 대형 페리 제너럴 체르냐코프스키 General Chernyakhovsky 호가 러시아 최초로 상트페테르부르크-칼리닌그라드 해상 항로를 완전 무인 항해했다. 해당 선박은 자율 제어 시스템(자율 항법 시스템, 좌표 제어 시스템, 컴퓨터 비전 시스템, 수면 상황 및 선박 상태 분석을 위한 광학 시스템 등)을 갖추고 있으며 페리에서 원격 관제 센터로 전송된 정보를 외부 선원이 확인하여 필요시 원격제어도 가능하다.

🔹 일상이 될 자율 주행 기술

아직까지 완벽한 무인 운행을 위해서는 더 많은 테스트와 기술 개선이 필요하나 이미 AI를 기반으로 한 미래형 모빌리티는 공공 근로, 물류 등 일부 산업 분야에서 성공적인 테스트 결과를 보여 주며 우리 삶 안으로 한 걸음 더 성큼 다가왔다.

특히 러시아의 자율 주행 무인 청소 로봇 픽셀의 사례는 AI 기술을 통해 어떻게 사회적 문제를 해결하고 인간과 첨단 기술이 공존할 수 있는지 가능성을 보여준다. 자율 주행 기술은 사람이 직접 하기 어려운 힘들고 반복되는 노동을 대신할 수 있으며 이를 보다 효율적으로 수행하여 근로 환경 개선과 생태계 보호에도 이바지할 뿐만 아니라 새로운 직업의 탄생에도 기여할 수 있다.

AI 기반의 미래형 모빌리티는 이제 거부할 수 없는 흐름이다. 우리 일상에 자연스러운 일부분이 될 날이 얼마 남지 않았다. 러시아의 미래 모빌리티 개발 노력에서 볼 수 있듯이 다양한 산업 분야에서 효율성을 증대할 수 있는 자율 주행 기술 개발 및 상용화, 그리고 이를 뒷받침할 수 있는 재정, 제도적 지원도 필요하다.

이 과정에서는 국민들의 자율 주행 기술에 대한 긍정적 인식 및 신뢰 확대도 중요하다. 2020년 러시아 과학 아카데미 경제 전망 연구소가 러시아 국민을 대상으로 실시한 설문 조사에 따르면 응답자의 50%가 무인 배달 로봇을 통해 배달된 음식에 대한 거부감을 표명했으나 자율 주행 차량에 대한 거부감 및 불안감은 이보다 훨씬 높은 78%에 달했다. 기술 향상을 통해 자율 주행에 대한 안전성을 완벽에 가까운 수준으로 제고함과 동시에 국민, 고객을 상대로 자율 주행에 대한 신뢰를 확보하고 이를 적극 홍보해야 하는 이유다.

채병수(블라디보스톡무역관)

PART 3

Renewable Energy·Sustainability

친환경 기술, 지속 가능한 미래를 설계하다

환경을 생각하는
미래 산업 기술

| 환경을 생각하는 미래 산업 기술 |

세상을 바꾸는
에너지 하베스팅

런던

 2024년 5월 21일 런던에서 출발해 싱가포르로 향하던 싱가포르항공 SQ321편이 난기류에 부딪혀, 1명이 사망하고 30여 명이 부상을 입었다. 이어 카타르항공 여객기도 아일랜드 수도 더블린으로 향하던 중 난기류에 휘말려 탑승자 12명이 다쳤다. 최근 난기류로 인한 항공 사고가 빈번하게 발생하고 있는데, 기후 변화가 그 원인 중 하나로 지목되고 있다. 영국 레딩대학교 대기과학 교수 폴 윌리엄스 Paul Williams는 지구 내 이산화탄소 증가로 인한 기후 변화로 인해 앞으로도 난기류 발생 건수는 더욱 증가할 것으로 예측했다.

 2023년 여름은 지구 역사상 가장 더웠다고 한다. 그리고 2024년은 더 뜨거운 한해가 될 것이라는 예측이 나오고 있다. 2023년 7월 유엔 사무총장 안토니오 구테후스 Antonio Guterres는 "지구온난화의 시기는 끝났고, 이제 지구가 끓어오르는 시기 Global Boiling가 도래했다"며 현재의 기후 위기 상황을 더욱 강력하게 경고하기도 했다.

지구온난화의 위협은 우리의 눈앞에 다가와 있다. 기후 변화는 잦은 홍수와 폭염을 넘어, 우리의 교통 수단, 식량 등 생활 전반에 직접적인 문제를 일으키고 있다. 18세기 영국에서 시작된 산업화는 인류에게 많은 편리함을 주었지만, 동시에 지구온난화라는 크나큰 부작용을 불러왔다. 인류는 화석 연료를 활용해 에너지를 얻으며 빠르게 진보해왔지만, 이제는 그 화석 연료로 인해 발생한 이산화탄소로 건강과 생존을 위협받고 있다.

전기로 전환되는 에너지 기술

활용되지 않는 에너지를 수집해 전기로 전환하여 사용하는 기술을 '에너지 하베스팅 Energy Harvesting'이라고 일컫는다. 즉 태양광, 진동, 열, 풍력 등 외부 에너지를 모으고 저장해 전기에너지로 전환하는 것이다. 이러한 에너지 하베스팅 기술은 이산화탄소를 배출하지 않는 청정 에너지를 수확할 수 있게 해 기후변화 대응이 범국가 차원의 과제가 된 지금 더 많은 관심을 받고 있다.

에너지 하베스팅은 자투리 에너지로 전기를 만드는 기술로, 다른 신재생에너지 기술에 비하여 상대적으로 작은 설비로 전력 생산이 가능하다. 대표적으로는 진동과 움직임을 에너지원으로 하는 압전 변환 기술, 전파를 활용하는 전자기파 변환 기술, 빛 또는 태양광 등을 에너지원으로 하는 광전 변환 기술, 온도차를 기반으로 하는 열전 변환 기술 등이 있다. 최근에는 전선 주변에 생기는 전자기 유도 현상을 이용하거나 와이파이[Wi-Fi]의 전파에너지를 모으는 기술도 새롭게 등장하고 있다.

에너지 하베스팅은 특히나 유럽과 미국을 중심으로 빠르게 확산되고 있는데, 영국에서도 에너지 하베스팅 기술을 개발하고자 하는 기업들의 움직임이 활발하다. 대표적으로 차량이 도로 위를 주행할 때 발생하는 압력을 전기에너지로 변환시키는 도로 기반 압전에너지 하베스팅 시스템을 개발한 기업 알투에너지[R-2ENERGY]와 열전효과, 광전효과, 압전효과 등을 모두 활용해 생산한 전기를 사물 인터넷 전원 공급에 활용하는 기술 기업 트라메토[Trameto] 등이 있다.

● 지하철역에서 발걸음으로 만드는 에너지

일상에서 발생하는 에너지를 전기로 변환하여 세상을 한 걸음

알투에너지의 도로 기반 에너지 하베스팅 시스템. 출처: 알투에너지

씩 바꾸고 있는 페이브젠Pavegen은 영국의 대표적인 에너지 하베스팅 기업이다. 페이브젠의 대표 로런스 켐벌-쿡Laurence Kemball-Cook은 러프버러대학교를 다니던 당시 유럽의 대형 에너지 기업에서 인턴십 기회를 얻어 재생에너지로 도시의 조명을 밝히는 솔루션을 찾는 프로젝트에 참여했다. 그러나 복잡한 도심에서 풍력과 태양에너지로 전력을 생산하는 방법을 찾는 것에 실패하며 일을 그만두게 된다. 그럼에도 기후 변화 해결에 기여하고자 하는 그의 열정은 여기서 끝나지 않았고, 2009년 페이브젠을 창립하기에 이른다.

당시 켐벌-쿡은 1년에 약 7,500만 명의 방문객이 이용하는 런던 지하철 빅토리아 역을 자주 이용했는데, 어느 날 역을 오가는 수많은 인파 속에서 번뜩이는 아이디어를 얻게 된다. 사람들의 발걸음에서 생산되는 에너지를 전기에너지로 변환하여 사용할 수 있겠다는 생각이었다. 그는 바로 집으로 돌아와 사람들이 보도 블록을 밟을 때 생기는 힘을 이용해 전기를 생산하는 페이브젠 타일Pavegen tile의 첫 시제품을 만들게 된다.

2009년 시제품이 완성되었으나, 이 직사각형 모양의 타일을 검증할 마땅한 공간이 없었다. 이에 그는 허가를 받지 않은 상태로 건물 부지에 타일을 설치해보겠다는 다소 위험한 결정을 내리게 된다. 켐벌-쿡은 성공적으로 설치한 첫 번째 타일을 사진으로 찍어 온라인과 소셜 미디어에 올렸고, 이 게시글이 많은 사람들에

발걸음을 전기에너지로 변환시키는 친환경 전력 생산 타일. 출처: 페이브젠

게 사랑을 받았다. 이를 시작으로 페이브젠은 새로운 청정 기술 혁신 기업으로서 본격적으로 조명을 받게 된다.

● 사람과 에너지를 연결하는 타일

페이브젠 타일은 전자기 유도 방식의 에너지 하베스팅 기술을 활용하여 사람들의 발걸음으로부터 전기 에너지를 생산해낸다. 사람들이 타일에 발을 디디면 체중이 타일 내부의 전자기 발전기를 압축하고 회전시키는데, 회전하면서 발생하는 전자기 유도 현상에 따라 에너지가 생산되는 원리다. 보행자가 타일을 밟을 때 타일 표면이 5~10mm 정도 압축되고, 발전기가 회전하면 독립형 에너지$^{off\text{-}grid\ energy}$•가 약 2~4J 생산된다. 이렇게 생산된 전기 에너지는 LED 조명을 밝히거나 주변 기기에 전력을 공급하는 데 사용될 수도 있고, 배터리에 저장될 수도 있다. 성인의 한 발자국만으로도 약 20초 동안 LED 전구를 켜는 것이 가능하다.

2012년 페이브젠 타일은 런던 지하철 웨스트햄 역에 설치되어 런던 올림픽과 패럴림픽 기간에 수백만의 발걸음에서 수확한 에너지로 12개의 LED 투광기^{floodlight}를 밝혔다. 2017년에는 런던의 유명한 쇼핑 거리인 옥스포드 가 인근의 버드 가$^{Bird\ Street}$에 페이브젠 타일을 설치하여 세계 최초로 '스마트 거리'를 조성, 타일을 통해 생산된 에너지로 인근 가로등과 블루투스 송신기, 음향 시설에 전력을 공급하기도 했다. 2021년에는 영국 베드퍼드셔^{Bedfordshire}주의 베드퍼드셔 기차역에 타일이 설치되어, USB 충전기가 설치된 인근의 벤치와 디지털 디스플레이 화면에 전력을 공급하고 있다. 베드퍼드셔주의 국회의원 앤드루 셀러스$^{Andrew\ Selous}$는 "페이브젠 타일은 사람의 움직임을 통해 만들어지는 에너지와 사람을 연결하고, 그들이 지속적으로 참여하도록 의욕을 부여한다는 점이 상당히 마음에 든다"고 말하기도 했다.

• 국가 전력망과 연결하지 않고 독립적으로 생산하고 저장하여 필요할 때 사용할 수 있는 에너지.

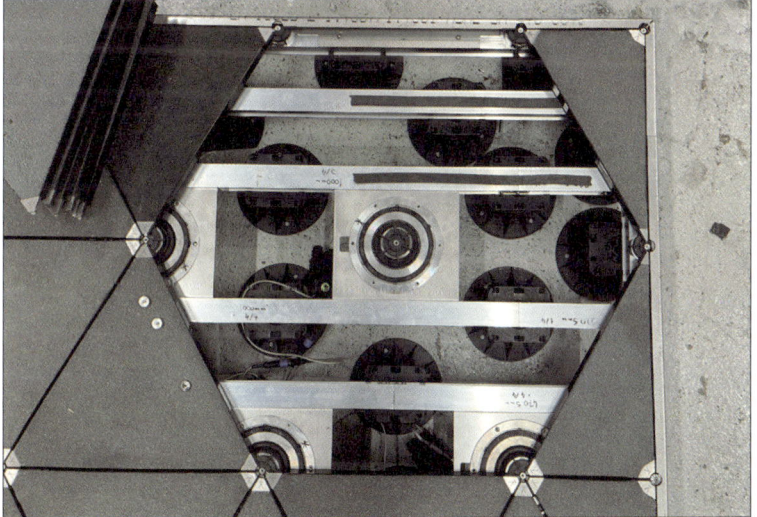

페이브젠 타일 이미지. 출처: 페이브젠

버드 가에 설치된 페이브젠 타일. 출처: 페이브젠

이와 더불어 페이브젠에서는 본인이 생산한 전력량만큼 보상받을 수 있는 '페이브젠 고 인게이지 Pavegen GO ENGAGE' 앱을 함께 제공하고 있다. 타일에 데이터를 기록할 수 있는 무선 API 센서와 블루투스가 함께 부착되어 있어, 사람들의 위치와 발걸음 수를 추적하고 이를 스마트폰과 연결하는 것이 가능하다. 이용자는 스마트폰 앱 내에서 본인이 얼마나 많은 전력을 생산했는지 확인할 수 있으며, 생산한 전력량에 따라 금전적인 보상까지 받을 수 있다. 해당 금액은 특정 상품을 구입하거나 자선 단체에 기부하는 데 사용할 수 있어 사람들이 지속적으로 참여할 동기를 부여한다. 페이브젠은 앱 사용을 장려하기 위해 런던 시내 상품권 및 할인권을 지급하기도 했다.

페이브젠 타일은 영국뿐 아니라 해외에도 설치되고 있는데, 2014년에는 브라질 리우데자네이루 빈민가의 축구장에 타일을 설치해 낮 시간에 아이들이 축구하며 뛰어다닐 때 발생한 운동에너지를 전기로 저장하여 밤에 도시의 조명을 환하게 밝히는 데 기여하기도 했다. 브라질 축구 스타였던 에드송 펠레Edson Pelé가 "이 스타트업의 놀라운 기술은 스포츠에 대한 브라질 아이들의 열정을 지원하면서 동시에 그 과정에서 미래 에너지 해결책에 대해서도 배울 수 있도록 한다"라고 말하며 페이브젠을 지지하기도 했다.

기업들의 러브콜받는 친환경 타일

페이브젠 타일은 지속 가능성을 위한 노력을 홍보하고자 하는 여러 회사들과 협력하기도 한다. 해당 기업의 건물 앞에 타일을 설치하거나, 브랜드 행사에 타일과 연계된 인터랙티브 조명 디스플레이를 설치하는 식이다. 실제로 영국 내 시티은행, HSBC 등에서는 회사 내에 페이브젠 타일을 설치하여 자체 에너지 자원으로 활용하고 있으며 포드, 메르세데스 벤츠 등 일부 대기업은 자사 브랜드 행사에 타일을 설치하고 이를 활용한 이벤트를 진행했

포드 라이드 런던 행사 사진. 　　　　　　　　　　　　출처: 페이브젠

다. 2024년 5월에는 포드의 '포드 라이드 런던Ford Ride London' 행사장에 타일을 설치하여, 여기서 생산된 전기로 가상 전기자동차를 멈추게 하는 게임 이벤트를 제공했다. 이를 통해 회생제동 브레이크Regenerative braking•를 획기적으로 알릴 수 있었다.

　페이브젠은 한국과도 깊은 인연이 있는데, 2018년 평창 동계 올림픽 성화 봉송 당시 현대자동차그룹과 협력하여 무대에 타일을 설치했다. 현장을 찾은 시민들은 친환경 성화 봉송 퍼포먼스에 참가하여 무대 위에서 직접 발을 굴러 무공해 전기를 생산하고 전기자동차 '아이오닉 일렉트릭'을 함께 충전했다.

• 자동차를 제동할 때 전기를 생성시켜 충전하는 기술을 도입한 제동 장치. 브레이크를 밟을 때마다 발생하는 운동에너지를 전기에너지로 변환하여 에너지 효율을 높인다.

페이브젠의 인기는 날이 갈수록 높아지고 있다. 최근에는 펩시코Pepsi co, 저스트잇Just Eat, 테이크어웨이Takeaway.com, 마스터카Mastercard 등과 협력하여 '2024 UEFA 챔피언스 혁신 프로그램champions Innovate program'에서 가장 혁신적인 스타트업 중 하나로 선정되었고, '스포츠 테크놀로지 어워즈Sports Technology Awards'에서 '팬 참여 기술상Fan Engagement Technology Award'을 수상하기도 했다. 현재는 영국을 넘어 전 세계 약 37개국에서 약 200개의 프로젝트를 진행하고 있으며, 케임브리지에 있는 R&D팀에서는 여전히 혁신을 계속해오고 있다. 현재는 운동에너지를 태양광과 결합하는 하이브리드 타일과 타일 자체에서 불빛을 내는 '페이브젠: 워크 투 라이트Pavegen: walk to light'를 개발하고 있다.

페이브젠의 기업 브랜드 행사 사진.　　　　　　　　　　　출처: 페이브젠

● 전세계 하베스팅 시장 규모

글로벌 시장 조사 기관 글로벌 마켓 인사이트Global Market Insights에 따르면, 세계 에너지 하베스팅 시장 규모는 2023년 약 6억 1,490만 달러(약 8,249억 원)에서 매년 8.5% 성장해 2032년에는 12억 1,000만 달러(약 1조 6,233억 원)를 돌파할 것으로 예측된다. 한국에서도 2050년까지 탄소 배출량을 제로화하는 넷 제로Net Zero를 목표로 두고 있는 만큼, 신재생에너지를 향한 관심과 함께 에너지 하베스팅 연구도 많이 진행되고 있다.

최근 들어 국내 여러 대학교 연구팀과 국책 연구소에서는 다양한 연구 성과를 발표하고 있다. 차량 하중을 이용해 전기를 생산하는 압전 발전 장치를 중부 내륙 고속도로의 여주 시험 도로에 설치하는 실험이 진행되기도 했으며, 마찰 전기효과와 압전효과를 결합한 하이브리드 에너지 하베스팅 장치가 개발되기도 했다. 또한, 페이브젠에서 활용하고 있는 전자기 유도 방식과 관련된 국내 연구도 활발히 이루어지고 있다. 전자기 유도 기반 에너지 하베스터를 적용한 수질 모니터링 시스템이 개발되기도 했으며, 정전기 기반 전력 생산 방식과 전자기 기반 전력 생산 방식을 융합한 하이브리드 에너지 발전 소자가 개발되기도 했다. 그러나 여전히 국내에서 전자기를 포함한 에너지 하베스팅 기술이 상용화되기 위해서는 기술뿐만 아니라 인식적인 측면에서도 나아가야 할

길이 아직 많이 남아 있다.

  페이브젠 타일을 통해 생산되는 전력의 양은 비교적 적기 때문에 LED 가로등 조명, 휴대전화 같은 소형 장치 충전 정도에만 사용이 가능하다. 그러나 페이브젠은 사람들이 에너지 생산 과정에 적극적으로 참여하도록 유도하여, 넷 제로 달성을 위한 인식을 높이는 데 목표를 두고 있다. 제품부터 앱에 이르는 모든 고객 여정이 재생에너지의 잠재력과 지속 가능한 행동이 지구에 미치는 긍정적 영향을 가시적으로 보여준다.

  이러한 페이브젠의 제품과 비즈니스 모델을 통해 에너지 하베스팅 제품을 성공적으로 상용화하고 지속 가능성을 추구할 수 있는 사업 전략을 세워볼 수 있을 것으로 보인다. 최근 국내에서 개발되고 있는 다양한 에너지 하베스팅 기술을 지속적으로 발전시켜 성공적으로 상용화하고, 보다 많은 사람들이 적극적으로 이용할 수 있는 방안을 함께 모색해본다면 국내에서도 에너지 하베스팅 시장의 밝은 미래를 그려볼 수 있을 것으로 기대된다.

박선민(런던무역관)

| 환경을 생각하는 미래 산업 기술 |

바위산에서 발견한 미래를 위한 기술

무스카트

해외 여행이 보편화된 지금도 여전히 한국 사람들에게 생소한 오만은 아라비아반도 남동쪽 해안에 있는 국가로, 아랍에미리트와 사우디아라비아, 예멘과 국경을 맞대고 있다. 계곡과 사막이 국토의 82%, 산맥이 15%를 차지하고 있는 험준한 지형의 사막 국가 오만은 한국인들에게는 신드바드의 나라로 조금 더 친숙하다. 오만에서 가장 먼저 일출을 볼 수 있는 산이자 백두산보다 높은 해발 3,028m의 산 제벨 샴스 Jebel Shams (아랍어로 태양의 산)가 있는 하자르산맥 Hajar Mountains (아랍어로 하자르는 바위나 돌을 의미한다)은 이름에 걸맞게 풀 한 포기 보기 어려운 삭막하고 거대

제벨 샴스 전경 ｜ 출처: 무스카트무역관

한 바위산이다. 그런데 언뜻 보기엔 황량하기까지 한 이곳에서 기회를 발굴한 오만 기업이 있다.

돌에서 찾아낸 탄소 중립 해법

많은 국가에서 탄소 중립의 중요성이 대두하고 있으며, 오만도 국가 탄소 중립 전략 2050(넷 제로 2050) 발표로 범세계적 탄소 중립 움직임에 동참했다. 이러한 탈탄소 목표 달성을 위해 탄소 포집, 활용, 저장 기술을 의미하는 CCUS ^Carbon\ Capture,\ Utilization\ and\ Storage^ 가 각광을 받으며 다수 기업이 대기 중의 이산화탄소를 포집하는 데 진전을 이루었으나, 이산화탄소의 저장 및 제거는 여전히 어려운 과제로 남아 있다. 기후 변화에 관한 정부 간 협의체 보고서에 따르면 탄소 중립 목표 달성을 위해서는 2030년까지 대기 중에 이미 존재하는 이산화탄소 중 10억 톤을 제거해야 한다. 그리고 이상적으로는 포집된 이산화탄소가 '영구적으로' 저장되어야 한다.

이산화탄소의 분자량에서 이름을 딴 오만 스타트업 기업 44.01은 오만의 독특한 지질을 활용한 기후 변화 대응법을 발굴했다. 오만 전역에서 널리 발견되는 암석인 페리도타이트^Peridotite^(감람암)는 이산화탄소를 광물화하여 영구적으로 가두는 자연 암석인데, 이를 활용하여 탄소를 제거하는 '탄소 광물화^Carbon^

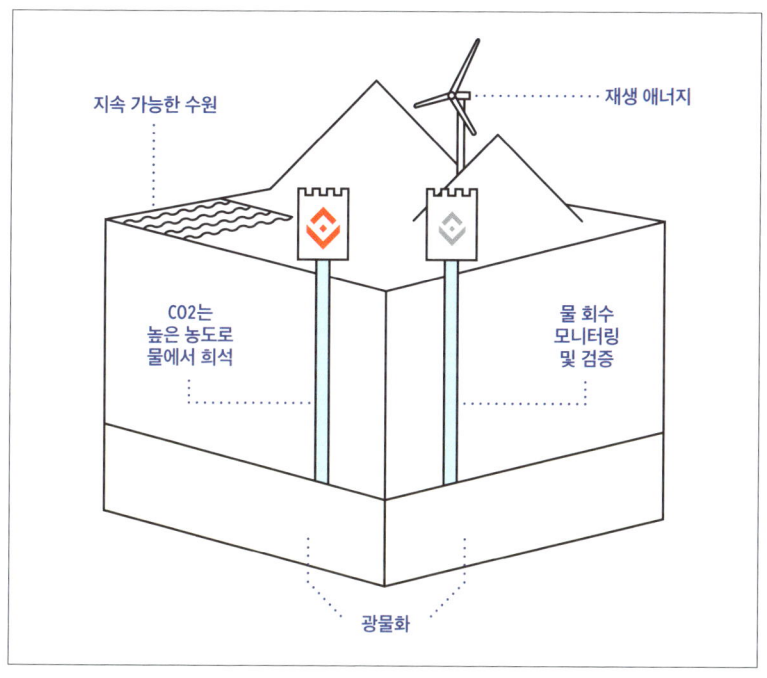

탄소 광물화 과정.   출처: 44.01

'Mineralization' 프로젝트가 바로 그것이다.

 탄소 광물화는 사실 자연적인 현상이며, 페리도타이트는 오만뿐만 아니라 미국, 유럽, 아시아, 호주에서도 많이 발견된다. 이 광물에 이산화탄소가 용해된 빗물이 떨어지면서 암석 내부의 균열로 스며들고, 시간이 흐름에 따라 이산화탄소는 방해석으로 변해 페리도타이트 내에 뚜렷한 줄무늬를 만든다. 시간 흐름에 따른 자연스러운 과정이지만, 보통 수십 년이 걸리는 길고 어려운 과정이기도 하다.

페리도타이트에는 마그네슘, 규소, 산소로 구성된 광물인 감람석이 다량 함유되어 있다. 지하수가 감람석과 반응하면 용해된 마그네슘과 중탄산염이 풍부해지며 물속의 탄소 농도를 약 10배까지 효과적으로 증가시킨다. 이 물이 암석 깊숙이 스며들어 공기와 반응을 멈추면 마그네슘, 탄소, 산소가 용액에서 침전되어 마그네사이트Magnesite라고도 하는 탄산마그네슘이 형성된다. 칼슘, 마그네슘, 탄소, 산소를 함유한 백운석도 형성된다. 마그네사이트와 백운석이 형성되면 암석의 전체 부피가 약 44% 증가하며 균열이 생기고, 이 균열로 더 많은 물이 침투할 수 있다.

베인이 생긴 페리도타이트 사진.

44.01은 물에 녹인 이산화탄소를 지하 깊은 곳의 페리도타이트 지층에 주입하여, 별도의 유지 보수 없이도 탄소가 대기 중으로 재노출되는 위험 없이 영구적으로 가두는 동시에, 자연에선 수십 년이 걸리는 탄소 광물화 과정을 12개월 이내에 완료하는 가속화 방법을 개발하고 있다. 이 프로젝트를 위해서는 식수 공급원에서 멀리 떨어진 지하 1,000m 아래의 페리도타이트 암석에 물에 녹은 이산화탄소를 주입해야 하는데, 이때가 바로 거대한 오만의 바위산, 하자르산맥이 빛을 발하는 순간이다.

페리도타이트는 초고철질 암석의 일종으로 지구의 상부 맨틀을 구성하고 있기에 지표에서는 잘 발견되지 않는다. 그렇기에 다른 국가는 페리도타이트가 지하 20~30km에 매장되어 있는 경우가 많아 접근이 어렵다. 하지만 오만은 지구 맨틀의 일부가 노출된 오피올라이트 Ophiolite 지질로, 페리도다이트 암석이 풍부하다. 한국에서도 제주도, 백령도 등지에서 페리도다이트가 발견되었으며 백령면 진촌리 감람암 포함 현무암의 경우 1997년 천연기념물로 지정되기도 했다.

바위와 태양, 바다와 바람

연구에 따르면 암석 유형의 탄소 광물화 기술은 최대 6,000만

GtCO2(기가톤 이산화탄소)를 격리할 수 있는 잠재력이 있으며, 44.01 최고 기술 책임자가 발표한 바로는 단단한 암석 1m³에 약 600kg의 이산화탄소를 가둘 수 있다고 한다. 44.01의 탄소 광물화 계획은 2022년 영국 윌리엄William 왕자와 왕립 재단이 지구를 복구하고 재생하기 위해 개최한 글로벌 환경 행사 '어스샷 프라이즈Earthshot Prize'의 기후 개선 부문에서 수상하며 그 잠재력을 인정받았다. 또한, 같은 해 머스크 재단이 진행한 엑스프라이즈XPRIZE 탄소 제거 대회에서 하자르 탄소 광물화 프로젝트가 상위 15개 프로젝트에 선정되며 100만 달러의 상금이 수여되었다.

이어 44.01은 2023년 아랍에미리트의 석유 및 가스 대기업인

44.01 어스샷 프라이즈 수상 사진. 출처: 44.01

UAE 푸자이라 파일럿 프로젝트 사이트. 출처: 44.01

아부다비 국영 석유 공사ADNOC와 파트너십을 맺고 아랍에미리트 푸자이라Fujairah에 위치한 광물 채굴 현장에서 이산화탄소 주입 파일럿 프로젝트를 진행했다. 이 프로젝트는 자체 배출량을 최소화하기 위해 태양 에너지로 구동되었으며, 최초로 해수를 사용해 진행된 프로젝트다. 파일럿 프로젝트는 약 1km 깊이의 시추공을 중심으로 진행되었는데, 3개의 시추공 중 하나는 바닷물에 녹아 있는 이산화탄소를 주입하기 위한 것이고, 두 번째는 지하의 광물화 과정을 모니터링하기 위한 것이며, 마지막은 이산화탄소 주입에 따른 대수층 오염 발생 여부를 확인하기 위한 목적이다.

파일럿 프로젝트의 성공에 이어, 2024년 1월부터는 오만 에너지광물부의 지원으로 하자르산맥에서의 탄소 광물화 프로젝트를 시작했다. 44.01은 오만 최초의 공동 배치형 DAC(직접 공기 포집)를 설치하며, 중동 지역 환경 혁신을 주도하게 되었다. 2024년 하반기부터는 이산화탄소 주입이 시작될 예정으로, 연 최소 1,000톤의 탄소를 제거하는 시험 운전을 시작할 예정이다. 하자르 탄소 광물화 프로젝트는 세계 최대 규모이자 최초의 상업적 규모 프로젝트로, 탄소 중립의 신新해법 발견 여부에 각국의 이목이 쏠리고 있다.

탄화수소 산업의 중심지인 중동이 포스트 오일 시대에 경쟁력을 유지하기 위해서는 에너지 산업의 저탄소화가 필수불가결하다. 이 점에서 뙤약볕이 내리쬐는 오만의 사막은 단순히 무더운 날씨가 아닌 탄소 광물화 공정의 탈탄소화 기회를 제공한다. 오만의 풍부한 풍력과 태양광 에너지는 해당 공정에 재생에너지를 더할 수 있는 천혜의 환경으로, 2020년 세계은행이 발표한 「국가별 세계 태양광 발전 잠재력」 보고서는 오만의 태양광 발전 잠재력이 상위 10개국 이내로 매우 높은 것으로 평가하고 있다. 토지 m^2당 오만의 일사량은 평균 2,000~2,500kW/h이며, 연평균 맑은 날이 342일로 태양광 발전에 매우 적합하다. 그뿐만 아니라 오만 중부와 남부 해안가는 풍속이 높아 풍력 발전 에너지에도 적합하다. 오만의 풍력 발전 밀도는 m^2당 $721W/m^2$로 추정되며, 가장 바람이 많이 부는 지역의 평균 풍속은 8.4m/s다. 풍부한 오만의 재생 에너지 자원을 바탕으로 44.01은 이미 세계 최초 재생 에너지 구동 DAC 운영 파일럿을 진행했으며 이 경험을 토대로 재생에너지를 이용한 상업 규모 탄소 광물화에 발을 내디뎠다.

● 탄소 중립에 직접 공기 포집이 필요한 이유

2050년까지 탄소 중립을 달성하기 위한 기술적 노력의 약 21%는 CCU에서 나올 것으로 예상하고 있다. 유럽의 CCU 커뮤니티를 대표하는 비영리 협회 CO_2 Value Europe은 CCU가 2050년까지 이산화탄소의 배출량을 최소 2억 5,000만 톤 감축할 수 있으리라 예상하고 있다. 세계경제포럼World Economic Forum에 따르면 2050년까지 넷 제로 달성을 위해서는 매년 최대 100억 톤의 이산화탄소를 대기에서 제거해야 한다.

탄소중립 도달을 위해선 가능한 한 빠른 시일 내에 배출량을 줄이는 것이 급선무이나, 시멘트나 철강 생산과 같은 일부 필수 산업의 탄소 배출량을 단기간에 줄이는 것은 매우 어렵다. 이러한 필수 탄소 배출 산업은 탄소 포집 후 광물화를 통해 이산화탄소의 배출을 막을 수 있다. 또한, 탄소 중립 도달 후에도 대기 중에는 여전히 과잉 이산화탄소가 존재한다. 1960년대 이후 대기 중 이산

오만 하자르 탄소 광물화 프로젝트 사이트. 출처: 44.01

화탄소의 연간 증가율은 이전의 자연 증가율보다 약 100배 빠르다고 한다. 다시 말해, 현재 탄소 중립을 달성했어도 과거에 배출된 막대한 양의 이산화탄소가 이미 지구온난화를 불러오고 있는 셈이다. 이러한 상황에서는 나무 심기와 같은 자연 제거 솔루션이나 DAC와 같은 기술적 도구를 이용한 이산화탄소 제거가 중요한 역할을 한다. 네거티브 배출 기술Negative Emissions Technologies이라고도 불리는 DAC 기술은 대기 중의 이산화탄소 수준 감소에 큰 역할을 한다.

44.01은 이번 하자르 프로젝트에서 직접 공기 포집기를 태양광을 이용해 구동할 예정이다. 하지만 직접 포집된 이산화탄소는 상대적으로 고비용으로, 상대적으로 탄소 광물화의 비용도 고비용일 수밖에 없다. 2024년 기준 직접 공기 포집의 이산화탄소 비용은 톤당 600~1,000달러 수준이나, 상업화를 위해서는 톤당 100~200달러 수준으로 떨어져야 한다는 의견이다.

포집된 탄소를 지하에 저장하려는 시도가 이번이 처음이 아니지만, 44.01의 차별점은 탄소가 다시 공기 중으로 누출될 가능성이 있는 기체나 액체 형태의 저장이 아닌 고체 형태로 지층에 저장한다는 점에 있다. 고체로 저장되기 때문에 상대적으로 모니터링 비용이 낮으며, 앞으로 탄소 포집 기술 비용이 낮아지면 현재는 상대적으로 고가인 탄소 광물화의 비용도 더불어 낮아질 것으로 전망하고 있다.

탄소 광물화가 나아가야 할 길

기후 변화로 인한 최악의 영향을 피하기 위해선 기가톤 규모의 CCUS 및 탄소 제거 기술 구축이 필요하다. 탄소 광물화는 포집된 이산화탄소 제거에 적합한 지질학을 보유한 곳이라면 어디든 적용될 수 있어 잠재적으로 전 세계적인 탄소 솔루션이 될 가능성이 높다. 특히, 페리도타이트는 이산화탄소를 광물화하는 능력이 매우 높아서 비교적 작은 규모의 페리도타이트 지층도 상당한 양의 이산화탄소를 제거할 수 있다. 이론적으론 오만의 사마일Samail 오피올라이트는 과거부터 현재까지 오만이 배출한 탄소를 전부 광물화할 수 있다. 오만의 오피올라이트 지형뿐만 아니라 다른 나라의 염수 대수층, 고갈된 석유 또는 가스 저류층, 현무암과 페리도타이트 같은 반응성 암석도 탄소 저장을 위한 다양한 옵션을 제공한다.

탄소 광물화를 위해선 안정적인 이산화탄소와 물, 에너지 공급원이 필요하다. 물은 해수로, 에너지는 재생에너지로 활용할 수 있다고 가정했을 때 안정적인 이산화탄소 공급이 탄소 광물화의 걸림돌이 될 수 있다. 현재 탄소 포집 기술은 일부 국가에서만 이산화탄소의 포집 또는 상쇄를 위한 인센티브 제공 등이 진행되는 정책적 문제와 직접 공기 포집 등의 기술적 문제로 전 세계적으로 초기 단계다.

CCUS 프로젝트 실현을 위해서는 정책적 지원이 필요하다. 이는 크게 인센티브 제공 방식과 세금을 통한 강제 방식으로 나뉜다. 미국은 인플레이션 감축법을 통해 이산화탄소를 포집하고 저장하는 기업에게 세금 공제를 제공하고 있다. 유럽연합은 탄소 배출권 거래제를 통해 이산화탄소를 배출하는 기업에 불이익을 주고 있다.

중동 지역은 아직 CCUS 또는 네거티브 배출 기술을 장려하는 정책이나 인센티브 구조가 부족하다. 세금 공제, 공공 조달, 역경매, 대출, 운송 및 저장 인프라 활성 지원 등의 인센티브와 정책적 지원이 없다면 탄소 광물화 기술의 대규모 배포는 어렵다. 또한, 단기적으로는 보조금과 인센티브가 기술 개발에 도움이 될 수 있지만 장기적으로는 조직과 국가 차원의 규정 준수 시스템 구축 및 탄소 배출권 거래 시장 형성이 필요하다. 오만 에너지광물부에 따르면 오만은 2050년까지 CCUS를 통해 연간 1,630만 톤의 이산화탄소를 감축할 계획이다. 이를 지원하기 위해 에너지광물부는 2023년 11월 여러 석유 및 가스 업계 이해관계자들과 오만의 블루 수소 및 CCUS 정책에 대한 규제 프레임워크를 구축하기 위한 TOR Terms of Reference을 체결했다.

탄소 광물화는 조림을 통한 탄소 감축보다 효율성이 100배 이상 높아 빠르게 탄소를 저장할 수 있으나, 상대적으로 비용이 많이 든다는 단점이 있다. 그러나 나무가 자라기 어려운 사막 환경에서는 조림을 통한 탄소 중립보다 탄소 광물화를 통한 탄소 중립의 실현 가능성이 더 높고, 탄소 저장에 필요한 요구 면적도 적다. 또한, DAC를 통한 탄소 광물화는 수 세기 동안 배출을 격리할 수 있어 모든 탄소 제거 옵션 중 가장 영구적인 방법이다. 한국이 2050 탄소중립 추진 전략을 통해 본격적인 탄소 저감에 나선 지금, 오만의 탄소 광물화 프로젝트가 상업화된다면 한국을 포함한 많은 국가에 새로운 탄소 중립과 탄소 배출권 시장의 길을 열어줄 것으로 기대한다.

이슬아 (무스카트무역관)

| 환경을 생각하는 미래 산업 기술 |

양조장 폐기물의 위대한 변신

프랑크푸르트

대체 단백질 소재 개발 봇물, 대체육 시장의 진화는 어디까지?

불과 몇 년 전만 해도 미래의 음식이라 불리던 대체 단백질은 이제 더 이상 공상과학 영화 속 이야기만이 아니다. "뉴 푸드 New Food"라 불리는 대체 단백질이 우리의 식탁을 채우기 시작했다.

기후 변화는 우리의 생활 전반에 많은 변화를 가져왔고, 특히 식생활에 큰 영향을 미쳤다. 기후 조건의 악화와 세계 인구의 증가로 인해 대체 단백질에 대한 관심이 급증하고 있다. 이는 다양한 기술 개발과 함께 인류의 식단을 혁신할 대안으로 주목받고 있다.

2024년 3월 12일 아마존 창업자 제프 베조스가 설립한 기후 위기 대응 기금인 '베조스 지구 기금Bezos Earth Fund'이 대체 단백질 개발에 6,000만 달러(약 790억 원)를 투자한다는 보도는 이 때문에 국내 언론에서도 큰 관심을 불러일으켰다. 연구 개발의 핵심은 단백질의 제조 원가를 낮추고 새로운 재료를 찾는 데 있다. 이는 지구의 한계 속에서 미래의 100억 명의 인구를 먹여 살리기 위한 필수적인 조치로 여겨지고 있다.

전 세계적으로 대체 식품에 대한 기술 개발이 활발하게 진행되는 가운데, 식물성 대체육이나 배양육, 대체 유제품 외에도 곰팡이나 버섯(균주), 미생물 등 다양한 원료가 대체 재료로 개발되고 있다. 이제는 단순히 대체 원료를 찾는 것을 넘어 대체육의 맛과 질감, 가격 그리고 건강에 미치는 영향을 고려한 전방위적인 연구가 필요하다. 이는 전 세계 인구의 먹거리를 책임질 새로운 차세대 기술에 대한 기대와 함께 큰 책임감을 수반한다.

대체 단백질 시장의 혁신과 발전은 우리의 식생활뿐만 아니라 지구의 미래에도 중요한 영향을 미칠 것이다.

🔸 생존 위기 앞에서 찾은 대체 생산 아이디어

현재 독일에서도 대체 식품에 대한 관심이 뜨겁다. 식물 기반 대체육 외에도 세포 배양육, 버섯 균사체, 박테리아 및 기타 미생물의 정밀 발효, 농업 부산물, 미세조류 등을 활용한 다양한 대체 식품 기술이 개발되고 있다. 특히 지속 가능하게 생산된 무독소 육류 식품에 대한 대안의 중요성도 주목받고 있다.

독일의 대체육 시장은 2020년부터 2022년까지 총 42% 성장했으며, 전 세계 대체 단백질 시장은 2035년까지 연평균 14% 증가하여 약 1억 톤 규모로 성장할 것으로 전망된다. 특히 독일은 유럽 주요 국가들과 비교할 때 최대의 식물성 대체육 시장을 보유하고 있으며, 가장 높은 성장세를 나타내고 있다.

다양한 최신 개발 트렌드 속에서, 최근 양조장 폐기물(부산물)

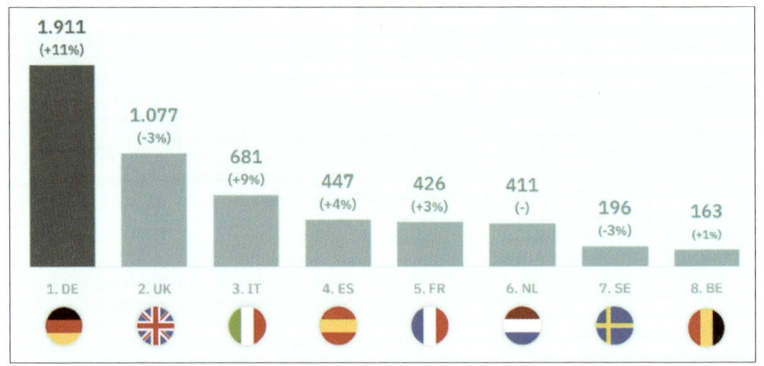

2022년 유럽 대체육 시장 비교 자료(단위: 100만 유로).
출처: 닐슨 IQ/GFI-Europe(The Good Food Institute Europe), 2023년 4월.

에서 추출한 맥주 효모 단백질로 새로운 대체 단백질 생산 기술을 개발한 독일의 한 스타트업이 유독 주목받고 있다. 이는 단순한 생산 기술의 혁신을 넘어, 독일이 오랜 전통을 가진 맥주의 나라라는 점과 더불어 최근 코로나 팬데믹과 러시아-우크라이나 사태 이후의 높은 에너지 가격, 맥주 수요 감소 등의 이유로 생존의 위기를 겪고 있는 많은 양조장에 대체 생산 또는 전업 가능성을 제공한다. 독일의 1인당 맥주 소비량은 92L이고 독일은 전 세계 맥주 소비국 중 4위이다. 지역별로 다양한 맥주를 생산해 판매하고 있으며, 대표적인 맥주 생산지인 바이에른주에서는 5,000~6,000종의 크고 작은 맥주 브랜드가 생산되고 있다.

대체 단백질의 도전과 기회

최근 독일 스타트업 프로틴 디스틸러리 Protein Distillery는 양조장 폐기물에서 추출한 맥주 효모 단백질로 새로운 대체 단백질 생산 기술을 개발했다. 2021년 크리스토프 피터 Christoph Pitter, 미하엘 바우나흐 Michael Baunach, 토마스 쿠르츠 Tomas Kurz, 마르코 리스 Marco Ries가 공동 설립한 이 신생 기업은 에슬링엔과 베를린에 본사를 두고 다양한 산업의 미생물 기반 부산물의 업사이클링을 전문으로 한다.

- 「유럽 맥주 트렌드 Europe Beer Trends 2023」.

독일 스타트업 프로틴 디스틸러리의 공동 창업자.

　맥주 효모는 단백질 성분을 다량 함유하고 있는 것으로 알려져 있으며, 보조식품으로도 이미 널리 애용되고 있다. 이 스타트업은 맥주 양조 잔류물인 맥주 효모의 단백질에서 완전 채식의 지속 가능한 단백질을 추출하는 데 사용할 수 있는 독특하고 혁신적인 프로세스를 개발해냈다. 프로틴 디스틸러리는 바이오매스 발효를 통해 기능적, 영양적 특성이 뛰어난 천연 단백질 성분인 '프레우:테인 Prew:tein' 개발에 성공했다.

　대체육으로 대변되는 대체 단백질은 온실가스 배출의 주요 요인인 가축을 통하지 않으므로 기후와 자연에 미치는 영향을 줄일

맥주 효모 단백질.

수 있다. 또한, 전 세계인의 식단을 변화시킬 수 있는 잠재력으로 주목받고 있다. 그러나 이러한 장점에도 불구하고, 대체 단백질은 맛과 풍미에서 여전히 부족하고, 가격도 저렴하지 않다는 단점을 가지고 있다.

특히 식물성 단백질 산업은 동물성 제품의 맛, 영양가, 식감을 그대로 재현하는 데서 기술적 한계에 직면해 있다. 익숙한 맛을 유지하기 위해 합성 감미료 등을 첨가해야 하는 경우가 많아, 이는 소비자들에게 완전히 만족스럽지 못한 결과를 가져온다. 따라서 대체 단백질이 널리 보급되기 위해서는 기술 개발을 통해 맛과 질감을 더욱 개선해야 하며, 가격 경쟁력도 확보해야 한다.

맥주 효모 단백질의 혁신

프로틴 디스틸러리는 맥주 효모와 그 안에 결합된 단백질을 개별 구성 요소로 분해하여 고품질의 천연 단백질을 추출한다. 이 단백질은 감칠맛과 뛰어난 질감을 제공하며, 다양한 응용 분야에서 활용될 수 있다. 특히, 가열 후 결속 시 최적의 질감을 유지하며, 물에 적절하게 용해되고 가열하면 닭고기 달걀과 같은 고체 형태를 취할 수 있는 농도를 가진다.

기능성 단백질 프레우:테인은 영양가와 기능적 특성이 동물성 닭고기 단백질과 유사하여 완두콩 단백질과 같은 기존 대체 단백질에 비해 큰 이점을 제공한다. 중성적인 맛과 향상된 질감을 특징으로 하며, 매우 안정적이며 강력한 수분 결합력과 열 비가역적 겔화를 통해 계란, 치즈, 우유 또는 고기를 대체하는 다양한 재료로 유연하게 사용 가능하다. 이로 인해 유제품을 대체할 수 있으며, 맛과 질감을 보존하고 개인의 요구에 맞게 조정할 수 있다.

프레우:테인은 식품 제조업체가 원치 않는 첨가물이나 동물성 단백질 없이 완전 비건 제품을 생산할 수 있도록 한다. 이를 통해 제빵 제품을 포함한 다양한 식품에서 영양가, 맛, 식감을 개선할 수 있다. 특히 젤라틴이나 기존 계란과 같은 동물성 성분뿐만 아니라 향미 강화제, 안정제 또는 메틸셀룰로오스와 같은 인공 첨가물도 식품 생산에서 제거할 수 있는 점이 큰 강점이다.

프로틴 디스틸러리는 지속 가능한 가공 프로세스를 통해 대체 단백질 산업에 혁명을 일으키고 있다는 평가를 받고 있다. 이들이 개발한 프레우:테인은 이러한 혁신의 일환으로, 지속 가능하게 생산될 수 있으며 환경에 미치는 영향이 적어 훌륭한 비건 식품이자 미래 식품으로 주목받고 있다. 독일의 혁신적인 기술 개발과 함께, 앞으로 맥주 효모 단백질은 대체 단백질 시장에서 중요한 역할을 할 것으로 기대된다.

전략적 협업, 기술 혁신의 미래

프로틴 디스틸러리의 혁신적인 기술 개발에는 기술 강국 독일의 전통 기업도 중요한 역할을 했다. 양조장 잔류물의 잠재력을 인식한 독일의 전통적 기계 기업이자 식품 개발 기업인 게아(GEA)는 개별 기계부터 턴키 솔루션, 질감을 위한 식물 단백질 압출 기술까지 포괄적인 기술 포트폴리오 등 프로틴 디스틸러리의 생산 시설에 필요한 다양한 기술 솔루션을 제공했다. 아울러 GEA는 2023년 6월 세포 배양 및 발효에 중점을 둔 기술 센터를 독일 힐데스하임에 설립하고, 2024년 2월에는 미국에 지속 가능한 대체 식품(육류, 우유, 해산물 및 달걀 대체 단백질) 개발을 위한 기술 센터 설립에 1,800만 유로를 투자할 계획을 발표했다. 이 기술 센

GEA의 뉴 푸드 기술 센터.

터는 2024년 초 착공하여 2025년 개장을 목표로 하고 있다.

이와 같이 GEA는 식품 제조기업이 제조하고자 하는 고품질의 제품을 생산할 수 있는 최적화된 기술 솔루션을 파악하며, 제품 아이디어 개발부터 매력적인 소비자 제품 구현에 이르기까지 고객과 협력하고 있다. 이 솔루션은 에너지와 물 소비를 줄이고 자원과 폐기물을 최소화하는 지속 가능한 생산에 기초를 두고 있어 더욱 주목할 만하다.

또한 건식 및 습식 재료 가공을 위한 세계 최고의 기계 및 플랜트 제조업체인 네취NETZSCH와도 협력하여 독일 남부에 중간 규모의 생산 시설을 건설했다. 이 계획의 목표는 2025년까지 프레우:테인을 핵심 성분으로 함유한 최초의 제품을 시장에 출시하는 것이다. 네취와의 협력은 비즈니스가 환경 변화를 주도하는 중요한 플랫폼이 될 수 있다는 신념을 바탕으로 이루어졌다. 네취는 맞춤형 대체 단백질에 대한 전문 지식을 제공하고, 프로틴 디스틸러리는 미생물의 단백질 추출 및 정제에 대한 전문 지식을 제공하는 등의 상호작용을 통해 보다 중성적인 맛, 개선된 질감 품질 및 높은 소화율을 통해 미생물 바이오매스로부터 단백질을 생산하는 데 새로운 가능성을 열었다고 평가되고 있다.

GEA와 네취는 프로틴 디스틸러리가 혁신적인 대체 단백질을 개발하고 생산할 수 있도록 지원함으로써, 지속 가능한 식품 산업의 미래를 함께 열어가고 있다. 이러한 협업은 기술 혁신과 지속 가능성을 동시에 추구하는 중요한 모델을 제시한다. GEA의 공동 창립자 피터는 "전략적 파트너십은 기능성 청정 라벨 성분을 전 세계적으로 접근 가능하고 저렴하게 만들어, 보다 지속 가능한 미래를 만드는 데 핵심이 된다"라고 말한다.

인류의 식단 바꿀 단백질 산업

프로틴 디스틸러리의 제품 생산은 2023년 바덴-뷔르템베르크에 있는 자체 생산 공장에서 시작되어 이후 전 세계적으로 출시될 예정이다. 이 회사는 2025년까지 연간 수백 톤의 단백질 분말을 생산할 계획이며, 이는 약 2,000만 개의 계란에 해당하는 단백질 양이다. 관련된 탄소 발자국은 약 190만kg의 이산화탄소에 해당한다.

프로틴 디스틸러리는 맥주 효모와 같은 부산물을 업사이클링하여 단백질을 생산하는 순환 경제 접근 방식을 통해 수많은 이점을 제공한다. 이 프로세스는 물과 토지 사용을 최소화하고 온실가스 배출을 줄여 자원 효율성을 극대화한다. 맥주 효모 단백질은 소고기 단백질과 비교해 토지를 약 400배, 물을 250배 적게 사용하며, 온실가스를 80배 적게 배출한다. 이러한 혁신적인 접근으로 프로틴 디스틸러리는 2023년 독일 지속 가능성상 중 넥스트 이코

2023 독일 지속 가능성상 중 넥스트 이코노미상.

노미상Next Economy Award, NEA을 수상했다.

프로틴 디스틸러리는 지난 2024년 3월 유럽 최초의 단백질 역량 센터 출범을 위해 1,500만 유로 이상의 자금을 확보했다. 이는 어려운 시장 환경에서도 새로운 매출 잠재력을 창출하는 중요한 성과다. 이들은 이러한 전략적 협업과 기술 비전을 통해 어려운 시장 환경을 극복하고 있으며, 독일 양조장들에 새로운 생존 대안을 제공하고 있다.

대체 단백질 기술의 미래

한국에서도 대체 단백질에 대한 관심이 뜨겁다. 한국 식품 산업 클러스터 진흥원은 기후 위기 대응에 대한 인식이 높아지면서 윤리적 소비, 가치 소비 문화가 형성되며 국내에서도 대체 식품 성장을 낙관하고, 국내 식물성 대체 식품 시장이 2020년 209억 원에서 2025년 30%가량 성장한 271억 원에 이를 것으로 내다보고 있다. CJ제일제당이나 풀무원 등 국내 식품 분야의 대기업뿐만 아니라 중소·중견기업에서 스타트업, 다수의 대학 및 연구소에 이르기까지 식물성 대체육이나 세포 배양육 기술 개발에 적극 나서고 있다. 최근에는 특히 폐기물을 활용한 단백질 생산 기술도 주목을 끌고 있다. 예를 들어, 농업 부산물이나 식품 가공 폐기물을 활용한 단백질 추출 연구가 활발히 진행 중인데, 연어 껍질이나 배, 굴, 미역 등 식재료 가공 후 남은 부산물을 활용한 푸드 업사이클링도 활기를 띠고 있다.

이러한 추세와 더불어 맥주 효모와 같은 부산물을 활용한 단백질 생산은 자원 효율성을 높이고 환경에 미치는 영향을 줄일 수 있는 지속 가능한 접근법으로 주목받고 있다. 프레우:테인의 개발과 생산 과정을 통해 우리는 지속 가능한 식품 생산과 소비의 새로운 가능성을 엿볼 수 있다.

또 프레우:테인 기술은 한국에서도 도입 가능성이 높다. 맥주 소비량이 많아 양조장 부산물을 활용한 단백질 생산의 실현 가능성이 크기 때문이다. 이를 통해 환경 보호와 자원 효율성을 동시에 달성할 수 있으며, 건강하고 지속 가능한 대체 단백질을 소비자에게 제공할 수 있다. 더 나아가 한국의 식품 산업은 이러한 혁신 기술을 도입함으로써 글로벌 대체 단백질 시장에서 경쟁력을 강화할 수 있다. 정부와 기업 간의 협업을 통해 기술 개발과 상용화를 촉진하여 한국이 대체 단백질 시장에서 선도적인 역할을 할 수 있는 기회를 제공할 것이다.

대체 단백질 제품이 우리의 식탁을 차지하게 될 날도 머지않았다. 폐기물에서 새로운 단백질을 개발하기 위한 끊임없는 도전과 기술 개발은 미래 먹거리 산업의 경쟁을 지속적으로 이끌어 나갈 것으로 기대된다. 독일의 이러한 혁신적인 변신은 새로운 출발을 알리며, 미래의 먹거리를 위한 지속 가능한 표준을 마련하는 중요한 본보기가 될 것이다.

박소영 (프랑크푸르트무역관)

| 환경을 생각하는 미래 산업 기술 |

버려진 매트리스에서 찾은 순환 경제

빈

유럽의 중심부에 자리잡고 있는 오스트리아는 명실상부한 관광 강국이다. 2022년 기준으로 이 나라에서 관광 및 레저 산업으로 벌어들인 돈만 직접, 간접 부가가치를 모두 합쳐 국내총생산GDP의 13.1%에 달한다고 한다. 명성에 걸맞게 매 계절, 자연과 예술이 아름다운 이 나라로 전 세계의 관광객들이 몰려든다.

이처럼 국가 경제에 기여하는 바가 크다 보니, 관광 산업의 지속적인 발전을 위한 경쟁력 강화 이슈는 오랜 시간 오스트리아의 국가적 의제로 다루어져 왔다. 이를 위해 정부가 일찌감치 꺼내든 키워드가 바로 '지속 가능성'이다. 이에는 정부의 정책 비전이 큰 역할을 하고 있는데, 오스트리아는 2040년까지 기후 중립을 달성하겠다는 목표를 천명한 이 분야의 선도 국가다. 대표적인 예로, 정부에서는 1990년부터 친환경 제품을 대상으로 부여해오던 국가 인증 마크 '오스트리아 에코라벨Austrian Ecolabel'을 1996년부터 다양한 관광 산업에도 적용하기 시작했고 2022년부터는 관광지에도 부여하기 시작했다.

'지속 가능한 관광'이라는 가치를 실현하기 위한 업체들의 노력은 다양한 형태로 나타나고 있다. 팜 투 테이블Farm to Table(농장에서 식탁까지) 식사를 제공하는 친환경 음식점, 친환경 에너지로 가동되는 스키 리프트, 첨단 단열 공법을 이용한 호텔 등 관광지의 곳곳에서 그 흔적을 찾아볼 수 있다.

호텔에 부여되는 오스트리아 에코 라벨. 출처: 오스트리아 환경부

🔵 국가의 핵심 산업에서 찾은 기회

이 나라의 관광 산업을 지탱하고 있는 기둥인 숙박 업계를 들여다보면, 오스트리아에는 2022년 하반기와 2023년 상반기 기준으로 총 7만 900개의 업체가 영업 중이라고 한다. 이 중 가장 많은 비중을 차지하는 것은 현지에서는 페리엔보눙Ferienwohnung이라고 불리는 휴가용 단기 임대 주택으로, 전체 수의 절반이나 된다. 그 외 호텔, 펜션, 캠핑장 등 다양한 형태의 숙박업체가 손님을 맞기 위해 연일 바쁘게 움직이고 있다.

최근 이러한 숙박업체의 필수 아이템, 침대용 매트리스에 지속 가능성이라는 가치를 부여하는 비즈니스 아이디어로 주목받는 기업이 있다. 매터MATR라는 이름의 이 기업은 오스트리아의 수도 빈에서 활동하며 '순환 경제 매트리스 비즈니스'를 창안해 화제를 모았다. 이 기업의 공동 창업자인 베레나 유드마이어Verena Judmayer와 미하엘라 슈테펜Michaela Stephen은 매년 EU 내에서만 약 3,000만 개, 오스트리아에서만 120~140만 개의 매트리스가 버려지고 있다는 충격적인 사실에 주목했다. 이들은 완벽한 재활용이 가능할 뿐만 아니라 배송, 관리, 수거, 재활용에 이르기까지 매트리스의 전 생애 주기에 걸친 서비스를 제공하는 순환 경제 비즈니스 모델을 고안해 스타트업을 창업했다.

두 창업자가 회사를 설립하기로 처음 뜻을 모았던 2021년 당

매터의 공동 창업자 베레나 유드마이어와 미하엘라 슈테펜. 출처: 매터

매터의 매트리스 제품. 출처: 매터

MAT

Let's make slee

매터의 기업 철학이 담긴 슬로건. 출처: 매터

시 이 기업의 이름은 슬리피파이^{Sleepify}였다. 이들은 이 이름으로 세계 최대 그린 비즈니스 아이디어 경연 대회에 참가해 순환 경제 부문 글로벌 우승자로 선정되면서 이듬해인 2022년 그라이너 이노벤처스^{Greiner Innoventures}의 엔젤 투자를 받았다. 슬리피파이는 투자 유치와 함께 바로 리브랜딩에 착수, 매터라는 새로운 이름으로 재도약하게 된다. 이들의 사업 모델은 '지속 가능한 관광' 화두가 강조되는 분위기에서 관련 분야 선도적 사례로 주목받기에 충분했다. 2023년에는 제33회 청년 창업 경진 대회에서 에너지 및 환경 부문 우승 트로피를 거머쥐기도 했다.

● 단순 재활용을 넘어선 시스템

매터의 매트리스는 재생 가능 친환경 에너지를 사용해 EU 내에서 생산되며, 내구성이 뛰어나 완벽한 재활용이 가능하다. 하지만 진정한 의미의 순환 경제를 구현해내기 위해서는 지속 가능성과 이익 창출을 동시에 실현해내는 비즈니스 모델을 고안해야 한다는 점에서, 매터는 매트리스의 단순 재활용을 넘어서는 사업을 구상해야 했다.

순환 경제 개념을 적용시킨 비즈니스는 기획 단계에서부터 제품의 기술적, 생물학적 주기를 고려해 제품을 설계하고, 이를 통

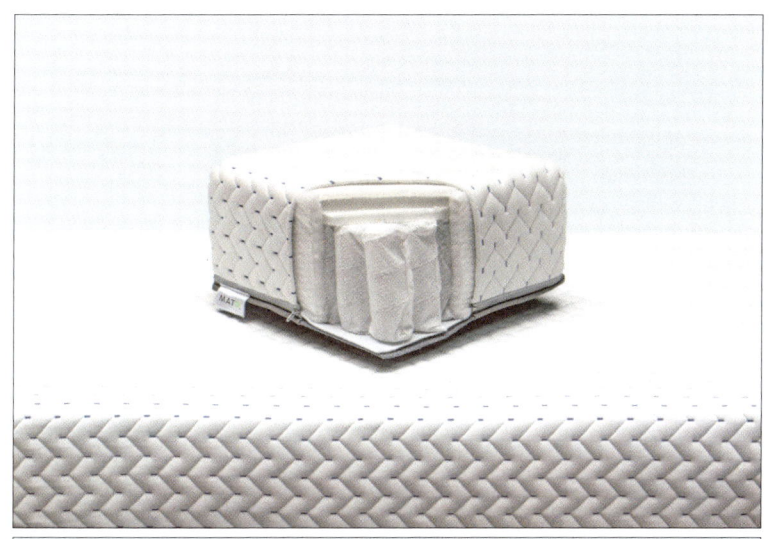

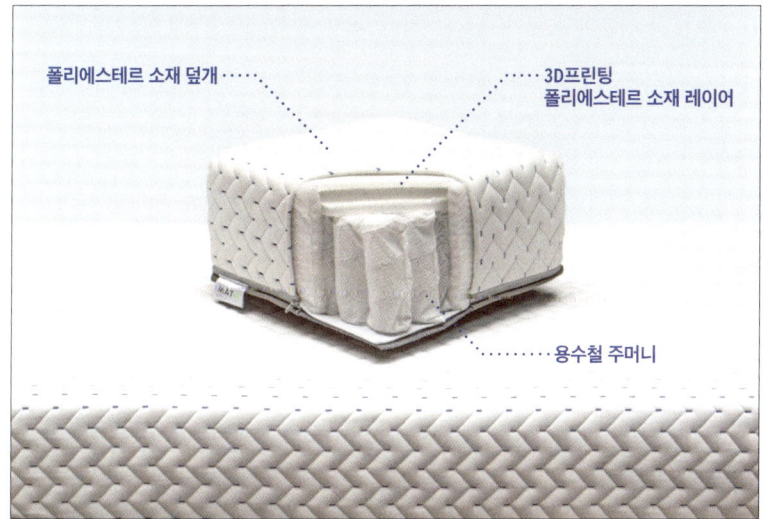

제품의 순환성을 높인 매터 매트리스의 구조.   출처: 매터

해 제품의 수명이 끝난 후에도 동일한 품질 조건으로 원래 제품 사이클로 회귀할 수 있도록 해야 한다. 매터는 이를 위해 특허받은 클릭-온/클릭-오프 Click-on/Click-off 모듈식 접착 방식을 사용해 분해 및 재생산이 용이하도록 제품을 설계했고 2번째, 3번째 재활용 시에도 매트리스의 높은 품질을 유지할 수 있도록 했다. 매터의 매트리스는 30년 이상의 제품 수명을 자랑한다.

매터의 매트리스 설계를 좀 더 살펴보면, 먼저 재질의 경우 기존 매트리스 제품 대부분이 폼 재질을 사용한 것과 달리 99% 재활용이 가능한 폴리에스테르만을 사용해 탄소 배출량을 50%로 줄였다.

전세계 호텔 산업의 탄소 배출량이 전체 탄소 배출량의 약 1%를 차지하고 파리기후협약을 통해 모든 산업 부문이 탄소 배출량 감축을 위한 노력을 경주해야 하는 상황 속에서, 이는 제품의 특장점으로 소개되기에 부족함이 없다. 디자인 측면에서는, 사용되는 원자재의 종류가 적을수록 제품의 분리가 쉬워져 제품의 순환성을 높일 수 있다는 점을 고려해 폴리에스테르 원단과 강철 스프링 코어라는 단 두 가지 종류의 원자재만 사용해 제조할 수 있도록 설계됐다.

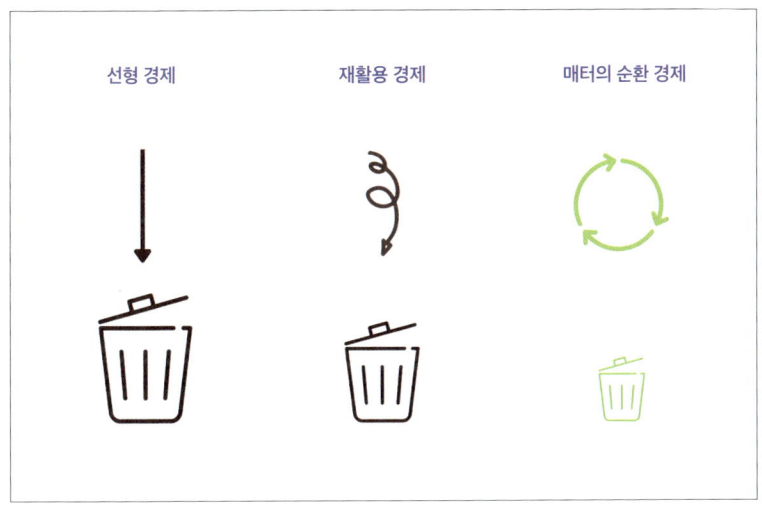

매터의 폐기물 제로 순환 경제.　　　　　　　　　　　　　　출처: 매터

● 높아진 편리성, 낮아진 비용으로 차별화

매터는 현재 매달 대여비를 받고 호텔에 매트리스를 대여해주거나 호텔 측에서 구매를 희망하는 경우 판매하는 형식으로 운영되고 있다. 재활용 가능 매트리스라는 점에서 처음에는 제품의 품질을 걱정하는 고객도 있었지만, 제품의 내구성과 운영의 효율성을 들어 이 같은 고객의 우려를 떨쳐내고 있다. 이는 고품질의 소재를 사용해 일반 매트리스 대비 오랜 시간 사용이 가능하다는 점, 대여된 매트리스를 대상으로 직접 유지 관리 서비스를 제공함으로써 호텔 측에서 부담해야 하는 시간과 비용을 절감해준다는 점을 제품의 차별점으로 부각시킴으로써 가능했다.

지속 가능한 관광을 위한 순환 경제 아이디어

숙소 예약 플랫폼 부킹닷컴이 세계 35개국 3만 3,228명을 대상으로 시행해 지난해 6월 발표한 「2023년 지속 가능한 여행 보고서」에 따르면, 응답자의 83%는 지속 가능한 여행을 중요하게 생각한다고 응답했으며, 65%는 지속 가능성을 인증받은 숙소에 머문다면 보다 안심이 될 것이라고 답했다. 환경적 가치의 실현을 통해 기후 문제 해결에 동참하고자 하는 의지가 강한 여행객들의 경우, 자신들이 머물 숙소가 갖춘 지속 가능한 옵션에 대한 관심

매터 매트리스의 제품 라이프 사이클.　　　　　　　　　　출처: 매터

이 높은 것으로 해석된다.

지속 가능한 여행 트렌드가 전 세계적 대세로 이미 자리 잡아가고 있는 만큼, 한국에서도 지난 2022년 말 국내 관광 생태계의 미래를 끌어갈 최상위 계획을 발표할 당시 지속 가능성을 핵심 방향성으로 설정했다고 한다. 정부 차원의 적극적인 지원 및 개발과 함께, 관광 환경을 이루는 지역사회 그리고 관련 업계의 참신한 노력을 통해서만이 진정한 의미의 지속 가능한 관광 생태계 조성이 가능하다는 것은 주지의 사실이다. 이를 위해, 위에서 살펴본 매터와 같이 지속 가능성의 가치를 관광 업계에 폭넓게 구현해내는 관련 비즈니스 사례를 국내에서 자주 발견할 수 있기를 기대한다. 공급해내는 제품과 서비스를 통해 그것을 이용하는 관광객 모두에게 지속 가능성의 가치를 공유하면서, 동시에 기업과 지역의 경제적 효율성까지 모색해낼 수 있다면 누구라도 그 주인공이 될 수 있다.

김현정, 장현아 (빈무역관)

| 환경을 생각하는 미래 산업 기술 |

패션과 환경의 조화, 지능형 섬유

홍콩

미래에 우리는 어떤 옷을 입고 있을까? 영화 〈어벤져스: 인피니티 워〉를 보면, 지구에 침입한 외계인들을 상대하기 위해 아이언맨이 나노 테크 슈트를 입는 장면이 나온다. 두 번 터치만으로 몸에 자동 장착되는 나노 슈트처럼 체온 조절, 신체 보호, 개성 표현과 같은 의류의 전통적인 역할을 넘어 감지, 제어, 통신, 작용, 동작, 저장, 신호 처리 등의 스마트 기능을 갖춘 의류를 스마트 의류Smart Clothing라고 한다.* 미래형 의류의 청사진을 제시하기 위해 전 세계 패션 업계는 스마트 섬유Smart Textiles에 대한 연구를 활발히 진행하

* ECO 융합 섬유 연구원 보고서 「스마트 의류 동향」.

고 있다. 이탈리아의 한 남성 의류 브랜드 스톤 아일랜드Stone Island는 주변 온도에 반응해 3가지 색깔로 바뀌는 열변색 기능의 아이스 니트Ice Knit를 출시해 패션 업계를 놀라게 하기도 했다.

이에 더해, 스마트 섬유는 최근 패스트 패션Fast Fashion으로 인해 심각해진 의류 폐기물 문제의 해결 방안으로도 주목받고 있다. 20세기 후반부터 유행한 패스트 패션은 최신 유행을 반영한 의류를 저가에 대량 생산하며 패션에 대한 소비자들의 접근성을 높였으나 의류 소비 주기를 단축시켜 환경 문제를 야기해왔다. 의류 폐기물 감소에 도움을 주는 미래형 의류 소재 개발을 위한 연구가 세계 각국에서 활발히 진행되고 있는 가운데, 최근 홍콩에서는 인공지능과 첨단 섬유의 결합으로 제스처에 반응해 옷 색깔을 바꾸는 새로운 기술이 개발되어 화제가 되고 있다.

🔵 엄지 척 동작에는 파란색
손가락 하트에는 분홍색

인공지능 디자인 연구소 에이드랩AiDLab은 세계 최초로 비접촉 제스처로 옷 색깔을 변화시키는 지능형 섬유Intelligent Textiles를 개발했다.

에이드랩의 지능형 섬유는 크게 4가지 특징을 갖고 있다. 첫째, 제스처 인식을 통한 색상 변경이 가능하다. 컴퓨터 비전*과 발광

 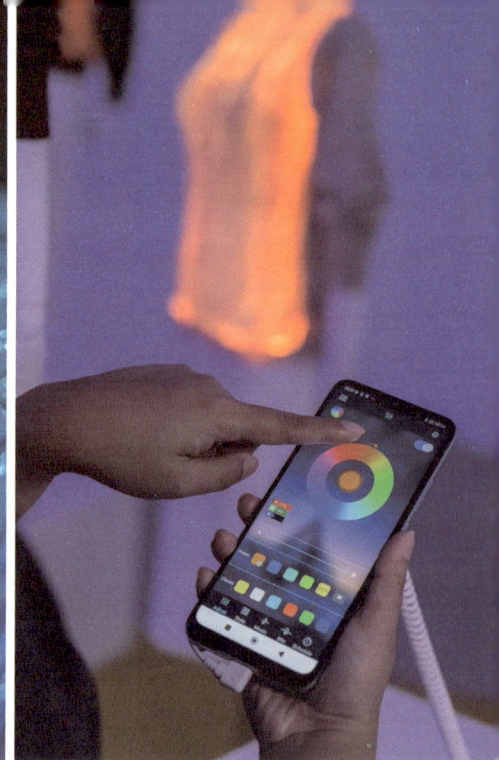

(좌) 지능형 섬유로 만든 옷의 모습. (우) 모바일 앱으로 색상 변경이 가능한 지능형 섬유. 출처: 에이드랩

광섬유를 활용하는 지능형 섬유는 손과 몸동작을 인식해 조명 색을 변경할 수 있다. 지능형 섬유로 이루어진 원단 앞에서 엄지 척 동작을 하면 진한 파란색으로, 손가락 하트를 하면 분홍색으로, 오케이 동작을 하면 초록색으로 원단 색깔이 바뀐다. 둘째, 특허받은 니트 구조로 일반 섬유와 유사하게 신축성이 있고, 편안한 착용감을 제공한다. 셋째, 사용자는 위에 언급된 손 동작 외에도 자신이 원하는 제스처를 맞춤 설정할 수 있다. 제스처별 색깔을 최대 7개까지 설정할 수 있다. 휴대전화 사진에서 색상을 추출해 원

- 시각 데이터에서 의미 있는 정보를 추출하는 AI 기술.

단에 반영하는 것도 가능하다. 마지막으로, 대량생산이 가능하다. 에이드랩은 산업용 컴퓨터 편직기를 통해 지능형 섬유 대량생산이 가능함을 확인했다. 상업화가 가능하다는 의미다. 기존에도 터치나 체온 변화 등을 감지해 색상을 바꾸는 섬유가 있었지만, 에이드랩에서 개발한 지능형 섬유는 비접촉 제스처를 인식해 색깔을 바꾼다는 점에서 차별화된다. 그렇다면 어떻게 이게 가능할까?

지능형 섬유의 작동 원리

지능형 섬유는 인공지능 기술과 조명 섬유의 결합으로 만들어졌다. 지능형 섬유를 구성하는 카메라가 이미지(동작)를 포착하면 카메라에 내장된 AI 알고리즘을 갖춘 미니 컴퓨터가 1차 처리를 수행한다. 처리된 이미지는 딥러닝 Deep Learning이 적용된 컴퓨터 비전을 통해 제스처로 인식된다. 식별된 제스처에 해당하는 색상이 폴리머 광섬유 Polymeric Optical Fibres, POFs를 통해 섬유에 표현된다. 이렇게, AI 알고리즘을 통해 비접촉 제스처 인식이 가능하며 딥러닝을 통해 제스처별 색상 변경이 가능하다.

지능형 섬유를 구성하는 폴리머 광섬유 POFs는 빛 투과체 역할을 한다. 빛이 POFs 중심을 통과할 때 측면 조명이 가능하도록 표면 처리가 되어 있다. 지능형 섬유에 사용된 POFs는 컴퓨터 평판 기

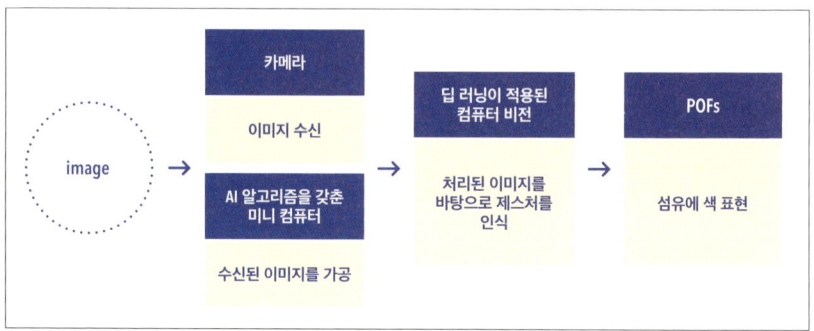

지능형 섬유 작동 원리. 출처: 홍콩무역관

계Computerised Flatbed Machines에서 생산할 수 있는 구조로 되어 있다. 기존 직물은 직조 구조로 제한되어 있고 폴리머 광섬유를 제한적으로 포함하거나 수작업으로 제작되어야 했다. 하지만 에이드랩에서 개발한 지능형 섬유는 색 구현을 하는 POFs가 섬유 전체에 고르게 포함되어 있다. 또한 POFs는 재활용이 가능한 폴리메틸 메타크릴레이트로 만들어졌다. 직물 구조상 원사에서 POFs를 쉽게 분리할 수 있기 때문에 섬유가 수명을 다한 후에 재활용이 용이하다.

● 미래 라이프스타일을 위한 혁신 소재

지능형 섬유는 미래 의류를 위한 혁신적인 소재로 패션 업계에서 큰 주목을 받고 있다. 2023년 밀라노 패션 위크에서 홍콩 의류 브랜드 앤터프리마Anterprima는 지능형 섬유로 만든 아이템을 선보이며 럭셔리 업계의 주목을 받았다. 이 브랜드는 색이 변하는 니트 의류 4종과 빛나는 핸드백을 선보였다. 변화하는 색깔의 다채로움으로 패션 업계의 큰 관심을 끌었다. 앤터프리마 창립자이자 제작 책임자인 이즈미 오기노[Izumi Ogino]는 홍콩 〈사우스 차이나 모닝 포스트[SCMP]〉와의 인터뷰에서 "지능형 섬유는 혁신적인 소재로서, 첨단 기술과 미적 매력이 결합한 특별한 경험을 제공한다. 패션 디자인의 경계를 확장시키는 미래 지향적이고 흥미로운 소재다"라고 언급하며 지능형 섬유로 옷을 디자인한 이유를 밝혔다. 또한 "섬유의 혁신적인 특성 덕분에 질감, 주름, 색상의 다양함 측면에서 새로운 가능성이 열리게 됐다"고 덧붙였다.•

이러한 지능형 섬유의 혁신성은 다른 제품에서도 확인할 수 있다. 홍콩 원사 기업 유피더블유[UPW]가 에이드랩과 함께 제작한 인텔리전트 스카프[Intelligent Scarf]는 캐시미어, POFs 그리고 투명한 실로 만들어졌다. 모바일 앱을 통한 색상 변경이 가능하다. 지능형 섬유는 단순한 의류 소재를 넘어 사용자 경험을 혁신적으로 변화시키고 있다. AI와 섬유의 결합을 통해 우리가 상상해왔던 미래형 라이프스타일을 구현해내고 있다. 옷 색깔이 옷 구매 기준에서 사라질 날이 머지않았다.

• 〈SCMP〉, 「Colour-changing AI textile used in fashion brand's Milan show and developed in Hong Kong could 'revolutionise the way we approach design'」.

(위) 앤터프리마가 밀라노 패션 위크에서 선보인 색이 변하는 니트.
(아래) 앤터프리마가 지능형 섬유를 이용해 만든 색이 변하는 니트.

출처: 에이드랩
출처: 에이드랩

지능형 섬유에 기대하는 의류 폐기물 감소 효과

지능형 섬유는 의류 폐기물을 줄이는 데 크게 기여할 수 있는 혁신적인 소재로 주목받고 있다. POFs가 재활용이 용이한 것은 우연이 아니다. 지능형 섬유 연구팀을 이끈 진 탠Jeanne Tan 교수는 코트라KOTRA와 인터뷰를 통해 "지능형 섬유는 설계 단계에서부터 제품 사용 이후를 고려하여 쉽게 분해할 수 있도록 소재를 설정하고, 내부 부품 역시 재활용이 가능한 소재로 된 케이스에 넣었다"며 발명 전 과정에는 지속 가능성에 대한 고민이 항상 함께했다고 밝혔다.

옷장을 열었을 때 옷은 많아도 막상 입을 옷이 없어 고민해본 경험이 있을 것이다. 지능형 섬유가 보편화되어 옷 한 벌로도 다양한 색상을 즐길 수 있는 세상이 온다면 이러한 고민은 해결됨과 동시에 의류 폐기물 감소에도 도움이 될 수 있지 않을까?

홍콩에 본사를 둔 환경 NGO 리드레스Redress의 2020년 조사에 따르면, 홍콩 주민 5명 중 2명이 1년도 안 되어 옷을 버린다. 이로 인해 매일 404톤의 섬유 폐기물이 발생하고 있다고 한다. 한편, 홍콩 환경보호부Environmental Protection Department는 홍콩 내 3개 쓰레기 매립지가 2022년 기준 연간 574만 톤의 고체 폐기물을 처리했다고 밝혔으며, 2030년에 이르면 모든 쓰레기 매립지가 포화 상태에 이를 수 있다고 우려한 바 있다. 의류 소비 주기가 짧아진 만큼 의류 폐기물 문제는 결코 홍콩만의 문제가 아닐 것이다.

가치 소비 트렌드에 부합하는 산업

무역 전문 분석 기관인 OEC에 따르면, 2022년 한국 의류 폐기물 수출량은 미국, 중국, 영국, 독일을 이어 전 세계 5위를 기록했다. 국내 의류 소매 판매액이 해마다 급증하면서 재고 폐기 증가가 가속화됐기 때문이다. 국가 통계 포털 KOSIS에 따르면, 2022년 기준 국내 발생 의류 폐기물은 10만 6,000톤으로 하루 평균 290톤이다. 환경에 대한 우려가 커짐에 따라, 지속 가능한 패션에 대한 소비자 인식이 확산하고 있다. 미국 친환경 패션 브랜드 파타고니아는 대부분 제품에 유기농 순면, RWS 인증 울, 천연고무, 여러 리사이클 소재 등 환경 친화적인 소재를 사용함으로써 지속 가능한 패션에 기여하고 있다. 한편, 업사이클링 가방을 제작하는 스위스 브랜드 프라이탁은 MZ세대의 '가치 소비' 트렌드와 함께 한국에서도 꾸준히 인기를 얻고 있다. 전 세계적으로 지속 가능한 패션에 대한 인식이 확산되고 있는 가운데, 인공지능 기술이 적용된 지능형 섬유는 패션계 얼리 어답터들의 마음을 사로잡기 충분한 소재가 될 것이다.

2024 대구 국제 섬유 박람회를 주관하는 대구경북 섬유 산업 연합회는 2025 S/S 원단 트렌드로 '적응성'을 선정했다. "소비자들은 그 어느 때보다 다중적인 취향을 가졌으며 다양한 TPO Time, Place, Occasion를 충족시키기 위한 상품을 찾기 위해 노력한다. 이러한

UPW와 에이드랩이 제작한 인텔리전트 스카프. 출처: UPW Marketing 유튜브

상황 속에서 기술과 지속 가능성의 결합, 특히 AI와 결합한 패션 공정은 개인화된 디자인, 효율을 극대화한 조직 관리로 이에 대한 해답을 내놓기 시작했다. 이제 단 하나의 소재로도 다양한 요구를 만족시킬 수 있는 유연하고 탄력적인 적응성이 새로운 생존 전략으로 부각된다"며 트렌드 선정 이유에 대해 밝혔다.•

이러한 트렌드와도 부합하는 지능형 섬유로 만든 패션 잡화라면 지속 가능성과 개성 있는 소비를 중시하는 한국 소비자들에게도 큰 인기를 끌 수 있지 않을까?

이원준(홍콩무역관)

• 프리뷰인대구, 「2025 S/S Fabric Trend」.

지속 가능한 플랫폼

| 지속 가능한 플랫폼 |

환경을 생각하는
착한 투자 플랫폼

런던

  지구의 기온이 상승하고 있다. 전 세계의 사람들은 국가, 인종, 남녀노소를 막론하고 지구온난화를 멈춰야 한다는 초대형 공동 과제에 직면했다. 세계 곳곳에서는 지구의 열기를 식히기 위해 범세계, 국가(정부), 지역사회, 단체, 가정, 개인 차원에서 제각기 다양한 노력을 하고 있다. 영국과 한국을 포함한 세계 여러 국가가 2050년까지 탄소 중립 목표를 달성할 것을 표명하고 각종 정책과 캠페인을 통해 탄소 배출을 줄이기 위해 부단히 노력하고 있다.

  기업들은 자발적으로도 규제 준수를 위해서 탄소 배출량을 줄이기 위해 전에 없던 새로운 노력을 하고, 그에 따른 추가 비용을 지불하고 있다. ESG 전담 부서를 신설하고, 친환경 캠페인을 실시하는가 하면 자사 제품의 친환경 특성을 더욱 강조해 광고를 하기 시작했다. 특히 소비자의 ESG에 대한 의식이 커지면서 기업에서는 더 이상 선택이 아닌 필수 사항이 되어가고 있다.

친환경 기업만 살아남는 시대

친환경적이어야 소비자의 관심과 사랑을 받는 시대가 왔다. 그래서 기업들은 너 나 할 것 없이 자사가 친환경적인 기업이고 친환경 제품을 판매한다며 선전한다. 그러다 보니, 개중에는 친환경적인 척하는 기업도 나타나기 시작했다. 전문 용어로는 '그린워싱 Greenwashing'•이라고 불리는데, '녹색'과 '세탁'의 합성어인 이 용어는 우리말로 위장 환경주의라고 한다. 실제보다 더 친환경적인 것처럼 과장해 마케팅하는 행위 그리고 환경에 악영향을 끼치는 제품이면서도 친환경 제품인 척 가면을 씌워 판매하는 행위 모두를 포함한다. 일종의 소비자에 대한 기만 행위인 셈이다.

전 세계적으로 이러한 그린워싱 방지를 위한 각국 정부와 관련 당국의 규제가 강화되는 추세다. 지속 가능 경영을 위한 솔루션을

• 1980년대 미국의 환경운동가 제이 웨스터벨트 Jay Westervelt가 기업의 가짜 친환경 홍보를 비판하며 처음 제시한 용어다.

제공하는 비즈니스들도 우후죽순 생겨났는데, 영국의 한 회사는 수많은 환경 프로젝트를 평가하여 믿을 만한 환경 프로젝트를 선별해주는 솔루션을 제공하고 있다. 환경 프로젝트가 실제로 얼만큼 친환경적인지를 평가하고, 믿을 수 있는 프로젝트만을 선별해 고객사에 투자 상품으로 판매하는 서비스다. 이를 통해 기업은 그린워싱 리스크가 없는 신뢰성 높은 환경 프로젝트를 식별할 수 있게 되어, 우량 프로젝트에 안심하고 투자할 수 있게 된다. 기후 변화와 생태계 붕괴를 연일 경고하는 수많은 뉴스 헤드라인 속에서 '안티 그린워싱 Anti-Greenwashing' 파트너로 혜성같이 등장한 기업 '얼슬리 Earthly'가 그 주인공이다.

◉ 다음 세대를 위해 만들어진 기업

"아버지 세대는 기후 위기와 생물 다양성 위기의 심각성을 이미 알고 있었는데 왜 더 많은 일을 하지 않았어요?"

얼슬리의 공동 창업주 올리버 볼튼 Oliver Bolton 의 아들이 세상에 태어난 날, 기후 변화에 관한 정부 간 협의체 Intergovernmental Panel on Climate Change, IPCC*에서 지구온난화를 1.5°C로 제한하는 일의 시급성

- 기후 변화 문제에 대처하기 위해 세계 기상 기구 World Meteorological Organization, WMO 와 유엔 환경 계획 United Nations Environment Programme, UNEP이 1988년에 공동 설립한 국제기구로 기후 변화에 관한 과학적 규명에 기여하는 정부 간 협의체다.

에 대한 보고서를 발표했다. 그 과정에서 볼튼은 10년 후 아들과 의 대화를 상상하지 않을 수 없었고, 그 순간 기후 위기에 맞서 싸워야겠다는 깊은 다짐을 하게 됐다고 한다. 자연 기반 해법 Nature-based Solution, NbS● 플랫폼 얼슬리의 시작이다.

- 2008년 세계은행에서 생물 다양성 보전과 관리가 기후 변화에 대한 대응 및 적응에 기여할 수 있다는 취지로 처음 소개되었다. 생태계를 보호하거나 지속 가능하게 관리하고 복원함으로써 기후 변화, 식량, 물, 재해 위험, 건강 등의 사회문제를 효과적으로 해결하는 것을 뜻한다.

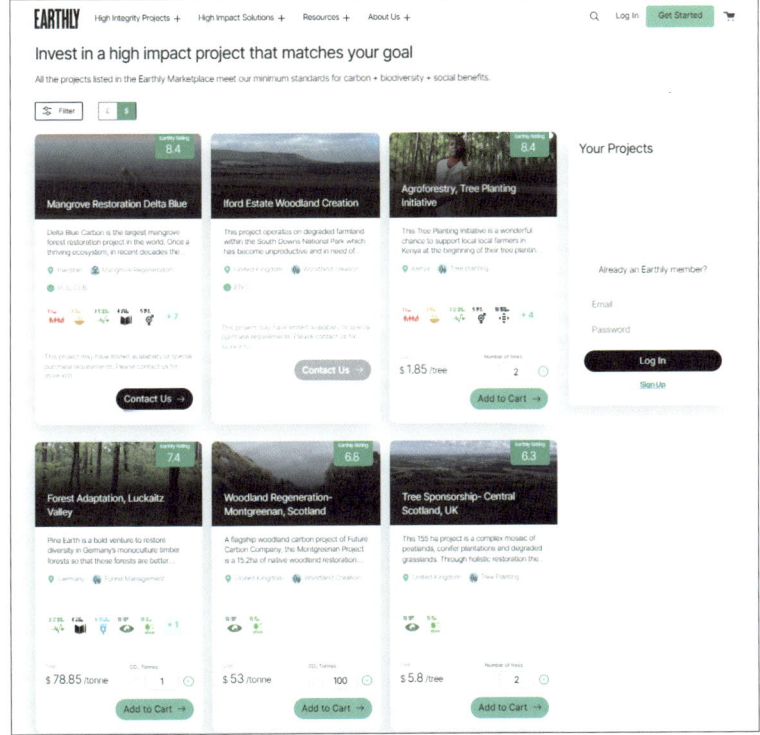

얼슬리 마켓 플레이스. 출처: 얼슬리 웹사이트

얼슬리의 공동 창업주인 로렌조 쿠르치Lorenzo Curci와 볼튼은 오늘날의 많은 탄소 저감 프로젝트에 품질 관리와 투명성이 결여되어 있다는 문제점을 인식했다. 달리 말하면, 그린워싱에 해당하는 프로젝트가 많다는 의미이기도 하다. 최근 ESG가 글로벌 트렌드이자 새로운 규범이 되면서 더 많은 기업이 친환경 캠페인에 동참하고 있는데, 그린워싱이 만연한 환경에서는 기업들이 자연 기반 해법을 활용한 프로젝트를 제대로 식별할 수 없다는 것이 두 사람의 결론이었다. 2018년, 결국 두 사람은 자연 기반 해법 프로젝트를 평가 선별하고 그에 대한 투명하고 정확한 정보를 제공함으로써 기업들이 프로젝트에 적극적으로 참여할 수 있도록 하자는 미션을 품었다.

투자 상품이 된 환경 프로젝트

얼슬리의 서비스는 크게 프로젝트 상품 판매와 솔루션 제공 두 가지로 나뉘는데, 고객은 얼슬리가 직접 평가하고 선별한 자연 기반 해법 프로젝트에 투자하거나 고객의 개별 수요에 맞춘 새로운 프로젝트를 시작할 수 있다.

먼저 기본적인 프로젝트 상품 판매는 어떻게 이루어지고 있는지 살펴보자. 얼슬리는 자사 웹사이트를 마켓 플레이스로 삼아 자연 기반 해법 프로젝트를 상품 형태로 판매하는데, 주로 나무를 심는 식목 프로젝트, 삼림 지대 및 이탄지 peatland* 등 자연환경을 복구하거나 생물 다양성을 보전하는 프로젝트 등이 있다. 프로젝트가 진행되는 지역은 영국, 독일, 스페인 등의 유럽부터 에티오피아, 케냐, 마다가스카르 등의 아프리카까지 다양하다. 고객은 마치 온라인 쇼핑을 하듯이 스크롤을 내리면서 프로젝트의 상세 설명을 읽은 뒤 원하는 프로젝트 상품을 선택하는데, 프로젝트별로 원하는 수량만큼 장바구니에 담아 결제하면 된다.

여기서 구매는 곧 프로젝트 지원이다. 얼슬리에서는 이를 두고 "투자한다"고 표현한다. 고객의 프로젝트 지원, 즉 달리 말해서 투자 활동은 이산화탄소 저감, 환경 복구와 같은 물리적인 결과로 이어진다. 투자수익은 고객사(투자 기업)의 지속 가능 경영의 실천과 탄소 중립에 기여한다는 가치 그 자체가 된다. 기업은 이를 통해 친환경 기업으로서 이미지를 제고함으로써 더 많은 외부 이해관계자의 관심과 지원을 받을 수 있게 된다.

얼슬리가 실제로 판매하고 있는 프로젝트 상품 하나를 예시로 고객 여정을 살펴보자. 고객은 케냐의 나무 심기 프로젝트 상품을 구매하려고 한다. 이 상품은 케냐의 현지 농부들이 TIST 프로그램 The International Small Group and Tree Planting Program*의 일환으로 농지에 나

- 해안 습지, 배후 습지 등에서 수생식물, 정수식물의 유해가 미분해되거나 약간 분해된 상태로 두껍게 퇴적된 토지다.

무를 심는 것을 지원하는 프로젝트다. 지원을 위해서는 1그루당 1.45파운드(약 2,542원)로 책정된 나무를 원하는 수량만큼 구매하면 되는데, 가령 최소 구매 수량인 2그루를 구매한다면 케냐의 농부가 심게 될 나무 2그루를 지원하게 되는 것이다. 원한다면 매달 2그루씩 지원하는 정기 결제를 선택할 수도 있다. 일종의 지원 정기 구독 서비스인 셈이다.

- 케냐, 우간다 등 동아프리카 지역과 인도 등지에서 진행되는 농부 주도의 혁신적인 산림화 프로젝트로, 소규모 자작농이 소유한 토지에 직접 나무를 심고 유지 및 관리하면 자발적 탄소 시장에서의 탄소 배출권 판매 수익의 최소 70%에 해당하는 탄소 선지급금을 받도록 한다.

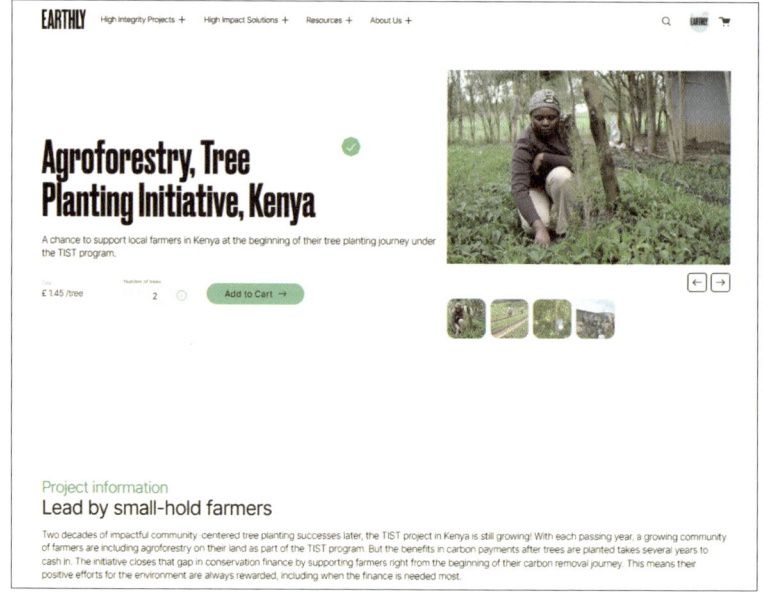

프로젝트 상품 예시. 출처: 얼슬리 웹사이트

나무를 심는 은행

얼슬리는 프로젝트 판매에 그치지 않고 고객의 개별 수요에 따른 맞춤형 솔루션도 제공한다. 고객사는 선호하는 가치와 예산 규모에 맞게 새로운 프로젝트를 만들거나, '자동화 투자Automated Investment'라는 흥미로운 서비스를 이용할 수 있다. 이 서비스는 고객 비즈니스에 얼슬리의 서비스를 접목시켜 고객사에서 특정 이벤트가 발생할 때마다 자동으로 자연 기반 해법 프로젝트에 투자가 이루어지게끔 한다. 얼슬리의 애플리케이션 프로그래밍 인터페이스Application Programming Interface, API를 고객사의 앱, 웹사이트 또는 제품에 연결해 고객의 비즈니스에 매출이 일어나는 만큼 투자하는 식이다.

스페인 최초의 모바일 전용 은행인 이매진뱅크imagineBank는 얼슬리의 자동화 투자 서비스를 도입한 대표적인 사례다. 이매진뱅크는 얼슬리와 파트너십의 일환으로 고객이 선불 카드에 가입할 때나 신규 은행 계좌를 개설할 때마다 나무 5그루, 고객이 친구 추천을 할 때마다 나무 1그루씩 심는다. 그러면 고객은 심은 나무를 통해 탄소가 얼마나 줄었는지를 확인할 수 있다. 이매진뱅크는 웹사이트 상에서 지금까지 총 44만 그루의 나무를 심었고 757톤의 이산화탄소를 상쇄했음을 자랑스럽게 홍보하면서 또 다시 고객이 지구를 위한 지속 가능한 행동에 동참하게끔 유도한다. 물론, 고

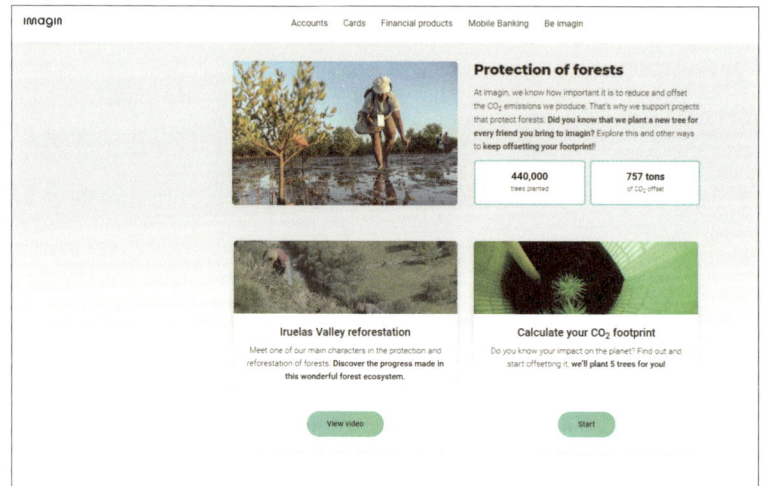

이매진뱅크의 얼슬리 서비스 활용 사례. 출처: 이매진뱅크 웹 사이트

객의 관심과 시장 참여 증가로 비즈니스 고유의 이익도 더욱 증가하는 양상을 보인다.

주목받는 기후 테크 기업의 성장 비결

2018년 설립 이후 긴 시간이 지나지 않았음에도 불구하고 얼슬리는 구글, 원 플래닛 캐피탈One Planet Capital과 같은 영향력 있는 투자가의 지원을 통해 이노센트Innocent, 액티비전Activision, S&P 글로벌S&P Global 등의 기업을 주요 고객으로 삼을 수 있게 되었다. 그리고 특히 괄목할 만한 성과는 2023년 유엔 기후 변화 협약 당사국 총회 COP27 당시 기후 행동에 대한 혁신과 창의성을 촉진하기 위해 개최된 '기후 테크 달리기 ClimaTech Run' 대회에서 최종 2위 기업으로 선정된 것이다. 얼슬리가 설립 5년 만에 전 세계적으로 인정받을 수 있게 된 성장 비결은 무엇일까?

첫째로, 탄탄한 과학기술 기반의 솔루션을 제공한다는 점을 들 수 있다. 앞서 언급한 것처럼, 쿠르치와 볼튼은 오늘날의 자연 기반 해법 프로젝트의 실효성에 대한 문제의식을 갖고 출발했다. 제대로 된 평가가 먼저 이루어져야 한다는 것이었다. 얼슬리 팀은 크게 사람, 탄소, 생물 다양성이라는 3가지 기준으로 프로젝트를 평가하는데, 기술적으로는 64개 이상의 지표를 매핑하여 분석하는 방식을 사용한다. 단일 프로젝트에 대해 구글 어스 엔진 등의 위성 정보, 비제로 카본 BeZero Carbon 사 및 국제 자연 보전 연맹 International Union for Conservation of Nature, IUCN 등이 제공하는 제3자 정보, 동물의 활동 등을 포함한 eDNA 정보 등을 겹겹이 평가한다. 이 같은 분석 툴에 기반해 수많은 프로젝트를 평가한 결과, 불과 10% 남짓의 프로젝트만이 최소 기준을 충족했다고 한다. 선별된 프로젝트만을 마켓 플레이스에 선보임으로써 고객들이 그린워싱 리스크 없이 마음 놓고 진정한 친환경 프로젝트에 투자할 수 있도록 한다.

둘째로, 고객의 투자를 시각화했다는 점이다. 투자는 실물 상품 구입과 달리 물리적 실체가 없는 가치에 대가를 지불하는 행위다. 고객은 지구상에 실존하는 프로젝트를 지원하기 위해 금액을 지불했지만 실제로 심긴 나무를 볼 수는 없다. 상쇄된 이산화탄소를 눈으로 확인하는 것은 더더욱 불가능한 일일 것이다. 그렇다면 고객의 입장에서는 친환경이라는 가치를 소비하는 일이 으레 그렇듯 '어쨌거나 긍정적인 영향이 있을 거라고' 믿는 수밖에 없는 것일까? 얼슬리는 고객이 자신의 투자가 세상에 미친 영향을 눈으로 볼 수 있도록 시각적인 요소를 도입했다. 프로젝트에 투자하고 나면 고객의 임팩트 대시보드Impact Dashboard에는 지금까지의 수행한 지속 가능 활동(나무를 몇 그루 심었는지, 몇 톤의 이산화탄소를 저감했는지)이 일러스트로 나타난다. 스탠더드 이상의 유료 모델을 구독하는 고객에게는 '얼슬리 아일랜드Earthly Island'라는 서비스를 제공하기도 하는데, 투자를 하면 할수록 고객의 3D 일러스트 섬에 더 많은 나무가 생기고 섬의 생태계가 발전하는 식이다. 고객은 이러한 과정을 실시간으로 자사의 웹사이트나 소셜 미디어에 홍보할 수 있다.

이외에도 얼슬리는 고객을 위한 맞춤형 교육 세션을 운영하는가 하면 지속 가능 경영 전략에서 부족한 부분에 대한 컨설팅을 제공하기도 한다. 고객의 피드백을 적극적으로 반영하고 가능한 선에서 개별 수요를 모두 맞춰주려고 노력한다. 얼슬리가 지금의 모습으로 성장할 수 있었던 것은 기업들이 조금이라도 더 쉽고 안전하게 지속 가능성에 다가갈 수 있도록 하고, 지구를 위하는 일을 실천할 수 있도록 열심히 고민한 까닭이지 않을까.

Impact to date

Supported projects

임팩트 대시보드. 출처: 얼슬리 웹 사이트

얼슬리 아일랜드. 출처: 얼슬리 웹 사이트

런던 ● **327**

자연 기반 해법에 대한 국내 인식

유엔은 2021~2030년의 10년을 상처받은 지구를 치료하는 기간으로 정하고, 전 세계 75개국의 지원을 통해 이를 이행하고 있다. 우리나라는 인식 부족으로 아직 참여하고 있지는 않지만, 비교적 최근에는 자연 기반 해법이 지닌 효용과 가치에 대한 관심이 커지고 있는 것으로 보인다. 2024년 4월에는 자연 기반 해법의 적용과 확대, 습지 연계 등을 내용으로 한 포럼이 개최되었다. 한국의 생태에 맞는 자연 기반 해법의 추진을 위해 정부, 전문 기관, 학계 및 시민 단체가 함께 논의하기 시작했다. 이렇듯 국내에서는 아직 인식이 한창 형성되고 있는 단계로, 얼슬리와 같은 기업이 탄생하기까지는 시간이 조금 더 필요할 것 같다.

한국 환경 산업 기술원은 자연 기반 해법이 혁신적이고 복잡한 사회적, 생태학적 시스템을 중심으로 추진되기 때문에 감시하고 평가하기가 어렵다는 한계를 지적했다. 또한 기업은 주로 대규모 투자에 대해 단기적인 수익을 기대하지만 자연 기반 해법의 혜택은 장기적으로 보아야 한다는 점도 언급했다. 과연 우리나라 전문 기관의 시각에서 얼슬리의 프로젝트 평가 체계와 비즈니스 모델이 긍정적인 평가를 받을 수 있을지도 확실치 않다. 그러나 자연 기반 해법의 추진을 활성화하고 더 많은 기업이 탄소 중립에 기여하는 투자를 하도록 장려하는 비즈니스를 반기지 않을 이유는 없다.

모든 기업이 쉽게 친환경 프로젝트에 참여하기 위해서는 정부와 기관 주도로 논의되고 있는 자연 기반 해법에 대한 인식을 개인 차원으로 확산하는 일이 중요할 것이다. 얼슬리가 영국 정부의 주도나 지원이 아닌, 한 아버지 개인의 인식 위에서 싹튼 것처럼 말이다.

장윤지 (런던무역관)

| 지속 가능한 플랫폼 |

사람과 지구를 생각하는 업사이클링 농업 플랫폼

아크라

    카카오 열매의 씨인 카카오 콩은 말려서 가공한 후 초콜릿 원료로 사용된다. 아프리카에서는 가나, 코트디부아르 등 서부 아프리카 지역이 "코코아 벨트"라고 불리며 카카오 열매에서 코코아 재배가 활발하게 이루어진다. 이를 생계 수단으로 하는 농부도 많다. 그런데 서아프리카 지역의 카카오 농부는 종종 열악한 생계를 꾸려나가는 경우가 많았다. 카카오 열매 재배 지역에서는 아동이 노동에 투입되는 경우도 있고, 산림이 파괴되기도 한다. 이로 인해 농촌 지역의 경제는 정체되는 등 부정적인 결과로 이어지는 경우도 있다.

KOA가 추구하는 유엔 지속 가능 발전(SDGs) 목표.   출처: KOA 임팩트

스위스의 아니안 슈라이버 Anian Schreiber 와 벤저민 쿠스닉 Benjamin Kuschnik 는 태양광을 이용한 지속 가능한 가나 농업에 대해 고민하다가 카카오 열매가 카카오 콩 외에도 많은 것을 제공할 수 있겠다는 업사이클링 아이디어를 떠올렸다. 이들은 카카오 열매에서 카카오 콩을 추출한 후 버려지는 대부분의 카카오 과육을 상품화한다는 콘셉트로, 2017년 가나에 KOA라는 스타트업을 설립했다. 이후 카카오 과육을 활용한 상품군을 확장, 출시하는 등 부가 가치를 높이고, 이를 위해 1차 가공한 과육 비용을 농부들에게 추가로 환원하며, 가공 과정에서 이동식 태양광 발전기를 활용하는 등 지속 가능한 비즈니스 모델을 제시하고 있다.

● 발상의 전환, 카카오 과육

카카오 열매는 카카오 콩 25%, 펄프라고도 하는 과육 25%, 허스크라고도 하는 껍데기 50%로 이루어져 있다. 카카오 콩은 초콜

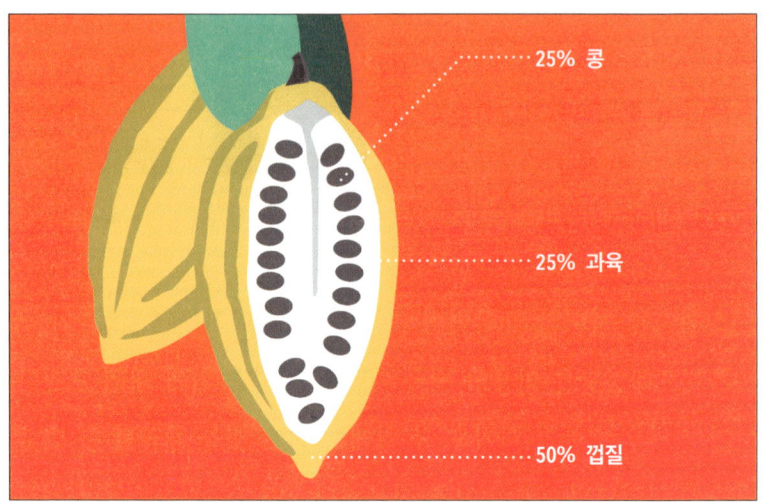

카카오 과육의 모습.   출처: KOA 임팩트

릿의 주원료이나, 과육은 대부분 쓰레기로 버려졌다. 그러나 KOA는 카카오 열매를 채집하는 농부들에게 카카오 과육을 처리하는 새로운 지식과 방법을 가르쳤다.

KOA는 카카오 과육을 활용한 제품 개발로 기존에 간과되었던 부분을 새롭게 활용했다. 과육을 가공하여 주스, 농축액, 플레이크, 파우더, 제과, 아이스크림 등 다양한 상품으로 개발하는 등 천연 카카오 제품으로 이전에는 알려지지 않은 맛을 시장에 제공하여 식음료 산업에 새로운 가능성을 개척하고 있다. 또한 이 과정에서 과육 부분을 최대한 활용함으로써 기존 카카오 콩 위주 채집시와 비교하여 카카오 열매에서 버리는 부분을 40%가량 줄였다.

2021년 초 세계적인 프리미엄 제과 브랜드인 린트 앤드 슈프

린트글리Lindt & Sprüngli는 건조 코코아 과육으로 단맛을 낸 초콜릿 바 시리즈를 출시하기 위해 KOA와 파트너십을 맺었다. 그 결과 린트 앤드 슈프륀글리는 82% 코코아와 18% KOA 코코아 과육 파우더로 만든 제품을 새롭게 출시하기도 했다.

농가의 추가 수입원

KOA는 농가에서 카카오 열매를 채집할 시 카카오 콩뿐만 아니라 과육에 대해서도 대금을 지급하여, 소규모 농부들이 생산 당일 추가 소득을 얻게 했다. 이로 인해 농가 생계는 향상되었고, 보

KOA, 공정무역, 열대우림 연맹 간 농가 수입 비교. 출처: KOA 임팩트, 공정무역, 열대우림 연맹

다 안정적으로 카카오 열매 채집에 종사할 수 있게 되었다.

1톤의 카카오 콩은 평균적으로 3.3톤의 콩, 과육 혼합물에서 나온다. 3.3톤은 220개의 버킷을 채우는 양이며, KOA는 이 버킷을 가지고 과육을 회수한다. 농부는 평균적으로 버킷당 16가나세디를 벌게 된다. 따라서 1톤의 카카오 콩 수확 시 농부는 과육과 함께 3,520가나세디(약 30만 원)의 소득을 얻는다. 2023년 9월 12일 기준으로 3,520가나세디는 307달러에 해당한다. 이는 동일한 카카오 콩 1톤당 공정무역가로는 240달러, 열대우림 연맹가로는 70달러를 책정한다는 사실을 고려할 때 상당히 높은 소득이다.

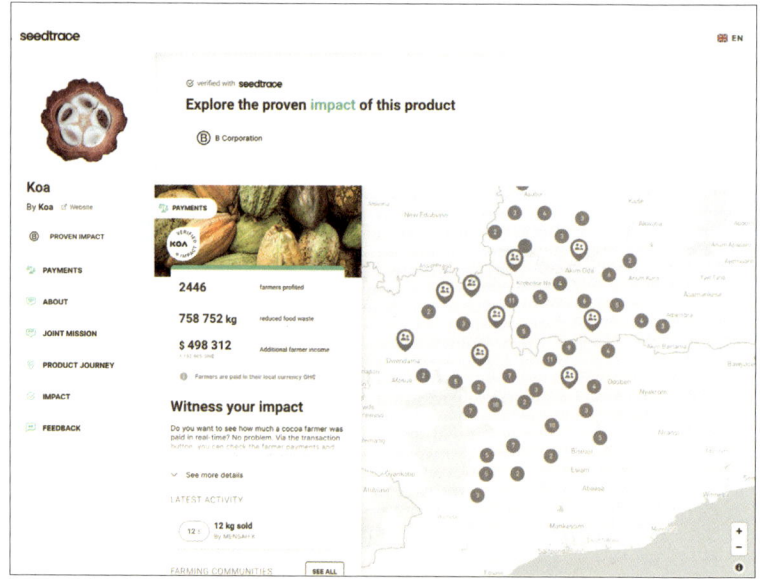

KOA와 협업하는 농가들의 카카오 열매 쓰레기 절감량과 농가 부수입 누적액.   출처: KOA 임팩트

🔵 블록체인 기술 통해 하는 수익 관리

카카오 콩 및 과육 재배 실적에 대한 대금은 각 농가에게 당일 100% 지불되고 있다. 중개인 없이 KOA가 직접 모든 카카오 농부와 직접 거래하는 점이 특징이다. 또한, 가나의 통신사 및 블록체인 기술 기업과 제휴하여, 농민들이 휴대전화로 손쉽게 그 내역을 확인할 수 있도록 하였다. 수확대금은 가나 통신사 MTN을 통해 모바일 머니로 농부들에게 지급된다. 이 거래 건은 자동으로 대금 이력 관리 파트너인 시드트레이스Seedtrace에 알림을 보내며, 시드트레이스는 KOA의 지급 내역과 MTN의 정보를 비교한다. 데이터가 일치하면 정보가 검증되고 블록체인에 수정 불가능한 형태로 저장된다. 블록체인으로 기록하기 때문에 대금 지급 이력은 투명하게 검증 가능하다.

🔵 분산 접근 방식 도입한 1차 가공

KOA는 카카오 열매가 넓은 지역에 퍼져 재배되는 환경하에서 카카오 과육 및 콩을 추출, 가공하는 밸류체인에 대해 고민했다. 그리고 취리히연방공과대학교와 취리히응용과학대학교, 가나의 케이프코스트대학교와 협력하여 현지 여건을 기반으로 혁신적인

코코아 열매 1차 가공을 위한 CMPU 태양광 발전. 출처: KOA

가공 방법을 개발했다. 이 방법은 "분산 가공 Decentra Processing"이라고 불리며, 카카오 주스 및 과육의 추출 과정을 분산시켜 각 단계가 다른 장소에서 이루어지게 한다. 농장에서 카카오 열매를 채집한 후, 주스와 과육은 KOA의 이동식 가공 장치인 CMPU community mobile processing unit를 사용하여 추출된다. 기존의 열대우림 한가운데 채집 환경에 이동식 태양광 발전기를 접목함으로써 각각의 지역사회에서 1차 가공이 가능하다.

 태양광 패널이 기계에 전기를 공급하여 외딴 지역에서도 가동이 가능하다. 카카오 콩과 과육 주스를 각각 추출한 후, 카카오 콩은 농부들이 다시 가져가서 코코아 생산을 위해 발효 과정을 거친다. 한편, KOA는 신선한 코코아 펄프와 주스를 현장에서 즉시 냉장 보관 처리한 후, 아신 아크로폼Assin Akrofuom에 있는 KOA 가공공장으로 운송한다. 단 3시간 안에 KOA 제품은 살균, 포장되어 배송 준비가 완료된다. 고품질을 유지하며 유럽 등 세계 각지로 전달된다. 이러한 분산 접근 방식으로 KOA는 여러 군데에 넓게 퍼져서 분포한 소규모 농부들과 직접 협력할 수 있다.

전체 생산 과정에서 모든 위생 규정을 준수하는 데에도 신경을 많이 쓴다. 이를 위해 각 단계에서 철저한 품질 검사를 수행하고 실시간으로 공정에 대해 디지털로 모니터링하고 있다.

● 지역사회에서 인정받는 KOA

KOA 제품의 밸류체인을 구축해가는 데 있어 농부들과 지역사회가 중심적인 역할을 했다. 그간 카카오 열매를 재배하면서 자연스레 체득한 경험, 지식은 KOA에게 꼭 필요했고 농부와의 성공적인 파트너십을 위해서는 농부들이 전체 과정의 일원이 되는 것이 중요했다. KOA는 지역사회와 파트너십을 확대하고 있으며, 그 결과 35개 커뮤니티의 1,600명 이상의 농부들과 파트너십을 맺었다. 한편으로는 국제적인 경험을 가진 전문가들을 고용하고,

다른 한편으로는 가나의 농촌 지역사회에서 젊은이들을 고용하여 그들에게 새로운 삶의 전망을 제공하는 등 지역사회의 일자리 창출에도 많은 신경을 쓰고 있다.

또한 KOA는 카카오 열매를 채집, 가공하는 과정에서 지속 가능한 혁신을 지속하고 책임 있는 사회적 기업으로 인정받아 2022년 11월 16일 95.7점으로 'B 코퍼레이션 B Corporation' 인증을 취득하였다. 비즈니스를 선한 힘으로 사용하며 사회적 및 환경적 영향의 높은 기준을 충족하는 기업 공동체의 일원이라는 의미다. 2022년 5월에는 아프리카 최대 코코아 과일 공장 건설 등을 위한 시리즈 A 투자금 1,000만 달러를 확보했다.

시리즈A 투자금을 바탕으로 2023년 8월 25일 KOA는 가나 동부 지역 아킴 아키아스 Akim Achiase에 두 번째 카카오 열매 가공 공장을 오픈했다. 이 새로운 공장을 통해 KOA는 250개 새로운 일자리를 창출하고, 생산 능력이 10배 증가하며, 추가로 1만 명의 소규모 카카오 농부와 협력할 수 있게 되었다. KOA는 2017년 설립 이래 2023년 8월까지 800톤의 카카오 열매를 업사이클링했다. 2,200명의 코코아 농가가 KOA와 협력하고 있으며, 이를 통해 농가는 총 230만 가나세디(약 30만 달러)의 수익을 얻었다. 2023년 12월 연구 개발 등 카카오 업사이클링을 확장하기 위해 1,500만 달러 규모의 시리즈B 라운드를 마감했다.

🔹 지속 가능한 농업에 대한 관심도와 규제 증가

KOA는 카카오 농부들의 소득 향상, 경제성장 촉진, 일자리 창출, 식품 낭비 최소화 또는 완전 제거, 태양에너지 활용을 목표로 하고 있다. 7년 전 발상의 전환으로 시작한 것이 이제는 모두에게 혜택을 주는 지속 가능한 개념으로 발전했다. 카카오 농부들과 그 가족은 추가 소득으로 생활조건이 개선되었고, 열매 가공에 태양광을 활용하여 탄소 발자국을 줄이고 있으며, 카카오 열매에서 버리는 양을 최대한 줄이는 방식으로 환경을 지속적으로 개선해나가고 있다. 과육을 활용한 다양한 제품 출시로 최종 소비자 및 투자자도 혜택을 보고 있다. 이렇듯 지속 가능한 카카오 재배의 사례를 통해 유엔이 제시한 빈곤 퇴치, 일자리 창출, 경제 발전, 책임감 있는 생산 등 여러 지속 가능 개발 목표를 달성 중이다.

최근 유럽은 2020년 말 이후부터 개간된 숲에서 재배된 코코아는 초콜릿 생산 재료로 사용될 수 없으며, GPS 위치 정보가 있는 코코아만 원료로 구매가 가능하게 하는 등 규제를 강화하고 있다. 코코아 농장 추적 제도 협약에 서명한 국가도 가나와 코트디부아르를 포함하여 증가하는 추세다. KOA 사례와는 약간 다르지만, 환경에 대한 중요성이 강조됨을 시사한다.

우리나라의 임금 구조는 가나와는 다르기 때문에 KOA와 같은 사례는 쉽지 않을 것이다. 대신 한국 음식에 대한 인기가 점점 많

(위) 코코아 열매를 들고 있는 농부.
(아래) KOA의 제품을 들고 있는 농부.

출처: KOA
출처: KOA

아지는 요즘, 농산물과 식품에 대해 초기 단계부터 이력 관리를 하고 이를 해외 진출 시에도 널리 홍보하면 더 많은 해외 진출 기회가 열릴 것이라 기대해본다. 참고로 우리나라는 농산물 이력 추적 관리를 통해, 농산물의 안전성 등에 문제가 발생할 경우 해당 농산물을 추적하여 원인을 규명하고 필요한 조치를 할 수 있도록 농산물의 생산부터 판매까지 각 단계별로 정보를 기록 및 관리하고 있다.

황홍구(아크라무역관)

| 지속 가능한 플랫폼 |

할머니의 손과
테크의 만남으로 지키는 지구

파리

"7살에 처음 뜨개질을 시작했어요. 이모한테 배웠죠. 이후로 지금까지 뜨개질을 손에서 놓아본 적이 없어요. 지금은 스타트업 '할머니의 손Les mains de Mamie' 고객들을 위해 한 주에 옷을 두세 벌 뜨고 있습니다. 완성된 옷을 보낼 때마다 입을 사람을 생각하면서 손편지를 써요. 이 옷을 만들면서 제가 행복했던 만큼, 이 옷을 입는 당신도 똑같이 행복하면 좋겠다고요. 진심이에요. 우리가 만든 옷을 입는 젊은이들이 늘어나는 것을 보면서, 우리도 삶의 활력을 느끼거든요."

올해 83세인 전직 은행원, 모리세트 할머니의 말이다. 그녀는

뜨개질하는 할머니들. 출처: 할머니의 손

늘 뜨개질을 해왔지만 전문적으로 해본 적은 없었다. 뜨개질을 진지한 직업으로 처음 생각한 것은 58세에 퇴직하고도 한참 후였다. 79세였던 2019년 '노인을 위한 웹 사이트'에 뜨개질 강습을 제공한다는 광고를 올렸고, 스웨터 스타트업 프로젝트를 막 시작한 30대의 젊은 여성 오렐리 드 바로스Aurélie de Barros에게서 한 통의 메시지를 받았다. 오렐리의 사업 계획을 처음 들었을 때는 회의적이었다. 손으로 뜬 스웨터는 시대에 뒤처진 구식이라고 생각했기 때문이다. 하지만 곧 확신을 갖고 이 젊은 여성을 따라 나서기로 했다. 이렇게 지역의 할머니들 몇 명이 모였다. 모임은 프랑스 전국으로 확장되었고, 이들은 스스로를 장난처럼 "할머니 갱단Mamie Gang"이라 부른다.

할머니가 주인공인 스타트업

2019년 프랑스 남부 해안 도시 마르세유에서 설립된 스타트업 '할머니의 손'은, 그 이름처럼 할머니들이 주인공인 회사다. 판매되는 모든 제품이 100% 할머니들의 손에서 만들어지기 때문이다. 사업 모델은 단순하다. 사이트에 올라온 다양한 니트웨어 상품을 보고 구매자가 사이즈(표준 혹은 맞춤 선택)와 디자인, 색상 등을 선택해 주문하면 뜨개질을 잘하는 할머니들(할아버지도 환영하지만 아직은 지원자가 없다)이 그에 맞게 옷을 만들어 보내주는 시스템이다.

옷을 만드는 할머니들은 모두 독립적인 자영업자로 등록되어 있고, 각자의 일정에 따라 자유롭게 스타트업의 제안을 수락한다. 스타트업 측은 옷의 본과 사이즈 정보, 실 등의 재료를 제공하고 할머니들은 완성 후 판매 가격의 30%를 보수로 받는다. 작업이 끝나면 할머니들은 작품에 직접 서명해 최종 고객(혹은 스타트업)에게 완성된 상품을 보내는데, 모리세트 할머니처럼 손 편지를 동봉하기도 한다.

기계의 힘을 전혀 빌리지 않고 사람이 직접 만들다 보니, 처음에는 보통 한 벌을 뜨는 데 20~25시간이 소요되었지만, 현재는 약 10시간 정도로 많이 줄었다. 주문 후 고객의 손에 도착하기까지는 약 20일 정도가 걸린다. 주문을 받으면 생산에 들어가는 시스템이다 보니, 재고 관리도 간단하다. 실 등 재료는 남을 수 있으나(일반적으로 한 달 매출의 8%에 해당하는 양이 남는다), 완성품이 재고로 남는 경우는 거의 없다.

'할머니의 손'은 올바른 재료를 선택하는 것을 절대적인 우선순위로 두고, 환경적 기준에 따라 엄격하게 선별된 특별한 원사만을 사용한다. 모헤어 울은 동물 친화적인 처리를 보증하는 '뮬싱 프리 Mulesing Free' 인증을 획득했고, 스페인과 이탈리아에서 방적 및 염색된다. 페루에서 생산된 후 이탈리아에서 직조 및 염색되는 알파

카 울 또한 같은 인증을 받았다. 사용되는 실크 제품은 중국에서도 뛰어난 품질로 인정받았으며, 나비가 날아가고 난 후 남은 누에고치에서 추출한 섬유를 사용한다. 이 실크 섬유는 스페인에서 방적 및 염색된다. 머서 가공 코튼은 OEKO-TEX 표준 100 & GOTS 인증을 받았으며, 이탈리아와 프랑스에서 직조 및 염색된다.

스토리가 있는 스타트업

'할머니의 손' 공동 대표인 오렐리 드 바로스와 존 드 바로스 John de Barros는 누나, 동생의 남매 사이다. 오렐리가 처음 이 사업을 구상한 것은 7년 전으로, 친할머니의 알츠하이머 발병 소식이 계기가 되었다. 평생 재단사였던 할머니가 기억을 잃는다는 사실에 충격을 받은 남매는 노인에 대한 사회적 인식이 부족해 노인들이 고립되고 있다는 문제의식을 갖게 되었고, 무엇보다 위 세대에서 내려오는 기술의 보존과 전수의 중요성에 대해 인식하게 되었다.

당시 커뮤니케이션 컨설턴트로 일하던 오렐리는 노인들과 함께 서로를 창의적으로 자극하면서 만들어낼 수 있는 일을 고민하기 시작했다. 뜨개질 워크숍과 스웨터 컬렉션을 생각하게 되었고, 그렇게 2019년 마르세유 지역을 중심으로 모집된 할머니들과 함께 뜨개질 DIY 워크숍을 개최한다. 처음에는 컬렉션보다 DIY 워크숍의 성과가 더 좋았으나 얼마 안 가 2020년 2월, 코로나19로 워크숍을 중단하게 되었다. 남매는 할머니들과의 연결 고리를 유지하기 위해 니트웨어 컬렉션에 모든 에너지를 쏟기로 한다.

'할머니의 손'이 현재와 같이 성장하기까지, 가장 큰 동력은 할머니들이었다. 할머니들의 모임이 중심이 된 이 스타트업의 인간미 넘치는 스토리에 사람들은 주목했고, 2019년 5월 시도한 펀딩 프로그램에서 목표의 111%에 달하는 약 9,000유로가 모금되었다. 그렇게 마련된 기금으로 첫 스웨터 컬렉션을 제작할 수 있었다. 그들의 첫 번째 스웨터 모델에는 '라올린다 Laolinda'라는 이름이

'할머니의 손' 창립자들.

출처: 할머니의 손

붙었다. 오렐리와 존 남매의 돌아가신 할머니 이름이다.

2022년, 오렐리와 할머니들은 TV에 출연해 직접 투자자를 찾기로 한다. 프랑스 채널 M6의 〈누가 나의 파트너가 될 것인가 Qui veut être mon associé〉라는 프로그램인데, 5명의 투자자로 구성된 심사위원단 앞에서 자신의 회사를 소개하면서 투자 유치 활동을 하는 내용이다. 결과는 대성공이었다. 프로그램의 투자자들은 '슬로 패션'과 '세대 간의 연결' 같은 가치를 장려하는 이 스타트업의 스토리에 바로 매료되었고, 그중 한 투자자가 이 기업의 '초개인화' 분야를 발전시키는 조건으로 지분의 35%를 15만 유로에 투자하기로 결정했다. 프로그램 출연으로 목표 투자 금액이 달성된 동시에 일반 소비자 사이에서도 브랜드 인지도가 크게 증가해, 방영 직후 단 24시간 만에 1만 유로 이상을 기록할 만큼 주문이 쇄도했다.

할머니들에게 있어 이 일은 기본적으로는 적지 않은 추가 수입원이 되기도 하지만, 그보다 중요한 의미가 있다. 비슷한 처지의 사람들을 만나고, 함께 의미 있는 일을 하고, 사회적으로 유용하다고 느끼며 자신이 만든 옷을 입은 사람들과 교류할 수 있어서다. 은퇴한 뜨개질 장인들의 커뮤니티, 자칭 '할머니 갱단'도 동일한 맥락에서 만들어졌다. 이 조직은 계속 확장되고 있으며, 현재는 프랑스 전 지역에 약 150명의 할머니들이 함께하고 있다. 이들의 평균 연령은 68세, 최고령자는 90세에 이른다.

은퇴한 뜨개질 장인 커뮤니티는 점점 끈끈해지고 활동도 활발

'할머니의 손'이 출연한 TV 프로그램.

출처: 할머니의 손

파리 ● 349

해지는 추세다. 뜨개질을 하지 않을 때에도 할머니들은 한 달에 한 번 이상 소모임을 하며 다과를 즐긴다. 일명 "할머니들의 브런치Mamie Brunch" 시간이다. 그뿐 아니다. 워크숍 프로그램을 마련해 일반인들을 대상으로 뜨개질, 자수, 바느질을 가르치는 활동도 하고 있다.

'할머니의 손' 대표들은 향후 지역 코디네이터를 모집해 네트워크를 더욱 체계적으로 운영할 계획이며, 무엇보다 할머니들이 직접 주문을 관리하고 고객과 대화할 수 있도록 대화형 도구를 개발하여 맞춤 서비스를 강화할 계획이다. 현재 '할머니의 손'은 프랑스 최대 규모의 뜨개질 스튜디오이자 뜨개질 단체다.

할머니들의 끈끈한 친목을 보여주는 사진.   출처: 할머니의 손

할머니로부터 전해지는 지속 가능한 패션

주로 여성들 사이에서 대대로 전해 내려온 이 뜨개질 문화는 오랫동안 대량 섬유 생산에 밀려 외면되어 왔다. 오렐리는 "우리는 대량 생산을 하지 않습니다. 우리는 세대 간 연대 시스템을 기반으로 한 새로운 모델을 제시하면서 패스트 패션에 맞서고 싶습니다"라고 말한다.

패스트 패션은 저렴한 가격에 다양한 옷을 구매할 수 있다는 장점으로 전 세계 소비자들의 호응을 얻으며 빠르게 성장했지만, 그 이면의 노동 착취, 환경 오염 등의 문제가 드러나면서 비판받고 있다. 세계의 의류 생산량은 지속적으로 증가하고 있으며, 판매되지 않고 남은 의류는 사막이나 개발도상국의 해변에 버려지고 있다. 설상가상으로 코로나19 이후 패스트 패션에서 더 나아간 '울트라 패스트 패션'이 부상하고 있다. 온라인 판매만을 중심으로 하고 초저가 경쟁을 하는 것이 특징으로, SNS 중심의 Z세대 사이에서 큰 인기를 끌고 있는 시장이다.

어찌 보면 단순한 스웨터 판매 전문 플랫폼이지만, '할머니의 손'은 다양한 사회적 가치를 만들어내고 있다. 앞서 살펴본 대로, 사회적 활동의 결여로 퇴직 이후의 노인들이 느낄 수 있는 고립감을 해소하고 사회적 주체로서 자긍심을 가질 수 있도록 기회를 부여하고 있으며, 온라인 플랫폼이라는 특성으로 주 소비자층인 젊은 세대와 직접 소통하며 거리를 좁히는 역할도 하고 있다. 이에 더해 100% 수작업으로 제작되어 오래도록 입을 수 있도록 하는 '할머니의 손'의 옷들은 패스트 패션 사업 모델의 정반대에 서서 의류 산업에도 의미 있는 비전과 대안을 제시하고 있다. 오렐리는 "우리는 의류가 세대 간 연대에 중요한 역할을 한다고 확신하고 있습니다. 프랑스 수작업 뜨개질만의 독특한 기술과 같은 장인들의 유산과 전문성을 통해 옷을 생산하는 새로운 방식을 이어 나가고 싶습니다"라며 기업이 추구하는 방향을 밝혔다.

노인이 생산자가 되는 기술

행정안전부의 2023년 주민등록 인구통계에 따르면, 지난해 우리나라의 70대 이상 인구가 20대 인구를 처음으로 앞질렀다. 현재 우리나라의 인구 고령화 속도는 유례가 없는 수준이라고 한다. 유엔은 65세 이상 인구의 비율이 7% 이상인 경우 고령화사회, 14% 이상은 고령사회, 20% 이상은 초고령사회로 분류하는데, 65세 이상 인구가 19%인 한국은 초고령사회 진입을 코앞에 둔 셈이다.

사실 고령사회라고 하지만, 의료 기술의 발달로 요즘 65세 이상의 노인들은 점점 젊어지는 추세다. 육체적으로나 심리적으로 젊음을 유지하면서 은퇴 이후에도 경제적, 사회적으로 활발한 활동을 이어가는 사람들이 많고, 이런 흐름은 앞으로 더욱 활발해질 것이다. 다만 그만큼의 일자리와 활동을 사회가 보장할 수 있는가 하는 문제가 있다. 사회가 고령화되면 행정적, 환경적으로 다양한 변화가 필요해진다. 그중에서도 역할 상실과 소외감으로 인한 노인 우울증 및 노인 빈곤에 대한 대책이 시급하다.

'할머니의 손'은 젊은 세대가 주요 주체이자 소비자인 온라인 쇼핑몰 시장에서, 노인들을 중요한 생산자로 부상시켰다. 기술에서 소외되기 쉬운 사회 구성원을 시장의 중심으로 끌고 와 역할을 부여했다는 면에서, 또한 단절되기 쉬운 두 세대를 시장 안에서 연결시켰다는 면에서, 우리가 참고할 만한 좋은 사례로 보인다.

곽미성 (파리무역관)

PART 4
Customized Experience

스마트 커스터마이징, 새로운 소비 사회를 맞이하다

일상의 솔루션이 되는
커스텀 비즈니스

| 일상의 솔루션이 되는 커스텀 비즈니스 |

운전 중인 부모 대신
우는 아기 달래주는 로봇

오사카

당신은 아기를 태우고 혼자 운전 중이다. 이때 뒷좌석 카 시트에 앉아 있는 아기가 갑자기 울기 시작한다면? 부모라면 누구나 겪어본 상황일 것이다.

일본에서는 2023년 9월 유럽연합의 유아용 카 시트 최신 안전기준(UN-ECE R129)에 따라 안전성을 높이기 위해 생후 15개월 미만까지는 차량 진행 방향과 반대로 설치한 카 시트 이용을 권장한다. 아기가 15개월이 지나도 신장이 76cm 미만이라면 카 시트를 계속 반대 방향으로 장착해야 한다. 이때 운전하는 부모는 아기와 등을 맞대게 되어, 아기의 상태를 파악할 수 없는 '차 안의 벽'과 마주해 불안한 상태가 된다.

닛산 자동차가 실시한 설문 조사에 따르면 영유아를 가진 부모 1,113명 중 60% 이상이 주 1회 이상 자주 아이와 단둘이 차에 탑승하고 있으며, 80% 이상이 "운전 중에는 우는 아이를 달랠 수 없어 불안감을 느낀다"라고 응답했다. 닛산 자동차는 이러한 부모 소비자의 불편에 주목했다.

차 안에서 아기와 놀아주는 로봇 인형

닛산 자동차는 2024년 1월 31일 부모와 아기가 차를 타고 이동할 때 뒷좌석에 있는 아기와의 소통을 돕는 로봇 인형의 콘셉

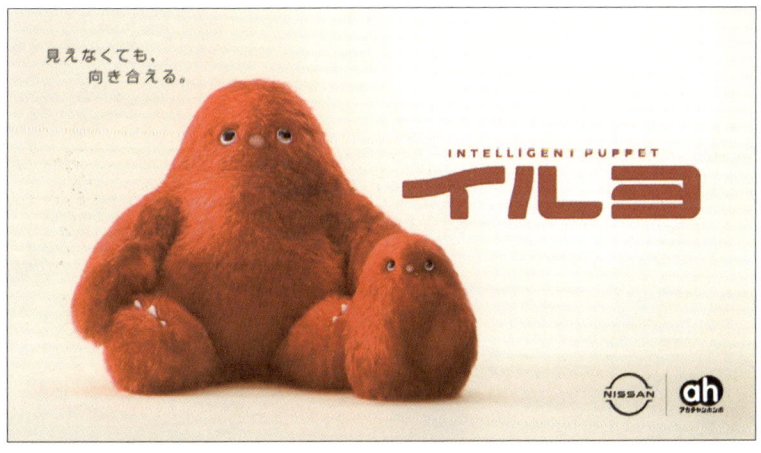

이루요 제품 사진. 출처: 닛산 홈페이지

트 모델을 발표해 언론에서 화제가 됐다. 로봇 인형의 이름은 이루요iruyo인데, 일본어로 '(아빠/엄마) 여기에 있어'라는 의미다. 부모가 아기를 달랠 때 많이 하는 말에서 이름을 따왔다. 이루요는 아기에게 얼굴이 향하도록 후방 좌석의 등받이에 고정하는 뒷좌석 본체 로봇과 운전석 옆 음료 거치대에 넣는 앞좌석 아기 로봇, 총 2개의 인형으로 구성되어 있다.

주로 움직이는 것은 뒷좌석의 본체 로봇이다. 운전 중인 부모가 '여기 있어', '여기 봐!' 등 특정 음성 명령으로 지시하면 앞좌석 아기 로봇이 이를 인식하고 뒷좌석 본체 로봇에게 전달한다. 본체 로봇은 크게 손을 흔들거나 부모가 노래하는 소리에 맞추어 움직이며 아이의 시선을 끈다. 부모가 '없다, 없다'라고 말하면 본체 로봇은 자기 얼굴을 손으로 가렸다 다시 보여주는 까꿍 놀이를 하며 움직일 수 없는 부모 대신 아이와 놀아준다.

이루요 동작 시스템. 　　　　　　　　　　　　　출처: 닛산 홈페이지

눈의 개폐로 뒷좌석 아기의 수면 여부를 알려주는 이루요.　　　　　　출처: 아카짱혼포 홈페이지

놀이뿐만 아니라 이루요는 보이지 않는 아기의 상태도 알려준다. 본체 로봇에는 내장 카메라가 설치되어 있어 아기의 얼굴을 인식하도록 설계되어 있다. 아기가 3초 이상 눈을 감고 있으면 본체 로봇은 아기가 잠들었다고 판단하고 앞좌석 아기 로봇에게 이를 전달한다. 아기 로봇은 아기를 모방해 눈을 감거나 눈을 뜨며 운전 중인 부모가 아기의 수면 여부를 확인할 수 있게 해줌으로써 안심시킨다.

🔵 소비자 심리 바탕에 둔 과학적인 접근

그렇다면 실제로 아기를 달래는 데 얼마나 효과가 있을까? 닛산 자동차는 이루요 개발 단계에서 어린이 인지행동심리학을 전문으로 하는 기타사토대학 의료위생학부와 실증실험을 시행했다. 총 11쌍의 부모와 아기를 대상으로 운전 중 환경을 재현해둔 차량에서 이루요의 유무나 동작의 유무를 다르게 하는 조건으로 이루요의 유용성을 시험했다.

실험 결과 아기의 90% 이상이 움직이는 로봇 인형을 주시했다. 아기들은 손을 뻗어 로봇 인형을 만지려고 하거나 이루요의 동작에 맞추어 팔을 흔드는 등의 반응을 보여 이루요가 아기의 관심을 끄는 효과를 입증했다. 또한 표정 분석을 통해 실험에 참여한 절반 이상의 아기가 긍정적인 감정을 느낀 것을 알아냈다.

이루요의 제품 사양에도 학계 의견이 반영됐다. 로봇 인형의 색상은 빨강, 핑크, 바닐라 총 3가지로, 아기의 관심을 끌기 쉽고 초기 시각 발달에 효과적인 빨간색을 기본 색상으로 선정했다. 모양은 인형의 팔을 최대한 길게 설계해 움직임을 최대화했다. 부모의 외모 특징과 비슷하도록 안경이나 모자를 씌우는 등 이루요를 고객 맞춤형으로 변형할 수 있도록 기획했다.

3가지 색상의 이루요 제품 사진. 출처: 닛산 홈페이지

🔵 자동차와 육아 용품의 만남

이루요는 본래 닛산 자동차의 자율 주행 기술 마케팅 캠페인의 목적으로 시작되었다. 닛산 자동차는 차량에 설치된 7개의 카메라와 5개의 레이더, GPS와 3D 고정밀 지도 데이터 등을 활용해 차량 주위의 움직임을 실시간으로 감지하고 운전을 자동화하는 '프로파일럿 ProPILOT 2.0' 기술을 선보이고 있다.

닛산은 일본 전국에 126개의 매장을 운영하는 육아 용품 소매 기업 아카짱혼포 アカチャンホンポ, 세계적인 광고 대행사 TBWA 하쿠호도 Hakuhodo와 협력해 이루요를 개발했다. 이루요는 닛산의 자율 주행 기술과 유사한 카메라 센서를 사용해 아기의 얼굴을 인식하

고 작동한다. 캠페인은 크게 성공하며 현재 상품화를 검토하고 있으며, 닛산 자동차와 아카짱혼포는 앞으로도 아기의 안전을 확보하면서 안심하고 운전할 수 있는 차내 환경 만들기를 목표로 협업을 이어나갈 계획이다.

일상에 스며드는 로봇

일본에는 도라에몽, 아톰과 같이 로봇과 인간의 교류를 다룬 만화나 애니메이션이 많다. 터미네이터 등 서양 SF영화 속 로봇들이 위험한 존재로 여겨지고 인간과 대립하는 것과는 달리 일본 작품 속에서는 귀여운 모습의 로봇이 위기에 빠진 주인공을 도와준다. 로봇에 대한 친근감을 바탕으로 한 일본 특유의 로봇관은 노동력 부족 속 산업 경쟁력 향상이라는 사회 과제와 맞물리며 일본을 전 세계 로봇 생산량의 46%를 차지하는 '로봇 대국'으로 자리 잡게 한 원동력이 되었다.

2014년 일본 소프트뱅크 로보틱스가 발매한 121cm의 감정 인식 휴머노이드 로봇 '페퍼Pepper'는 이제 음식점이나 공항, 호텔 로비 등 다양한 장소에서 쉽게 눈에 띈다. 최근에는 노인 복지 시설에서도 활약하며 제2의 인생을 걷는 것으로 알려졌다. 2020년부터 상용화된 노인 복지 시설용 페퍼는 게임이나 노래, 체조 등 레

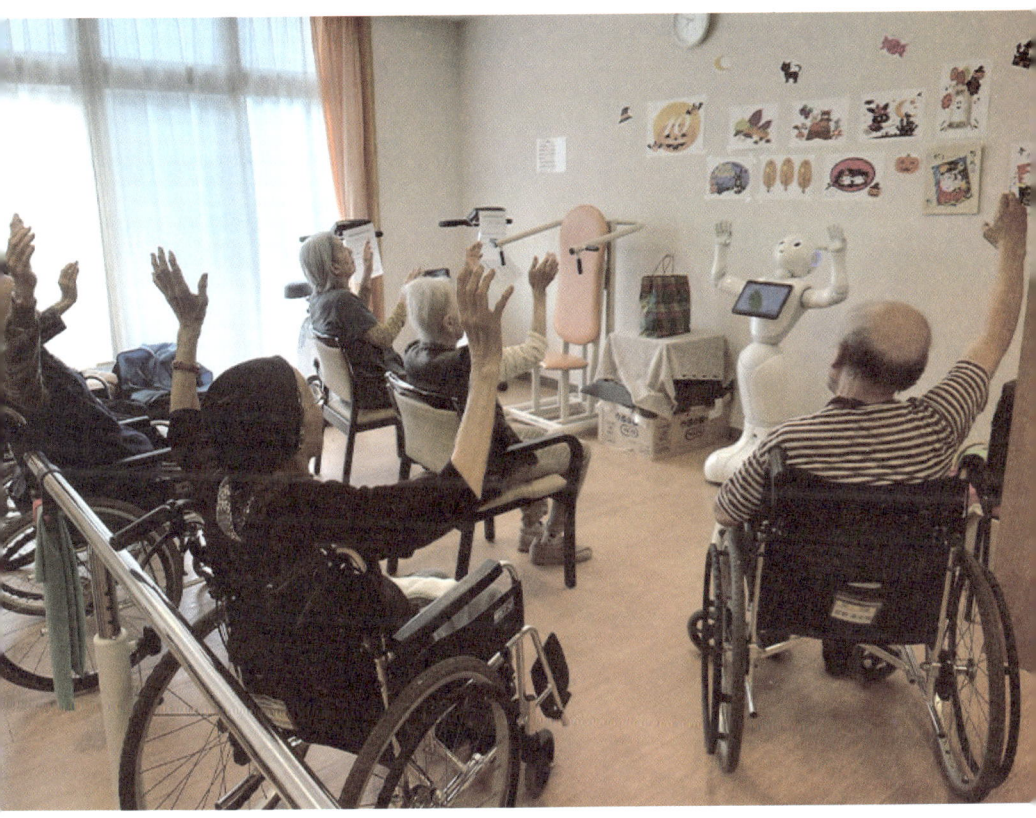

노인 복지 시설에서 레크리에이션 중인 휴머노이드 로봇 페퍼. 출처: 소프트뱅크 로보틱스 홈페이지

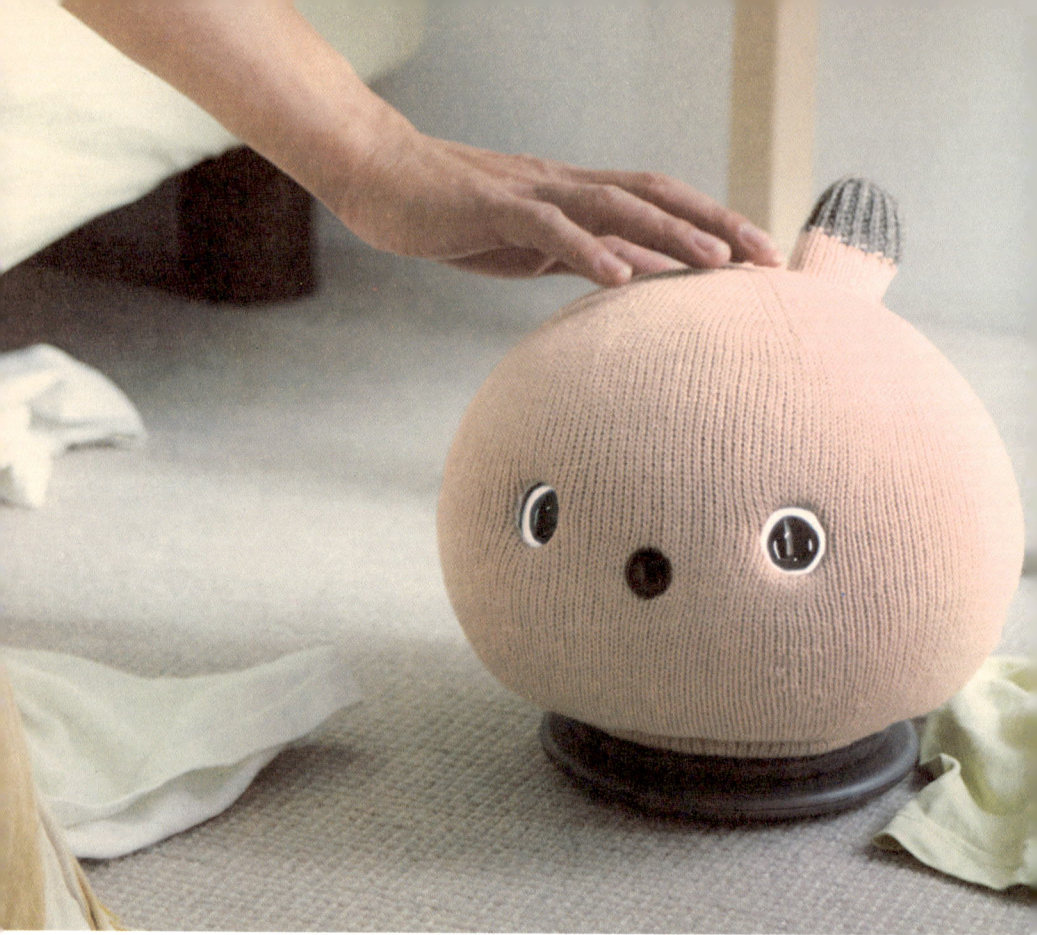

파나소닉의 반려 로봇 니코보.　　　　　　　　　　　　　　　　출처: 파나소닉 홈페이지

크리에이션 활동과 언어 훈련 같은 재활 지원 기능을 갖추고 있다. 2024년 2월에는 생성형 AI인 챗GPT를 새롭게 탑재해 시설 이용자의 좋은 말동무가 되어 감정적인 교류를 갖게 해준다. 페퍼는 초고령사회에 진입하며 수요는 늘어나나 만성적인 인력 부족에 시달리는 일본 보건 복지 업계의 해결사로 주목받고 있다.

　로봇 출시로 새로운 비즈니스에 도전한 사례도 있다. 파나소닉의 니코보^Nicobo는 둥근 신체에 꼬리가 자란 동물 같은 외형으로 쿠션과 니트 소재의 부드러운 촉감이 특징이다. 사람 대신 작업을 하는 유용한 기존 로봇들과는 반대로 아무런 도움이 되지 않는 '약한 로봇'을 콘셉트로 개발된 반려 로봇이다. 안아주거나 쓰다듬으면 눈, 몸, 꼬리를 움직이고 음성으로 감정을 표현한다. 2021년 일본 대표 크라우드 펀딩 플랫폼 마쿠아케^Makuake에서 7시간 만에 목표액 1,000만 엔(약 8,715만 원)을 달성하는 호응을 얻어 2023년 5월부터는 일반 판매를 개시했다. 가격은 6만 500엔(약 53만 원)으로 월 2,700엔(약 2만 3,500원)의 월정액 구매도 가능하다. 일본에서는 감정 공유를 할 수 있는 커뮤니케이션 로봇이 발달하며 사람들의 일상에 스며들고 있다.

다가오는 로봇 공존 사회

국제 로봇 연맹^IFR에 의하면 한국의 로봇 밀도는 1,012대로 1위를 차지하며 세계에서 처음으로 네 자릿수에 진입했다. 로봇 밀도란 노동자 1만 명당 사용되는 로봇 대수를 나타낸다. 전 세계 평균치가 151대인 것을 고려하면 약 7배 수준으로 압도적인 수치다. 이는 자동차 및 전자 산업을 중심으로 한국의 높은 자동화 수준을 보여준다. 반면 로봇 산업 기술력은 일본, 독일 등의 선두 기업 대

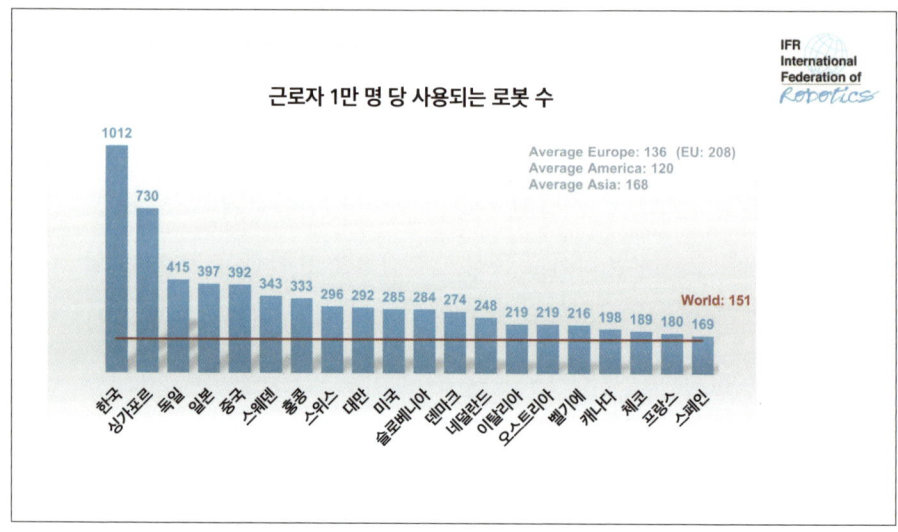

2022년 국가별 산업용 로봇 밀도.   출처: 국제 로봇 연맹, 「세계 로봇 2023」

비 낮은 편이며 핵심 기술의 해외 의존도가 높다는 과제가 존재한다.

정부는 성장 잠재력이 높은 로봇 산업을 신성장 동력으로 육성하고자 2023년 12월 「첨단 로봇 산업 비전과 전략」을 발표했다. 2030년까지 민관 협력으로 3조 원 이상 투자해 경쟁력을 강화함으로써 산업 규모를 20조 원 이상으로 확대할 계획임을 밝혔다.

로봇 공존 사회가 가까운 미래로 성큼 다가왔다. 로봇 인형 이루요가 자동차를 단순한 이동 수단에서 커뮤니케이션 공간으로 바꾸며 부모 운전자의 고민을 해결해주었듯이 로봇은 지금까지 인간의 노동력만으로는 불가능했던 것을 가능의 영역으로 바꿔나

간다. 이는 소비자 니즈의 충족을 넘어 새로운 니즈를 창출하며 로봇으로 가능한 비즈니스 영역을 더욱 넓혀갈 것이다. 인류를 더 풍요로운 삶으로 이끌어줄 새로운 로봇 비즈니스의 등장이 기대되는 이유다.

심혜지(오사카무역관)

| 일상의 솔루션이 되는 커스텀 비즈니스 |

소기업의 디지털 전환을 돕는 맞춤형 CRM

멕시코시티

메시지 답변을 깜빡해서 영업 기회를 놓친 적이 있는가? 카카오톡, 왓츠앱, 인스타그램 등 다양한 SNS 채널을 통해 쇄도하는 연락들을 받다 보면 벅차게 느껴지곤 한다. 일단 플랫폼별로 쌓인 메시지들을 정리하는 데 시간을 투자해야 하고, 어쩌면 좋은 영업 기회가 되는 리드(내 상품이나 서비스에 관심이 있는 잠재 고객)를 놓칠 수도 있다. 이런 문제를 겪고 있다면, 리드세일즈^{Leadsales}가 당신에게 이상적인 해결책이 될 것이다.

🔵 누구나 활용할 수 있는 CRM의 발명

2020년 닥쳐온 팬데믹은 우리 삶의 많은 부분을 비대면, 디지털로 전환했다. 당시 구글에서 근무하며 가업을 운영하던 로베르토 페냐카스트로Roberto Peñacastro는 온라인에서 끝없이 쏟아지는 메시지들 때문에 과부하를 느꼈다. 그는 구글에서 접한 고객 관리 도구들을 가업에 적용해보려 했지만, 중소기업이 사용하기에는 너무 비용이 많이 들고 복잡하다는 사실을 깨달았다. "누구나 활용할 수 있는, 메시지 앱과 연결되는 CRM(고객 관리)을 만들면 어떨까?"라는 아이디어가 바로 리드세일즈의 시작이었다.

리드세일즈는 2020년에 페냐카스트로와 다비드 빌라David Vila 두 사람이 공동 창업자로서 소박하게 시작했다. 두 창업자의 헌신

창업자 페냐카스트로와 빌라. 출처: 리드세일즈

과 열정으로 회사는 빠르게 성장했다. 2024년 기준 리드세일즈는 중남미 및 유럽의 15개국에 2,000여 명의 고객을 거느린 성공적인 기업이 되었고, 3명밖에 없었던 직원도 70명으로 늘어났다. 전 세계의 리드세일즈 사용자들이 처리하는 리드들을 다 합치면 분당 5,000건에 달한다.

리드세일즈는 여러 메신저 앱과 연결된 CRM 서비스다. 리드세일즈를 활용하면 각각의 메신저 앱에서 직원들이 받는 메시지를 한곳에 통합해 손쉽게 확인할 수 있다. 페냐카스트로에 따르면, 리드세일즈는 "끝없는 메시지 목록을 엑셀처럼 깔끔하게 정렬할 수 있는 앱"으로 건별 후속 조치가 이뤄지는 상황을 한눈에 파악할 수 있게 해준다.

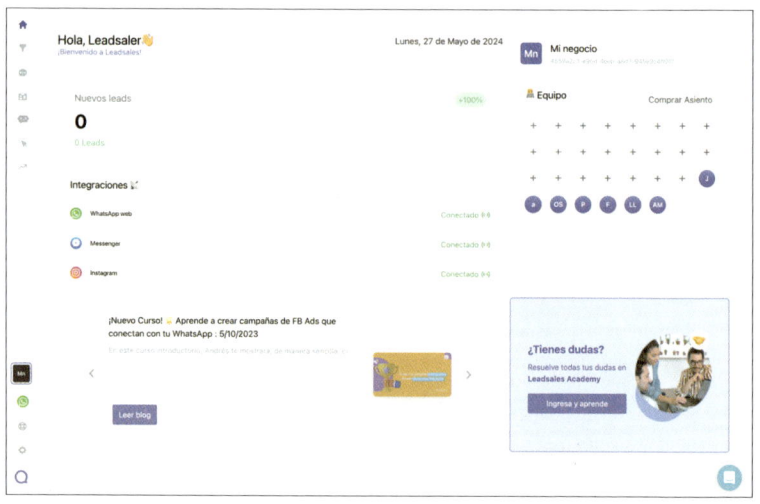

대시보드의 모습. 출처: 리드세일즈

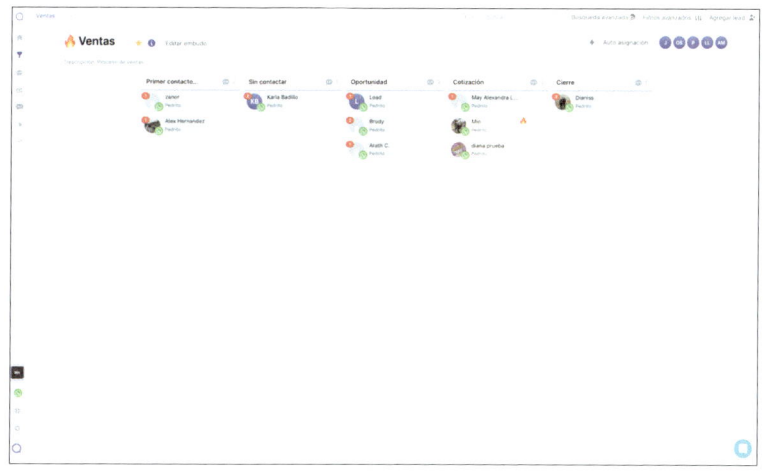

칸반 보드의 모습. 출처: 리드세일즈

리드세일즈 앱에 접속하면 가장 먼저 보이는 메인 페이지는 '대시보드'다. 여러 데이터들을 시각적으로 보여줌으로써 사용자들이 전반적인 진척 상황을 조망할 수 있게 해주는 역할이다. 예를 들어 연결된 SNS 종류, 신규 고객들, 총 리드 수, 예정 미팅 등을 한눈에 볼 수 있다.

리드세일즈에서 "엠부도Embudo(깔때기)"라고 부르는 '칸반 보드'는 업무 흐름을 실시간으로 확인할 수 있는 도구다. 칸반 보드에는 업무의 세부 단계별로 카테고리가 생성되어 있으며, 메신저로 들어온 각각의 문의를 직원들에게 배정할 수 있다. 전체적으로 보면 각각의 잠재 고객이 블록 같은 카드의 형태로 나열되는데, 어느 열에 있는지를 보면 현재 어떤 단계가 진행되고 있는지를 일

목요연하게 파악할 수 있다. 고객별 담당자들은 단계별 업무를 완수하면 옆 열의 다음 업무 단계 카테고리로 카드를 옮기기만 하면 된다. 결과적으로 업무 상황을 공유하는 데 필요한 시간을 절약할 뿐 아니라 협업이 수월해 고객에게 적기에 지원을 제공하며, 문제 발생 시에도 신속하게 대응할 수 있다.

리드세일즈의 '챗봇'은 업무를 줄여주는 또 하나의 혁신적 기능이다. 챗봇은 여러 질문을 통해 고객이 지금 필요로 하는 서비스를 파악하고 칸반 보드 속 업무 단계와 매칭하여 적절한 담당자에게 업무를 배정한다. 어떤 지원이 필요한지를 자동적으로 파악해 즉각 배정하기 때문에 직원이 직접 메시지를 읽고 상사에게 보고해 업무를 진행하는 것에 비해 훨씬 더 빠르고 효율적으로 대응이 가능하다.

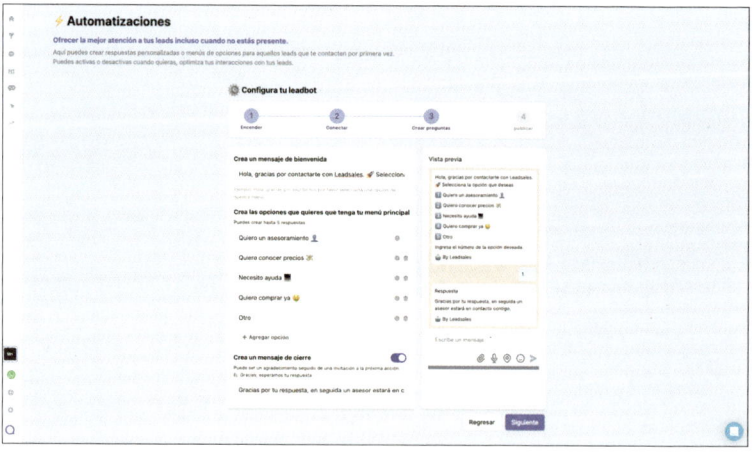

리드세일즈의 챗봇. 출처: 리드세일즈

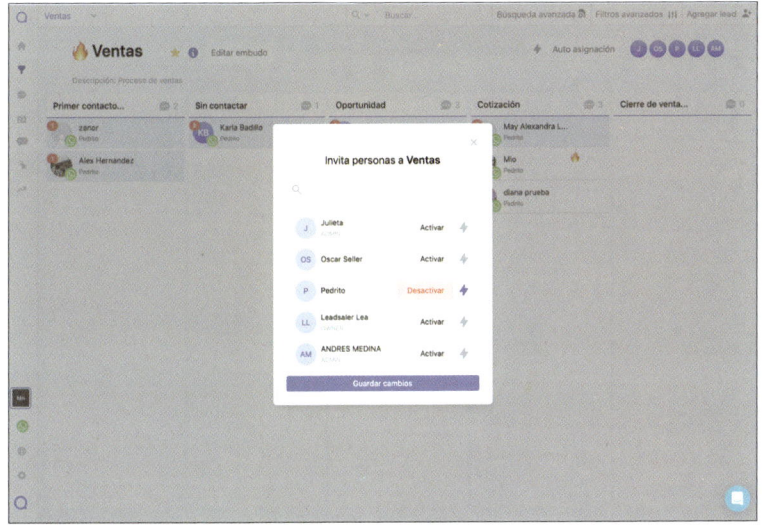

자동 업무 배정 화면. 출처: 리드세일즈

🟣 초개인화의 새로운 패러다임

리드세일즈의 가장 특별한 점은 바로 초개인화된 서비스다. 리드세일즈를 사용하는 사람들은 앱이 제공하는 기능에 적응하는 것이 아니라 자기 자신에게 가장 잘 맞게 앱을 구성할 수 있다. 대시보드에서는 사용자가 여러 위젯들을 마음대로 조합해 맞춤 화면을 구성한다. 직원별로 자신의 직무에 맞게 필요한 정보들만 실시간 모니터링할 수 있는 이점이 있다. 또한 회사 차원에서는 직원별 직책이나 권한에 맞춰 필요 정보만 노출되게 하는 것도 가능하다.

대시보드에서 분석할 수 있는 정보들. 출처: 리드세일즈

칸반 보드는 회사별 특성에 맞추어 고유의 업무 단계를 무한정으로 설정할 수 있다. 예를 들어, 부동산 회사는 '신규 잠재 고객 → 요청 사항 확인 → 매물 방문 → 조건 협상 → 계약 날인 → 마감' 등으로 단계를 설정하고, 채용 대행사는 '신규 지원 → 이력서 검토 → 예비 면접 → 고객사 이력서 송부 → 고객사 면접 → 채용 계약' 등으로 다르게 설정하는 것이 가능하다.

리드세일즈를 활용하면 앱을 사용하는 직원들뿐 아니라 그 직원들의 고객들에게도 맞춤 서비스가 제공된다. 직원들은 잠재 고객들을 응대할 때 고객별로 생성되는 프로필에 구매 성향이나 구매 이력, 요청 사항 등을 메모할 수 있다. 이런 정보를 활용하여 다른 직원이 중간에 기존 고객을 배정받더라도 매끄러운 응대가 가

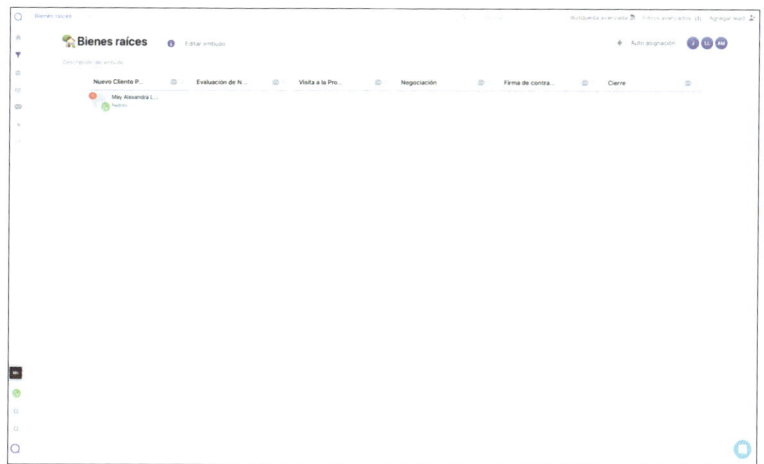

칸반 보드 커스터마이징 예시. 출처: 리드세일즈

능하며 기계적인 대답이 아니라 고객별 데이터에 기반한 맞춤 응답을 할 수 있다. 또한 리드세일즈의 챗봇은 수정할 때 개발 언어나 코드 작성이 필요하지 않아 언제든 수정 가능한 노코드No-Code 챗봇이기 때문에 유연한 활용이 가능하다. 세팅된 값 안에서만 대화가 가능한 기존의 경직적 챗봇들과 달리, 리드세일즈의 챗봇은 고객의 니즈에 맞춰 유연한 대화가 가능해 고객이 실제 상담원과 대화하는 것같이 느끼게 해준다. 이 외에도 '분석'이라는 도구가 있어 앱을 사용하고 있는 각각의 직원별로 생성 리드, 메시지 응대 건, 창출 수익 등 데이터를 확인하고, 개인별로 최적의 전략을 수립할 수 있다.

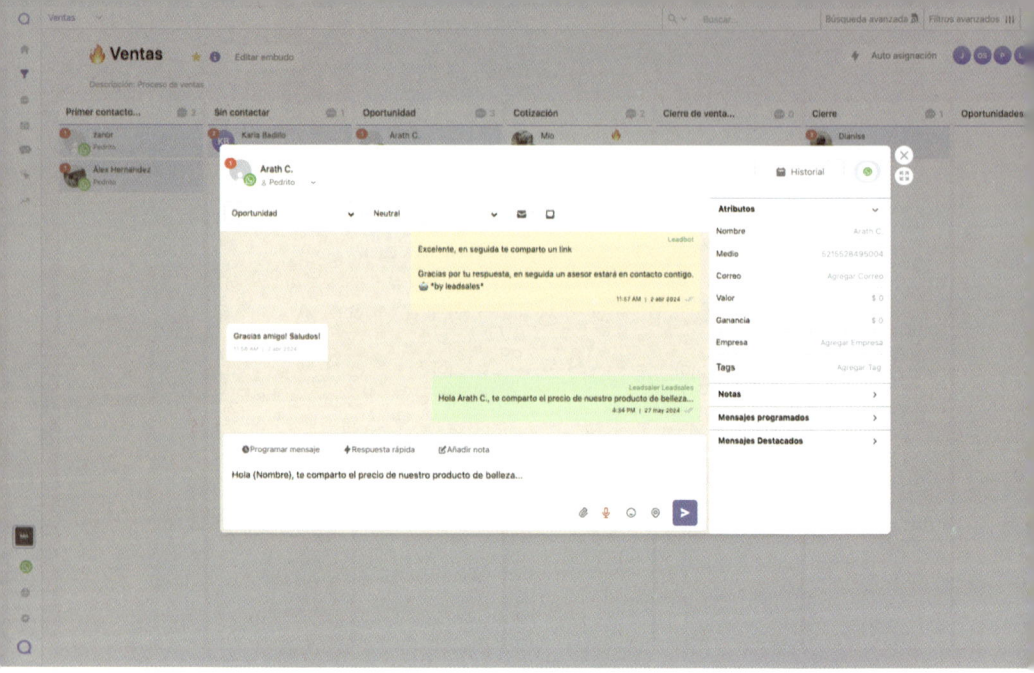

고객별 프로필.   출처: 리드세일즈

🟡 맞춤형 CRM 활용의 효과

리드세일즈의 효율성 증대 효과는 수치로 입증되고 있다. 리드세일즈 홈페이지에 기업들이 올린 후기를 보면 응답 시간 400% 개선, 매출 300% 증가, 일일 리드 유입 250건 증가 등의 효과를 경험했다고 한다. 대표적인 성공 사례로는 ICEL대학교, 알보 Albo, 넷워스 NetWorth, 모빗 Mobbit 등이 있다.

ICEL대학교는 예비 학생들의 문의에 응대하기 위해 리드세일즈를 활용하기 시작했다. 첫 3개월 동안 고객 응대가 70% 늘어났고 더 많은 신입생들을 모집할 수 있었다. 알보는 멕시코의 신생

은행으로 은행 이용이 어려운 사람들을 위해 앱을 기반으로 한 핀테크 서비스를 제공한다. 리드세일즈를 통해 고객 응대를 함으로써 고객 만족도가 평균 80점 이상으로 개선되었다. 넷워스는 은퇴를 계획하기 위해 투자를 하는 멕시코인들에게 솔루션을 제공해주는 서비스다. 리드세일즈 활용 이후 넷워스의 매출은 3배 증가했다.

모빗은 물류 회사로, 왓츠앱을 통해 고객과의 모든 소통을 해왔다. 다량의 견적을 마감 시간 내 처리하는 것이 버거웠던 모빗은 리드세일즈의 자동화 기능을 활용하면서 효율적으로 업무를 처리할 수 있었다. 고객 유형별로 필요한 조치를 자동 배정할 수 있게 되자 평균 응답 시간도 3시간에서 10분으로 단축되었고, 서비스 수준이 향상되자 잠재 고객이 서비스를 이용하는 비율이 12%에서 23%로 증가했다. 고객 1명을 획득하기 위한 마케팅 비용인 CAC Consumer Acquisition Cost도 약 38% 하락했다.

리드세일즈는 지금의 성공에 만족하지 않고 더 원대한 목표를 향해 나아가고 있다. 멕시코 시장 내에서 더 많은 기업들에 리드세일즈를 알릴 예정이며, 브라질을 비롯해 더 다양한 시장들로 진출해 중남미에 있는 1,800만여 개의 중소기업들을 고객으로 유치하고자 한다. 특히 중남미 지역의 중소기업 중 70%가 아직 CRM을 활용하고 있지 않기 때문에 이 시장은 블루 오션이나 다름없다. 페냐카스트로는 리드세일즈가 "있으면 좋은" 앱이 아닌 "꼭 있어야 하는" 앱으로 자리매김하는 것이 목표라고 밝혔다.

IR 행사에서의 리드세일즈.   출처: 리드세일즈

🍎 한국에서의 시사점

한국에서 카카오톡은 필수 앱이라 해도 과언이 아니다. 일상생활뿐 아니라 업무에서도 카카오톡을 활용하는 경우가 많아지고 있다. 쏟아지는 메시지 자체에 대한 피로와 그 메시지들을 효율적으로 관리해야 하는 필요성은 전 세계적으로 동일할 것이다.

요즘 많이 생겨나고 있는 다른 SNS 연동 CRM들과 비교해 리드세일즈가 특별한 점은 훨씬 개인화된 서비스를 제공한다는 점이다. 리드세일즈는 사용자가 자신에게 가장 잘 맞는 방식으로 구성할 수 있는 앱이다. 또한 누구나 사용할 수 있는 저렴한 가격으로 서비스를 제공하기 위해 핵심 기능들에만 집중하여 한눈에 사용법을 파악할 수 있을 만큼 단순하고 직관적이다. 사용자들의 취향과 선호도별로 맞춤 서비스를 제공하는 초개인화의 시대에, 딱 기본 골조만 제시하고 나머지는 사용자가 맘대로 바꿀 수 있게 해주는 리드세일즈는 앞으로의 앱과 서비스들이 지향해야 할 방향일 것이다.

한국은 전 세계에서 6번째로 근무시간이 긴 나라다. OECD가 2023년 발표한 통계에 따르면, 지난 10년간 한국의 연간 근로시간은 200시간 가까이 줄어들었지만 여전히 다른 OECD 국가들에 비하면 평균적으로 연간 150시간 더 일하고 있다고 한다. 세계적 흐름에 맞춰 근무시간은 줄여야 하지만 생산성은 유지해야 하는 과제에 당면한 지금, 어쩌면 개개인이 가장 효율적으로 시간을 쓸 수 있도록 해주는 리드세일즈 같은 앱이 해결책이 될 수 있지 않을까?

박주영, 마리아나 발렌수엘라 (멕시코시티무역관)

| 일상의 솔루션이 되는 커스텀 비즈니스 |

작고 느린 노란 택시

요하네스버그

남아프리카공화국 경제의 중심지, 요하네스버그 북부 지역 번화가에서 차를 타고 가다 보면 작고 느린 노란 차를 심심찮게 볼 수 있다. 이 초소형 사륜 자동차는 최근 승차 공유 서비스 볼트^{Bolt}에 의해 운영되고 있는 남아공 택시 바자이큐트^{Bajaj Qute}다.

법적으로는 소형 사륜차, 엄밀히 말하면 자동차도 오토바이도 아닌 이 차는 에어백이 단 하나도 없기 때문에 안전성이 보장되어 있지 않다. 최고 속도도 시속 70km밖에 되지 않는다. 4명이 탑승할 수 있는 구조이지만 볼트 측에서는 운전자 외 1명의 승객만 허용하고 있다. 안전하지도 않고 불편하기까지 한 택시임에 틀림없

남아공 볼트의 초소형 택시. 출처: KOTRA 요하네스버그무역관

다. 그런데 이 바자이큐트 운행량은 꾸준하게 늘고 있다고 한다.

작고 느리고 위험하기까지 한 이 초소형 택시는 도대체 누가, 왜 타는 걸까? 남아공 바자이오토 Bajaj Auto South Africa에서 밝힌 바에 따르면 요하네스버그는 경제의 중심지라는 말에 걸맞게 통근하는 사람들이 타 지역보다 많은데, 이런 사람들이 주로 바자이큐트를 많이 이용하고 있다고 한다. 남아공에서는 치안이 불안하여 불과 3분 거리도 차로 이동하는 것을 권하기 때문에 차 없이는 이동에 제약이 많다. 현지인들이 타는 소형 승합차 택시는 시간이 오래 걸리고 위험하며, 매번 일반 택시를 타기에는 너무 많은 비용이 소요된다. 그렇기 때문에 차 없이 가까운 거리를 저렴하게 이동하

✓ R30 promo applied

🚗	**Lite** 5 min 👤1	**R58** ~~R88~~
🚗	**Bolt** 1 min 👤3	**R71** ~~R101~~
🚗	**Go Sedan** 1 min 👤3	**R68** ~~R98~~
🚗	**Go Hatch** 1 min 👤2	**R63** ~~R93~~
🚗	**Women Only** Busy 👤3	**R73** ~~R103~~
📦	**Bolt Send Lite** 5 min 👤0	**R58** ~~R88~~
📦	**Bolt Send** 1 min 👤0	**R82** ~~R112~~
🚗	**Premium** 3 min 👤3	**R214** ~~R244~~

옵션도 세세하게 분할되어 있는 남아공 볼트 택시. 출처: 볼트 앱

고자 하는 승객들에게는 볼트의 초소형 택시가 희소식이다. 특히 요하네스버그와 같은 도심에는 1인 가구가 많기 때문에 1명의 승객만 허용되는 것도 불편한 점이 아니라 오히려 수요에 딱 맞는 조건이 되었다.

볼트 앱을 사용해보면 선택할 수 있는 택시 종류가 많다. 가장 저렴한 바자이큐트 옵션부터 해치백, 세단, 고급 승용차, 대형 차, 밴, 여성 전용 차까지 요금이 굉장히 세세하게 분할되어 있다. 일반 세단 택시와 바자이큐트 택시의 이용료 차이는 10~15% 정도다. 예를 들어 13km 정도의 거리를 볼트로 이동할 때 일반 택시를 선택하면 101랜드(약 7,500원), 바자이큐트로 운행하는 라이트 택시를 선택하면 88랜드(약 6,500원) 선이다. 수년간 경제 불황이 이어지면서 남아공 소비자들은 한 푼이라도 더 절약하려는 경향을 보이기 때문에, 위험과 불편을 감수하고서라도 절약할 수 있는 옵션을 선택하는 것이다.

● 모바일 요금도 쪼개기 마케팅

이 1인용 초소형 택시가 일반 택시보다 크기가 작은 만큼 저렴한 것처럼, 또 요금도 세세하게 나뉘어 있어 필요한 만큼만 금액을 지불할 수 있는 것처럼, 최근 남아공 소비 시장에서는 상품을 분할하여 조금 더 저렴하게 판매하는 '쪼개기 마케팅'이 두드러진다. 이 같은 전략은 휴대전화 요금제에서도 드러난다. 남아공의 주요 통신사 Vodacom, Cell C, Telkom, MTN 4사 모두 데이터 요금제를 30일 단위부터 1주일, 3일, 1일, 그리고 1시간 단위까지 쪼개어 판매하고 있다. Vodacom은 1시간에 1GB 상품이 12랜드(약 900원) 정도이고, Telkom은 1시간에 150MB가 5랜드(약 370원)로 책정되어 있다.

Vodacom에서 제공하는 30일 한도 20GB 데이터 상품은 199랜드(약 1만 5,000원)이기 때문에 1시간 1GB 상품이 단가로 따지자면 더 비싼 편이다. 그럼에도 1시간 단위의 데이터 요금은 소비자들 사이에서 꽤나 유용하게 쓰이고 있다. 남아공은 전기 공급이 불안정해서 정전이 잦고 와이파이 인터넷 연결이 불안정할 때가 많은데, 급하게 중요한 화상 회의를 해야 하거나 1시간 정도의 영상을 시청해야 할 때 와이파이 사정이 우려되는 환경이라면 1시간 단위의 데이터 상품을 구매해서 1시간 동안만큼은 빠르고 안정적인 4G, 5G 인터넷을 사용할 수 있는 것이다. 소비자 입장에서는 1,000원 정도의 적은 금액으로 필요한 만큼에 속도도 빠른 데이터를 쓸 수 있어 훨씬 경제적이고 현명한 소비라고 받아들이게 된다.

그리고 1일, 3일, 일주일 데이터 이용권은 통신사 측에서 할인을 많이 제공하는 편이다. 30일 단위 상품은 할인 가격이 거의 제

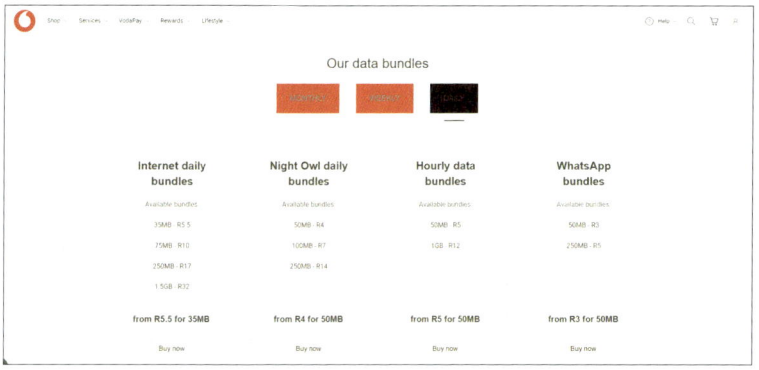

남아공 통신사 Vodacom의 1일, 1시간, SNS 전용 데이터 요금 안내.   출처: Vodacom 홈페이지

공되지 않고 최소 5GB 99랜드(약 7,500원)부터 구매할 수 있기 때문에 데이터를 많이 쓰지 않는 사용자들은 할인 상품을 잘 활용하면 더 절약할 수 있다. 예를 들어, 회사와 집에서 와이파이를 편하게 쓰는 직장인이나, 기본적인 문자와 전화만 사용하는 사람들은 데이터를 많이 쓸 일이 없으므로 1일 10MB 상품을 할인 가격 1.5랜드에 구매해서 사용하면 한 달에 45랜드(약 3,500원)로도 기본적인 데이터 사용이 가능하다.

또한 남아공에서도 대부분의 사람들이 전화나 SMS보다 왓츠앱Whatsapp이라는 메신저 앱을 사용한다. 이런 특성에 맞게 남아공 통신사들은 왓츠앱 전용 데이터 상품도 판매하고 있다. 왓츠앱 전용 데이터는 일반 데이터 상품보다 심지어 더 저렴하게 구성되어 있다. 1시간에 10MB 기준 1랜드(약 75원)이다. 30일 한도 1.2GB 상품은 37랜드(약 3,000원)이기 때문에 알뜰한 금액으로 전화나 문자를 쓸 수 있다. 기업들도 이러한 트렌드를 인지하고 마케팅 소식이나 고객 문의를 왓츠앱으로 소통할 수 있게 바꾸는 추세이기 때문에 왓츠앱 전용 데이터만 구매해도 일상생활에서 크게 불편함이 없다.

남아공 통신사들이 처음 왓츠앱 전용 데이터 상품을 출시했을 때는 저소득층을 타깃으로 한 것이었다. 남아공 시장에 저렴한 보급형 스마트폰이 많아지면서 스마트폰 이용률은 소득을 불문하고 빠른 속도로 늘어났지만 와이파이 접근성은 제한적이었던 바, 저소득층 소비자들도 스마트폰을 사용하면서 편하게 데이터를 쓸 필요성이 대두된 것이다. 이렇게 출시된 왓츠앱 전용 데이터 상품은 소비자들의 니즈를 정확하게 간파했고 통신사들은 이제 다른 SNS까지 확대해 페이스북, 유튜브, 인스타그램, 틱톡 전용 데이터 상품까지 출시하게 되었다. 콘텐츠와 숏폼을 즐겨 보는 요즘 트렌드에 딱 맞는 상품인 것이다.

소비자의 간지러운 곳 긁어주는 소포장 제품

한국에서도 일부 편의점에서는 달걀을 낱알로 판매하기도 한다지만 남아공 스파자Spaza(흑인 거주 지역에서 소규모로 생필품이나 식료품을 판매하는 가게)에서는 오래전부터 그렇게 판매해왔다. 소득이 적은 소비자들이 2랜드(약 150원)만 있어도 달걀을 구매할 수 있도록 하기 위함이다. 과자도 대형 포장된 과자를 2랜드어치로 소분해서 아이들이 가볍게 사 먹을 수 있도록 하고 어른들은 담배도 개비로 살 수 있다. 작은 동전만 가지고도 손쉽게 사 먹을 수 있도록 판매하는 것이 이들의 핵심 판매 전략이다. 어릴 적 우리가 100원만 가지고도 문방구에서 과자를 사 먹을 수 있었던 것과 비슷한데, 이러한 낱개 판매 전략이 남아공 흑인 거주 지역에서는 필수 식료품에도 적용되어 있는 것이다.

　소득이 적은 소비자들을 위해 자연스레 생겨난 판매 방식으로 보이지만 이 방식은 꼭 소득이 적은 고객만을 위한 것은 아니다. 물건을 구매할 때 적은 양이 필요한 사람들에게도 유용하고, 판매자 입장에서도 단가가 조금 높기 때문에 조금만 팔아도 더 높은 이익을 볼 수 있다. 그래서 남아공 대형 유통망들도 이런 식으로 제품을 낱개로 소분하여 판매하는 것이 보편적이다. 현지 대형 마트에 가보면 박스 형태로 출시된 과자들을 뜯어서 낱개 포장되어 있는 봉지 단위로 판매하는 것들을 심심찮게 볼 수 있다. 심지어 커피 믹스와 같은 제품도 한국에서는 최소 10개 단위로 판매되지만 남아공에서는 하나씩 살 수 있다. 낱개로 사면 박스로 살 때보다 단가 자체는 조금 비싸지만 처음 보는 제품이 내 입맛에 맞을지 알 수 없을 때 부담 없이 시도해볼 수 있는 가격이다.

　남아공 현지에서 한국 식품을 판매하는 기업도 같은 이유로 이

상품을 쪼개어 낱개로, 소량으로 판매하는 남아공 유통망들.   출처: KOTRA 요하네스버그무역관

전략을 차용했다. 요하네스버그 지역 한국 식품점에 가면 계산대 바로 옆에 상자 과자를 낱개로 판매하고 있다. 처음 보는 낯선 한국 과자를 살까 말까 망설이는 현지 소비자들에게 부담 없이 접근하기 위해서 저렴하게 선보이는 것이다. 100랜드(약 7,500원) 정도를 주고 사기엔 모험과 같은 한국 과자가 10분의 1 가격인 10랜드(750원)로는 호기심에 사볼 법한 것이다.

이뿐만 아니라 최근 대형 유통망에서는 파스타 샐러드처럼 기존 제품에서 용량만 조금 줄인 한 끼 식사용 제품을 저렴한 가격으로 출시하고 있다. 원래도 1인분(400g)으로 양이 적게 나온 제품인데 그보다 더 적게(270g) 줄여서 내놓은 것이다. 식단 조절을 하는 현대인들에게 맞춤이기도 하고 가격도 저렴하기 때문에 소

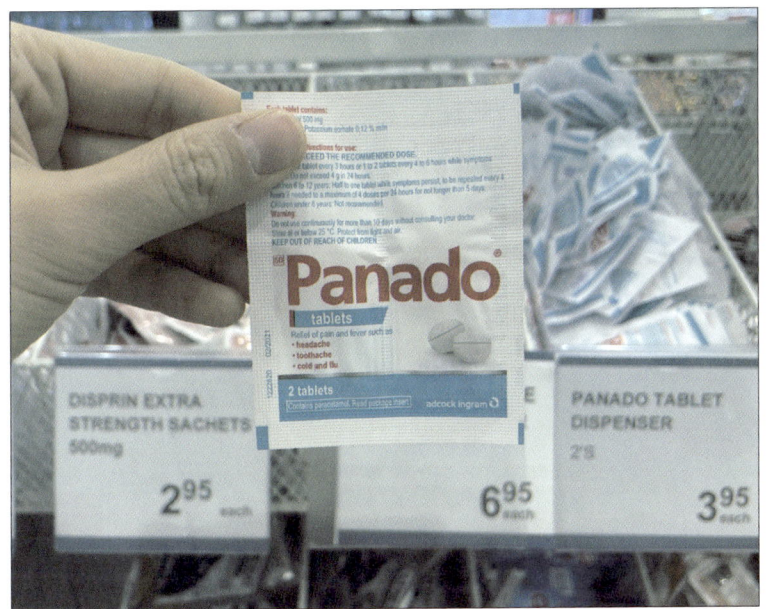

진통제를 2알 단위로 소포장 판매하는 모습. 출처: KOTRA 요하네스버그무역관

비자들의 부담을 덜어준다.

남아공 대형 드러그스토어 디스켐Dis-chem에서는 아세트아미노펜 계열의 진통제가 성인 권장량에 맞게 2알씩 소포장되어 판매되고 있다. 2알에 4랜드(약 300원)로 1알에 1.5랜드(약 100원) 미만인 대용량 단위보다 단가가 조금 비싸긴 하지만, 집에 같은 약을 많이 구비해두고 있는데 밖에서 갑자기 머리가 아플 때 소포장된 제품을 사면 간편하고 경제적인 구매가 된다.

화장품 시장도 비슷한 경향이 있다. 남아공에서 K-뷰티 제품을 취급하는 바이어들은 원하는 브랜드가 있으면 혹시 트래블 키트Travel Kit가 있는지부터 물어보는 경우가 많다. 실제로 여행할 때 편하게 들고 다니기 위해서 트래블 키트가 판매되기도 하겠지만 그것보다는 K-뷰티 신제품을 남아공 소비자들에게 소개할 때 적은 용량이지만 다양한 제품군을 한꺼번에 제공하여 일종의 유료 샘플처럼 사용해볼 수 있도록 하는 의미로 판매하는 것이 더 크다. 소비자들은 클렌저부터 에센스까지 일일이 다 구매하지 않아도 되니 편리하고, 본품 하나 가격에 여러 가지를 시도해볼 수 있다. 트래블 키트 같은 소포장 제품은 대부분 입고되자마자 금방 품절된다고 하니 바이어 입장에서도 사지 않을 이유가 없다.

● 현명한 소비를 도와주는 마케팅

남아공은 최근 물가상승률이 5~6%로 다소 안정세를 되찾고 있긴 하나 여전히 높은 물가에 금리도 고공 행진하고 있어 소비 심리가 많이 위축되었다. 소비자들이 필수품이 아닌 품목에 대해서는 소비를 줄일 수밖에 없는 상황이다. 가처분소득이 감소함에 따라 항상 사용하는 필수품일 경우 대용량 할인 판매를 선호하지만 생필품이 아닌 품목에 대해서는 소비를 줄여야 하기 때문에 쪼개기 판매 전략이 더욱 효과적이다. 상품 가격을 쪼개서 체감 가격이 낮아질 수 있게 하여 구매를 유도하는 것이다.

최근 한국에서도 농산물 낱개 판매를 시작했다. 묶음 포장 단위와 비교했을 때 개당 가격은 비싸겠지만 당장 지출되는 비용이 줄어들고 남아서 버려지는 채소도 줄일 수 있다는 장점이 있다. 기업 입장에서도 포장재 사용을 줄일 수 있어 친환경적이기까지 하다는 평이다.

1인 가구가 늘어나고 물가가 치솟는 한국에서 농산물 외에도 쪼개기 마케팅이 도움이 되는 분야들이 많이 있을 것으로 사료된다. 신제품을 출시할 경우, 소비 기한이 짧은 제품일 경우, 혼자서 사용하기에 크거나 양이 많은 경우에는 용량을 줄이고 상품을 쪼개서 가격을 낮추어 시장에 진입하는 것이 어떨까? 객단가는 낮아질지 몰라도 소비자의 결제 부담을 줄여 첫 접근을 용이하게 하고, 제품 수익을 조금이라도 높일 수 있기 때문에 소비자에게도 판매자에게도 상부상조의 조건이 될 것이다.

최다은(요하네스버그 무역관)

웰니스 커스터마이징

| 웰니스 커스터마이징 |

스마트 홍채가 삽입된 충전식 콘택트렌즈

브뤼셀

벨기에인의 햇빛 사랑은 둘째 가라면 서러울 정도로 남다르다. 여름이 가까워질 무렵, 벨기에 곳곳에서는 겨우내 숨어 있던 해바라기족이 하나 둘 모습을 드러내기 시작한다. 볕이 강한 날 피부 상할 걱정에 외출을 삼가는 우리나라 여름철 풍경과는 달리, 날씨 변덕이 심해 햇빛이 귀한 벨기에에서는 많은 이가 푸른 잔디밭을 돗자리 삼아 벌러덩 드러누워 온몸으로 햇살을 받아들이는 장관이 펼쳐진다. 시내 중심가에 있는 카페나 레스토랑에 가보면 실내 테이블은 텅텅 비어 있는 반면 야외석은 언제나 만석이다.

그러나 이 소중한 햇빛을 마음 놓고 즐길 수 없는 사람들도 있다. 바로 빛에 예민한 무홍채증 환자들이다. 무홍채증은 홍채에 부분적으로 또는 전체적으로 결손이 발생하는 선천성 희귀 질환이다. 연구에 따르면, 전 세계적으로 무홍채증을 가지고 태어나는 신생아 5~10만 명 중 1명 꼴이다. 우리나라에서는 연간 약 150여 명이 보고되고 있다.

● 빛에 고통 받는 사람을 위한 기술

홍채는 눈으로 들어오는 빛의 세기를 조절하는 기능을 담당하기 때문에 곧잘 카메라의 조리개에 비유되곤 한다. 홍채 내부에는 망막으로 빛이 들어오는 입구인 동공의 크기를 조절하는 괄약근과 확대근이 있는데, 이 근육이 주변 밝기에 따라 동공을 수축하고 이완하기를 반복하면서 눈에 들어오는 빛의 양을 조절해주는 원리다. 그러나 홍채가 아예 없거나, 있더라도 제 역할을 하지 못한다면 어떤 일이 벌어질까?

무홍채증은 일반적으로 태아의 홍채 형성과 연관이 있는 PAX-6 유전자 돌연변이가 원인이 되어 발병하는 것으로 알려져 있다. 유병률은 5~10만 명 중 1명 수준으로 낮은 편이지만 시력이 현저히 저하되거나 실명에 이를 수 있어 심각한 질환이다. 홍채에 이상이 없는 정안인이 무홍채증 환자의 고통을 가늠해볼 수 있는 방법이 있다. 바로 어떠한 보호 장비 없이 이글거리는 태양을 몇 초간 바라보는 일이다. 그러나 대단히 위험하므로 실행에 옮기지 않을 것을 권한다. 온 세상이 하얗게 지워지고 한동안 시선 닿는 곳마다 빛의 잔상이 따라다닐 것이며, 영구적인 시각 손상을 얻게 될지도 모른다.

홍채는 안구의 외관에도 영향을 준다. 홍채가 없으면 동공이 그 빈자리를 채우면서 활짝 열린 상태나 불규칙한 모양으로 나타나게 된다. 따라서 무홍채증 환자는 광 민감도를 낮추거나 인공 홍채가 부착된 콘택트렌즈 착용을 고려해볼 수 있다. 그러나 현재 시중에서 판매하는 의료용 콘택트렌즈의 경우 렌즈 표면에 홍채를 프린팅하여 모양만 그럴싸하게 흉내 냈을 뿐, 망막으로 들어오는 빛의 양을 역동적으로 조절해주는 홍채의 기능이 구현되어 있지 않다는 한계를 가진다.

이런 상황에, 나노전자공학 및 디지털 기술에서 세계적인 선두를 달리는 벨기에 연구 허브 아이멕IMEC이 다른 유럽 유수의 연구소와 합심하여 자유자재로 움직이는 인공 홍채 기술을 개발했다는 소식을 전하여 관심을 끌고 있다. 아직 상용화 단계에 이르지는 못했지만, 세계 최고 수준의 연구진과 첨단 기술, 유럽 차원에서의 지원이 동원된 만큼 긍정적인 결과가 전망된다. 어쩌면 머지 않은 미래에 무홍채증 환자들의 고충이 말끔히 해결될지도 모른다.

🌕 역동적으로 움직이는 인공 홍채 기술

2020년 9월, IMEC은 겐트대학교의 IMEC 산하 연구 기관인 CMST와 함께 의료용 콘택트렌즈에 들어가는 스마트 홍채 기술을 개발했다고 발표했다. 이 혁신적인 신기술은 벨기에 국내 기관뿐만 아니라 스페인의 히메네스 디아스 재단 보건 연구소Instituto de Investigación Sanitaria de la Fundación Jiménez Díaz 및 네덜란드의 홀스트 센터Holst Centre 등 국외의 우수한 연구 단체와의 협력을 통해 개발되었다.

이 기술이 적용된 IMEC의 스마트 콘택트렌즈에는 통합형 액

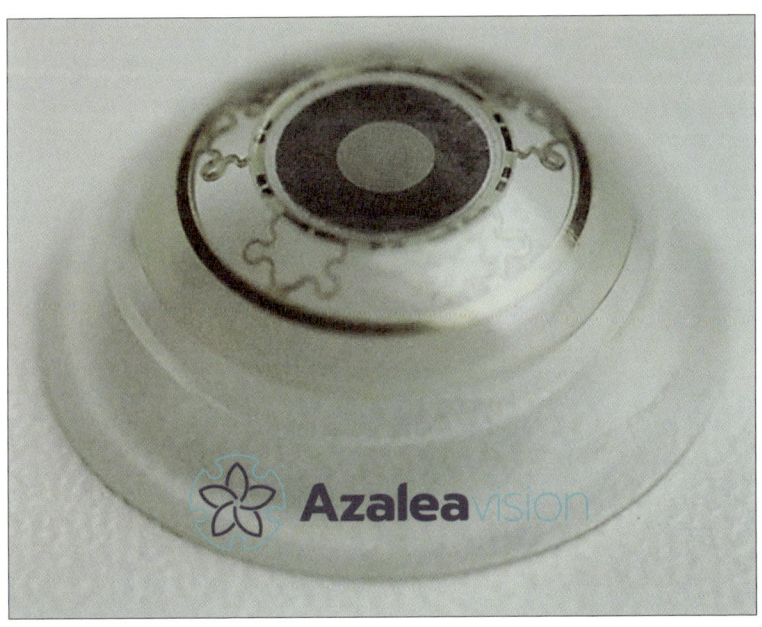

스마트 콘택트렌즈 시제품.   출처: 아젤리아 비전 홈페이지

정 디스플레이가 들어가 있는데 이 동심원 모양의 스마트 홍채가 역동적으로 움직이며 눈으로 들어오는 빛의 양을 조절하고 광학 수치를 낮춰서 시각적 선명도를 높여준다. 초저전력 설계를 통해 자기 전에 충전을 하면 다음 날 하루 종일 사용할 수 있어 에너지 효율도 높은 편이다. 이 기술은 잠재성을 인정받아 세계적으로 권위 높은 학술지 〈네이처〉의 과학 보고서에 소개되었을 정도로 많은 이목을 끌었다.

현재 IMEC과 CMST는 해당 기술의 개선 및 상용화를 위한 스핀오프 프로젝트로 스타트업 아젤리아 비전을 설립하여 활발한 연구를 진행하고 있으며, 2023년 12월 4일에는 첫 시제품 착용 테스트를 성공적으로 마쳤다. 2024년 3월에는 유럽 호라이즌 전략의 일환으로 혁신 기업을 지원하는 EIC 트랜지션 EIC Transition 프로

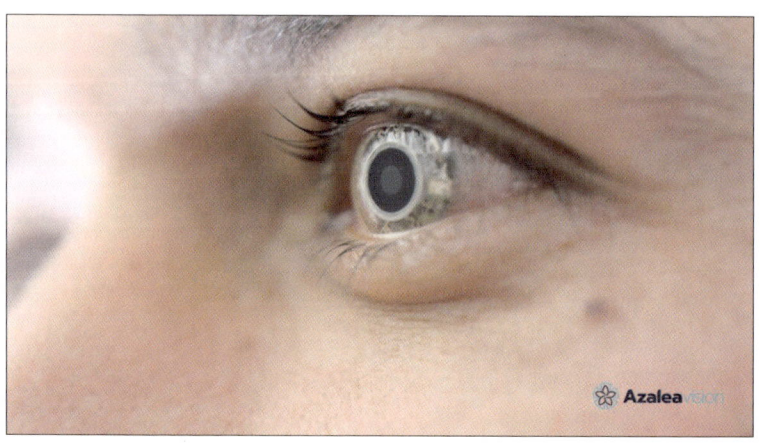

스마트 콘택트렌즈 착용 모습. 출처: 아젤리아 비전 홈페이지

그램에서 수상하여 250만 유로(약 37억 원) 규모의 지원금을 확보했으며, 이를 통해 기술 상용화를 위한 연구에 박차를 가할 것으로 전망된다.

첨단 기술 적용한 시각적 솔루션

아젤리아 비전의 ALMA 스마트 콘택트렌즈에는 LCD, 포토다이아드, 근거리 무선 통신 등 다양한 첨단 기술이 적용되었다. 특히 렌즈 중심부에 빛을 조절하는 필터 역할을 하는 다이어프램이 내장되어 있기 때문에, 고정된 홍채가 부착된 기존의 의료용 콘택트렌즈와는 달리 눈에 들어오는 빛을 조절할 수 있을 뿐 아니라 시력 교정이 가능하다는 장점이 있다.

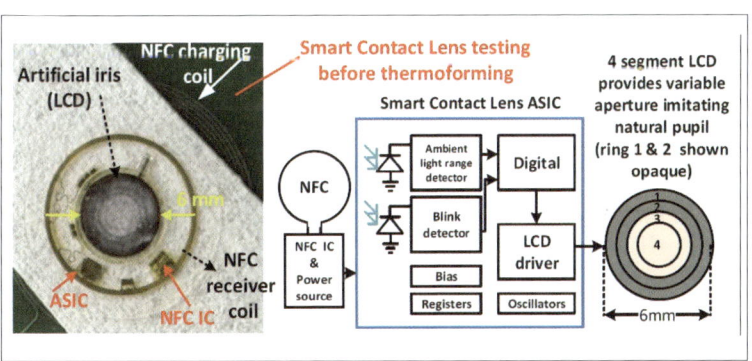

스마트 콘택트렌즈 기술을 설명하는 그림. 　　　　　　　　　　출처: IMEC 홈페이지

이처럼 아젤리아 비전에서 개발 중인 스마트 콘택트렌즈는 액정 기술Liquid crystal technology, 스마트 마이크로칩, 무선 주파수(RF) 안테나, 의료용 마이크로 배터리, 빛 제어 기능 등 다양한 기술 간의 복잡한 상호작용을 통한 빛 조절이 가능하기 때문에, 무홍채증뿐만 아니라 원추각막, 노안, 극심한 광 민감성 등 다양한 유형의 시각적 어려움에 대응이 가능할 것으로 기대된다.

이 렌즈는 개인 맞춤형으로 제작될 수 있어 안전하고 편안하게 착용할 수 있다. 또한 주변부의 초점이 흐려진 빛을 필터링하여 망막에 도달하는 빛의 품질을 향상해주기 때문에 각막 표면이 매끄럽지 않고 불규칙한 원추각막을 가진 사람들이 경험하는 시야

스마트 콘택트렌즈의 구성. 출처: 아젤리아 비전 홈페이지

왜곡을 잡아준다. 근거리 시력이 떨어지는 노안 환자의 경우, 다이어프램이 조리개 역할을 하며 초점 깊이를 개선하여 가까이에 있는 물체를 더욱 선명하게 볼 수 있다. 다양한 조명 조건에 따라 홍채가 역동적으로 조절되기 때문에 광공포증 또는 빛 민감성으로 인한 고통도 감소하는 효과도 있다.

이 스마트 콘택트렌즈는 아직 시제품 단계에 머물고 있지만, 기술 상용화가 이루어진다면 안구 의료 기술에 큰 혁신을 가져올 뿐만 아니라 2,000만 명에 달하는 전 세계 홍채 결손 환자들의 고통에 공감하는 솔루션을 제공함으로써 사회적 가치 창출에 크게 기여할 것으로 기대된다. 또한 무홍채증과 같은 희귀 질환 외에도 원추각막, 노안, 광과민증과 같은 다양한 시각 관련 질환을 대상으로 폭넓은 솔루션을 제공하여, 사업화가 이루어진다면 시장 규모가 빠르게 성장할 것으로 예상된다.

아젤리아 비전의 스마트 콘택트렌즈를 통해 희귀 난치성 질환인 무홍채증을 앓는 이들이 더 이상 어둠 속에 있지 않고 밝은 세상으로 나와 햇살의 따스함을 즐길 수 있는 날이 오기를 고대해 본다.

안현정 (브뤼셀무역관)

| 웰니스 커스터마이징 |

나만의 치과 주치의, 덴탈 AI

뉴욕

　최근 부쩍 잦아진 치통에 집 근처 치과를 찾은 뉴요커 존. 구강 검진 후 치과 의사는 충치가 상당히 진행됐다며, 신경 치료와 크라운 시술을 권했다. 수천 달러의 치료 비용도 문제였지만, 치아의 삭제 범위도 커 다른 의사의 소견을 들어보고 어떻게 치료할지 결정하기로 마음을 먹었다. 지인 추천을 받아 찾은 치과에서는 충치가 있긴 하나 신경 치료에 크라운을 할 필요까진 없을 것 같다는 소견을 받았다. 물론 예상 치료 비용도 첫 번째 방문했던 곳보다 훨씬 낮았다.

　이가 아파서 치과를 방문해본 사람이라면 한 번쯤 존과 같은 경

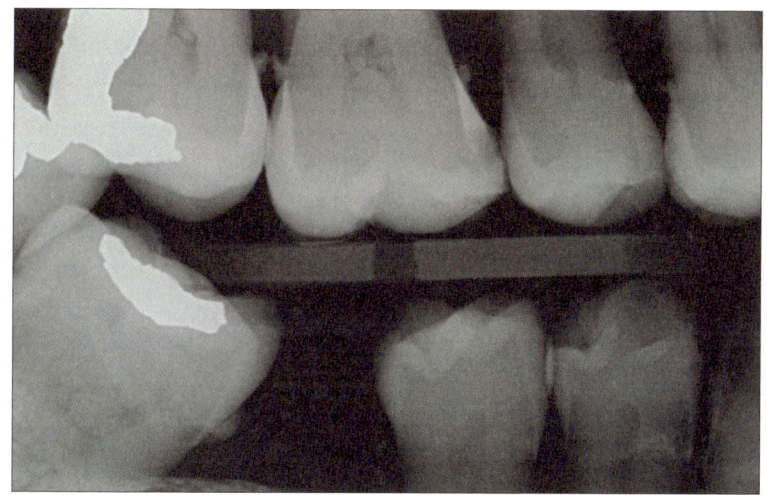

치과에서 촬영하는 일반 엑스레이 사진. 출처: 오버젯 홈페이지

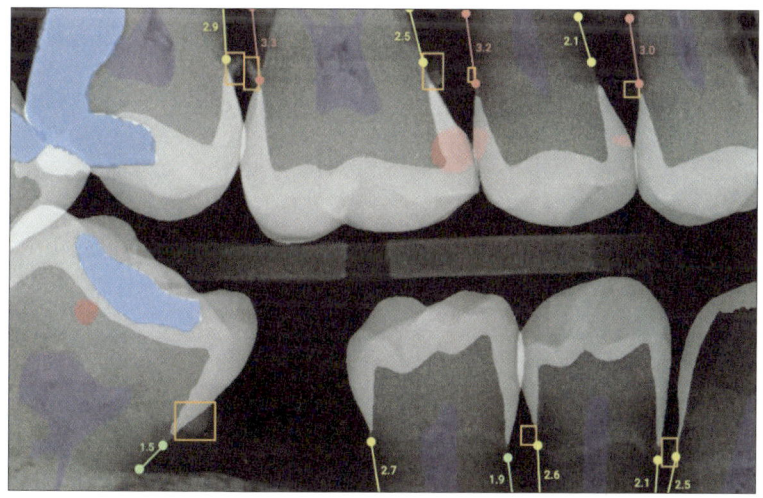

오버젯을 통해 충치, 결석, 골 손실 등을 진단하여 일반 엑스레이에 색깔로 표시한 사진. 출처: 오버젯 홈페이지

험을 해본 적이 있을 것이다. 동일한 상황에서 병원마다 다른 소견을 내놓는 통에 혼란을 겪은 존. 만약 존이 찾은 치과가 AI 기술을 통해 치아 상태를 진단해주는 소프트웨어인 오버젯Overjet을 채택했다면 어땠을까. 존이 힘들고 번거롭게 치과를 2번 찾는 일은 없었을지 모른다.

오버젯은 환자의 엑스레이 사진과 과거 치과 치료 기록을 토대로 AI 기술을 활용, 치료와 질병 예방 등 치아 건강 관리가 가능하게 하는 정보 제공 소프트웨어다. 오버젯의 주요 고객은 치과와 보험사다. 환자에게 의료 서비스를 제공하는 치과에는 정확한 진단을 통해 최적의 치료 방법을 선택할 수 있도록 도움을 주고, 보험 가입자를 대신해 치료 비용을 납부해주는 보험사에는 치과의 보험 청구 처리를 효율적으로 처리할 수 있도록 도움을 준다. 이러한 과정은 치과 치료를 받는 환자의 만족도로 이어진다. 좀 더 정확한 진단과 데이터를 토대로 치과 치료를 하고자 하는 환자 수요가 늘면서 오버젯의 인기도 높아지고 있다.

● AI의 엑스레이 분석

환자의 같은 엑스레이를 보고 치과 의사마다 다른 소견을 내놓는 경우가 종종 있다. 육안으로 식별하는 데서 오는 한계와 촉박한 시간, 의사마다 가지고 있는 경험과 노하우가 다르기 때문이다. 오버젯은 AI 기술을 통해 엑스레이를 분석하는 방식으로 그동안의 치과 진료가 가지던 한계를 극복하고, 진단과 치료 계획을 돕는 플랫폼이다.

오버젯의 AI 알고리즘이 환자의 엑스레이 이미지에서 충치, 잇몸병, 뼈의 상태 등을 파악해 치료가 필요한 부분을 찾아내고, mm 단위로 분석해 진단에 필요한 정보를 도출해준다. 크고 작은 충치 부위와 충치가 진행된 범위, 손실된 뼈의 정량화 등을 통해 문제가 있는 부분을 알려주기 때문에 치과 의사는 이를 토대로 진단의 정확도를 높일 수 있을 뿐 아니라 진단과 치료 방식 결정까지의 시간을 단축할 수 있다. AI가 축적해온 수천만 장의 엑스레이 이미지와 환자 개인의 치료 기록 등 각종 데이터를 토대로 문제를 감지하고 분석 결과를 내놓아 인간의 주관적인 판단 오류를 최소화할 수 있다는 것이 오버젯의 최대 장점으로 꼽힌다.

오버젯 소프트웨어를 치과에 도입한 그레이트 레이크 덴탈 파트너스Great Lakes Dental Partners의 치과 의사이자 최고 치과 책임자Chief Dental Office, CDO 찰스 자소Charles Zasso는 오버젯과의 인터뷰에서 "오버젯이 치과 의사들의 피로감을 덜어준다"며 "진료를 보다 보면 하루에도 수많은 결정을 내려야 하는데, 엑스레이를 정확하게 볼 수 있도록 판독을 돕는 동료가 생긴 것 같다"고 사용 후기를 밝혔다.

의료업계가 인간의 한계를 보완하고, 더욱 정밀한 진단을 내리

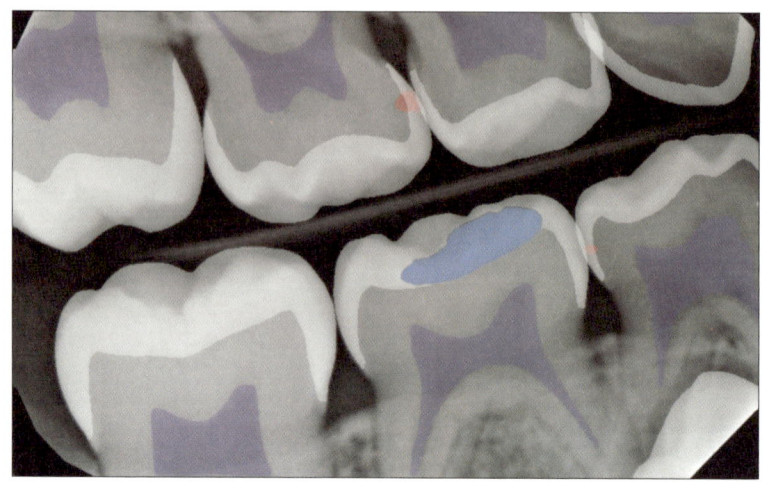

오버젯을 통해 흑백의 엑스레이 사진에 색깔로 치아의 에나멜, 펄프 등을 표시해 주요 구조를 확인할 수 있도록 구현한 이미지.

출처: 오버젯 홈페이지

기 위해 AI 도입을 서두르고 있는 가운데 치과도 예외는 아니다. 데이터 기반의 정밀한 분석을 통한 맞춤 의료 서비스 제공 수요의 확대는 오버젯을 성공 가도에 올린 결정적 요인으로 분석된다.

지난 2018년 3명의 MIT 및 하버드대학교 출신 과학자와 치의학 박사들이 설립한 오버젯은 하버드대학교 이노베이션 랩에서 출발했다. 오버젯은 지난 2021년 자사의 소프트웨어 상품 '오버젯 덴탈 어시스트 Overjet Dental Assist'가 구강 관리 AI로는 처음으로 미국 식품의약국 FDA의 시판 전 허가인 '510(K) 클리어런스 Clearance'를 획득했다고 밝힌 바 있다. 덴탈 어시스트는 엑스레이 사진 분석을 통해 뼈의 양을 측정한다. 이와 관련해 오버젯의 최고경영자 CEO인 왈다 이남 Wardah Inam 박사는 "오버젯 덴탈 어시스트의 FDA 시판 전 허가 획득은 덴탈 AI에 획기적인 순간"이라며 "모든 임상의들은 치과 질환을 진단하고 측정할 수 있는 매우 정확한 소프트웨어와 환자와 효과적으로 소통할 수 있도록 돕는 AI 시각화 기술을 편리하게 사용할 수 있게 되었다"고 밝혔다.

지난 2022년에는 충치를 식별하고, 충치 병변의 윤곽을 표시해주는 '캐리스 어시스트Caries Assist'가 두 번째 FDA의 시판 전 허가를 획득했고, 이후 기능을 업그레이드한 소프트웨어와 12세 이하의 어린이 충치 예측, 치아 치근단 방사선 투과성 병소 진단을 돕는 기능으로 각각 FDA의 시판 전 허가를 받았다.

2024년 현재 수천 명의 치과 의사가 오버젯을 도입했으며, 미국 내 10대 치과 보험사를 포함한 주요 치과 보험 기업들이 오버젯을 사용하고 있다. 10대 치과 보험사의 가입자 수는 총 1억 2,000만 명 이상이다. 오버젯은 이러한 시장성과 기술을 인정받아 지난 2024년 3월 5,300만 달러 규모의 시리즈C 투자를 유치하는 데 성공했다. 덴탈 AI 역사상 최대 규모다.

● 원활한 소통의 바탕이 되는 분석

같은 엑스레이를 보고도 여러 전문가들이 각각 다른 의견을 내놓는 것은 치과 의사와 환자, 보험사 사이의 원활한 소통을 방해

하는 요소다. 오버젯에 따르면 실제로 환자의 50%는 자신의 구강 상태에 대해 충분히 이해하지 못하고 있거나 보험 청구가 불가할 것이라고 생각해 치과 의사가 권하는 치료를 거절하고 있다. 오버젯은 환자, 보험사가 동일한 정보를 공유함으로써 이러한 문제점을 개선할 수 있게 되었다고 설명한다.

뉴욕주 웨체스터 카운티에서 환자들을 치료하는 한 치과 의사는 AI 도입의 최대 장점으로 환자들과 커뮤니케이션이 원활해졌다는 점을 꼽았다. 그는 "엑스레이 사진을 보여주고 진단과 치료 계획을 말로 설명했던 과거에 비해 이미지와 함께 AI 분석 결과를 토대로 치료를 제안하면 환자들이 훨씬 쉽게 이해하고, 치료 여부를 결정한다"고 설명했다. 이처럼 AI의 도입이 환자와 의사 간 신뢰를 형성해, 의사가 제시하는 치료 방식을 받아들이고 환자가 치

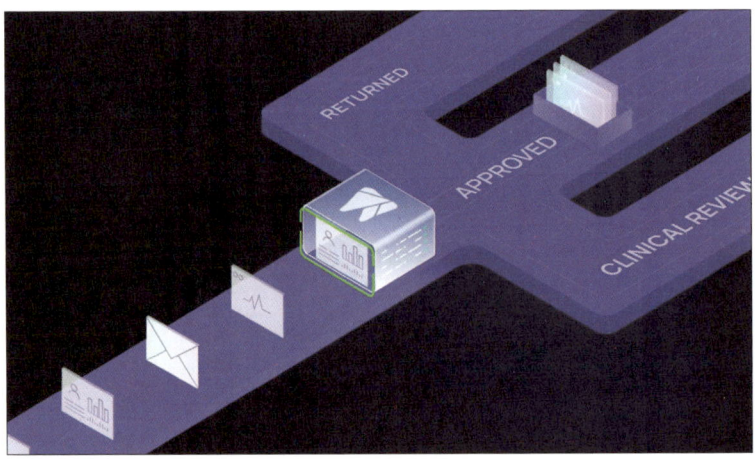

오버젯을 이용한 보험사의 보험 심사 처리 과정 도식. 출처: 오버젯 유튜브

료를 결정하게 하는 데 큰 도움을 주고 있어 치과 의사들의 반응도 매우 긍정적이다.

환자의 치료비를 지불하는 보험사도 오버젯의 주요 고객이다. 치과에서 환자의 상태를 진단하고 보험 처리를 신청하면 보험사는 해당 치료가 필요한지, 치료 방법이 적절한지, 보험사가 정한 기준을 충족하는지 등 다양한 요소를 고려해 심사한다. 이때 일반적으로 전문 인력이 일일이 엑스레이 사진을 보고 보험 처리 승인 여부를 결정하는 방식으로 진행된다. 이 과정에서 소요되는 긴 시간과 일관적이지 않은 결정은 치과와 환자의 불만족으로 이어진다. 보험사 입장에서는 많은 인건비가 지출되는 부분이기도 하다.

의료 서비스 품질과 효율성을 평가하는 비영리 조직 URAC Utilization Review Accreditation Commission의 인증을 획득한 오버젯의 '인슈어런스 인텔리전스 플랫폼Insurance Intelligence Platform'은 보험사의 임상 기준에 기반하여 환자의 엑스레이 사진을 분석하고, 해당 청구가 기준을 충족할 경우 승인을 권장한다. 만약 더 복잡하고 면밀한 검토가 이루어져야 할 경우로 판단되면 덴탈 컨설턴트에 이관한다. 보험금 청구 심사는 모든 관련 법규를 준수해 시작부터 마무리까지 AI가 처리하며, 이 모든 과정은 단 몇 분 만에 완료된다.

수백만 건의 보험 청구 케이스를 학습하고, 육안으로 확인이 어려운 이미지를 가시적으로 구현해내는 등 AI 기술이 이를 가능하게 한 것이다. 오버젯에 따르면 해당 플랫폼을 사용한 보험사의 보험 청구 심사 속도가 5배 정도 신속해졌고, 승인의 일관성도 60% 개선되었다. AI 기술을 통해 보험사 측은 인간이 범하는 오류를 최소화하고, 일관성 있는 결정을 통해 불필요한 비용 지출을 막을 수 있으며, 보험 재청구 신청 건수와 보험 사기·남용 사례도 줄일 수 있게 된 것이다. 또 빠른 보험 승인으로 치과 측이 청구한 보험료 지급 기간이 단축되고, 승인의 일관성 개선으로 보험 청구 재심사 요청도 감소해 보험사와 치과의 비즈니스 관계도 더욱 긴밀해질 수 있다.

성장 가능성 높은 AI 덴탈 소프트웨어 시장

치과 관련 정보를 제공하는 온라인 플랫폼 '덴탈리Dentaly'가 2023년 미국 내 1,015명의 환자와 250명의 치과 의사를 대상으로 실시한 설문 조사에 따르면, 미국 치과 의사의 77%가 AI 도입이 진료에 긍정적인 결과로 이어졌다고 응답했다. 또 88%는 AI 어플리케이션을 도입하는 것을 긍정적으로 생각한다고 했으며, 62%는 치과 운영 업무의 일정 부분을 AI가 대체할 것이라고 답했고, 57%는 현재 치과 의사의 업무를 AI가 대신 수행할 것이라는 데 동의했다. 치과 환자의 65%는 향후 AI를 접목한 치과 치료나 진단을 받을 의향이 있다고 응답했다.

이미 치과 진료실과 보험사에서 적극적으로 사용하고 있는 덴탈 AI는 높은 정확성과 시간 단축, 효율성과 비용 절감, 환자-치과-보험사 간 원활한 소통 효과로 그 수요가 점차 늘어날 것으로 예상된다. 시장 조사 기관인 놀리지 소싱 인텔리전스Knowledge Sourcing Intelligence에 따르면 지난 2021년 글로벌 덴탈 이미징 AI 시장은 2억 6,766만 달러 규모이며, 동 시장은 오는 2028년까지 연평균 약 34.1% 성장해 20억 8,417만 달러에 이를 것으로 내다봤다. 고질적인 인력난을 겪고 있는 미국 의료업계에서 치과를 찾는 환자들의 높은 기대치를 충족시키기 위해 덴탈 AI의 역할은 더욱 확대될 것으로 보인다.

한국 역시 덴탈 AI 관심도가 매우 높다. 경쟁력 제고를 위해 많은 치과들이 AI를 도입해 환자들의 치료에 적극적으로 활용하고자 하지만 비용 문제가 발목을 잡아왔다. 높은 소프트웨어 사용료와 외국산의 경우 연간 수백만 원에 달하는 라이선스 비용까지 부담해야 하기 때문이다. AI 기술을 활용해 진단, 치료, 치과 운영까지 가능한 국산 덴탈 소프트웨어가 시장에 좀 더 다양해지고, 한국을 넘어 세계 시장에서 선전할 수 있기를 기대해본다.

김동그라미 (뉴욕무역관)

| 웰니스 커스터마이징 |

AI로 관리하는 정신 건강

항저우

전 세계적으로 정신 질환은 꾸준히 증가하고 있다. 세계보건기구World Health Organization, WHO의 발표에 의하면 2022년까지 전 세계 정신 질환자 수는 10억 명을 넘었고 발병률은 꾸준히 증가하는 추세다. 중국에서도 마찬가지다. 경제가 발전하면서 생활 리듬이 빠르게 변해갔고, 경쟁이 심화되면서 심리적 문제를 겪는 사람이 늘었다. 게다가 코로나 팬데믹을 겪으면서 우울감을 호소하는 사람들이 많아졌고, 사회적 관심을 모았다. 「중국 국민 심리 건강 발전 보고서(2021~2022)」에 따르면 중국 성인 중 10.6%가 위험 수준의 우울감을 가지고 있는 것으로 나타났으며, 15.8%는 위험 수

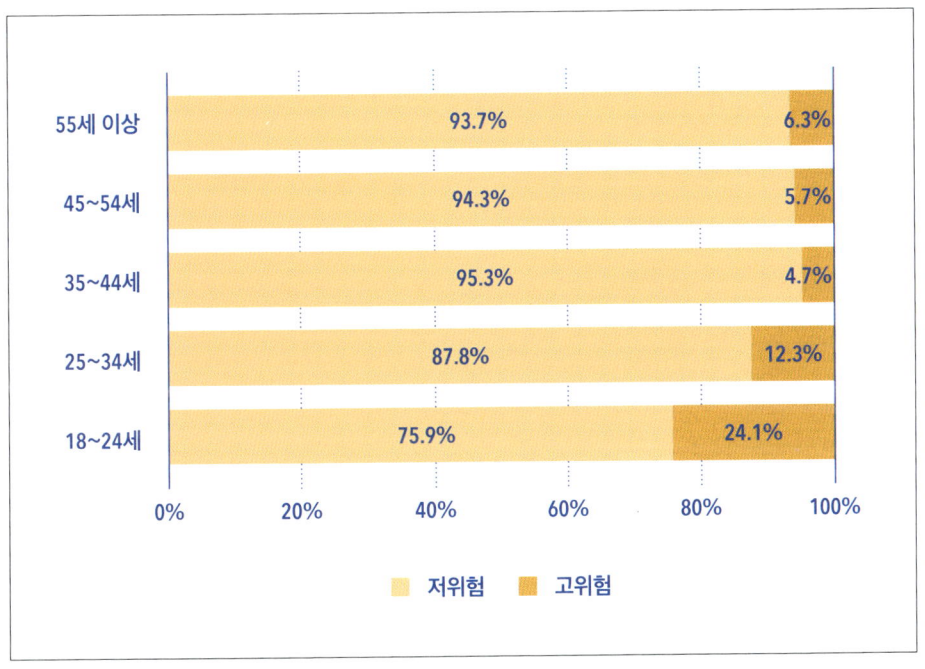

중국 우울증 연령별, 증상별 분포도. 출처: 「중국 국민 심리 건강 발전 보고서(2021~2022)」

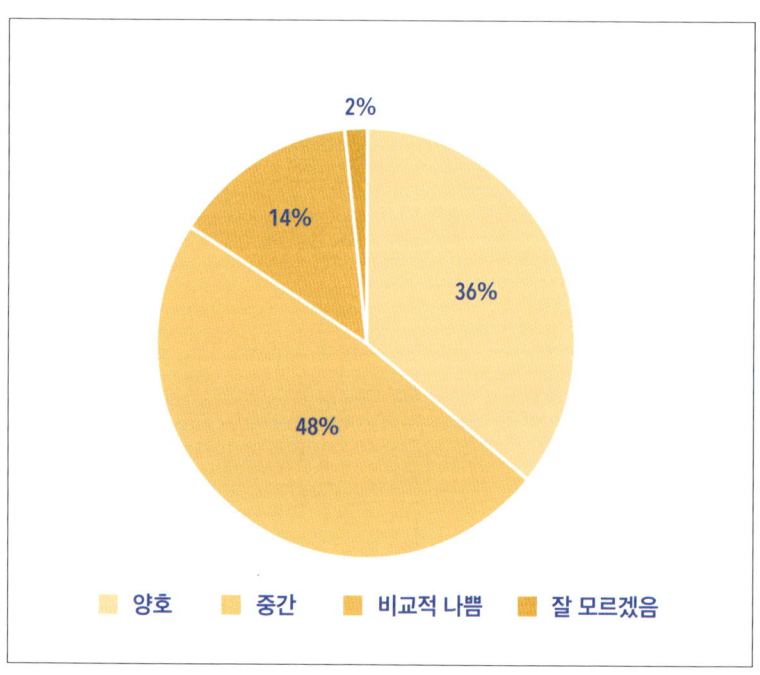

중국 국민 심리 자가 진단 결과 응답 비중. 출처: 「중국 국민 심리 건강 발전 보고서(2021~2022)」

준의 불안감을 가지고 있는 것으로 나타났다. 또한 심리 건강 상태 자가 진단 결과 단 36%만이 '양호한 심리 건강 상태'라고 평가했으며 14%는 '비교적 나쁜 상태'라고 답변했다. 그리고 '비교적 나쁜 상태'라고 답변한 응답자 중 45.1%에 달하는 사람이 '위험 수준의 우울증 증상'을 보이는 것으로 나타났다.

심리 건강 문제로 어려움을 겪는 사람들이 증가하고 있는 반면, 전문 인력은 부족하다. 2020년 말 기준 중국에는 4만 명의 정신건강의학과 의사가 있는 것으로 집계되었다. 인구 대비 비중으로 보면 중국은 인구 10만 명당 정신건강의학과 교수가 단 2.9명에 불과한 것이다. 영국과 미국의 정신건강의학과 의사 수가 인구 10만 명당 각각 15명, 12명인 것과 비교하면 전문 인력이 매우 부족한 상황이다.

높은 상담 비용도 큰 장애물이다. 중국에서 신입 또는 중급 상담사의 상담료는 50분 기준 약 300~600위안(약 5만 6,000원~11만 3,000원) 수준이며, 수석 상담사의 상담료는 50분 기준 700~1,500위안(약 13만 2,000원~28만 3,000원) 수준이다. 환자들은 상담 기간 동안 최소 주 1회 이상 상담을 받아야 하는데, 2023년 중국에서 1인당 소득이 가장 높은 도시 상하이의 월 평균 소득이 7,069위안(약 133만 7,000원)인 것을 감안하면 일반 서민 입장에서 심리 상담 비용은 부담이 크다.

이러한 상황에서 AI의 등장은 심리 건강 관리에 변화를 가져왔다. AI는 정신 건강 빅데이터를 통해 환자의 음성, 표정, 생리적 신호를 분석해 우울증과 같은 정신적 질환을 정확하게 진단하고 환자 특성에 따라 맞춤형 치료를 제안할 수 있다. 또한 공간 및 시간 제약 없이 환자가 원할 때 언제든지 상담을 받을 수 있어 정서적인 안정감을 준다. 이처럼 AI 심리 건강 관리 서비스는 중국 내 인력 부족과 높은 비용 문제를 극복할 수 있는 해결책으로 떠올랐다. 중국의 AI 심리 자문 시장은 2022년 전년 동기 대비 33.8% 성장해 약 311억 6,000위안(약 5조 8,948억 원) 규모가 되었다.

● AI 마음 건강 서비스 장려하는 국가

심리 건강이 사회적 문제로 인식되기 시작하자 중국 정부는 국민의 심리 건강 관리를 위해 여러 정책을 내놓았으며, AI와 첨단 기술을 활용해 심리 건강 관리의 효과를 높이려 하고 있다. 2016년 중국 국무원은 '건강한 중국 2023'이라는 청사진을 발표했으며, 그 뒤 2019년에는 중국의 건강 수준을 높이고자 하는 '건강한 중국 행동 실시에 관한 의견'을 발표했다.

중국 정부는 특히 갈수록 심각해지는 아동과 청소년의 심리 건강을 중대한 공공 보건 문제로 간주하고 있으며, 이를 개선하기 위한 정책을 펴고 있다. 지난 2019년 7월 발표된 「건강 중국 행동

(2019~2030년)」에서는 초·중등학교 대상 건강 촉진 행동을 추진할 것을 강조했다. 한 예로 2022년까지 심리 건강 업무를 담당하는 직원을 둔 초·중등학교의 비중이 전체 초·중등학교의 80%를 넘도록 한다는 계획을 발표했다. 또한 학생 심리 건강을 위해 관련 과목을 개설함으로써 학생들이 심리 건강 관련 지식을 배울 수 있게 지원하고 심리 상담 전담 교사를 배치하는 등 학생들의 심리 건강 상태를 조기에 발견 및 치료하도록 하는 정책을 펴고 있다.

● 상담 보조하는 AI 챗봇

AI 심리 상담은 인공지능 기술을 사용해 내담자에게 심리적 지원을 제공한다. AI 심리 상담 방식은 텍스트, 음성, 대면 세 가지 서비스로 분류된다. 현재 중국에서 AI 심리 상담 서비스는 전문 상담사를 보조하는 역할을 하고 있다. 따라서 심리적 치료를 제공하기보다는 인공지능을 기반으로 한 챗봇이나 안면 인식 기능을 통해 심리 건강 수준을 측정 및 진단하는 역할을 수행한다. 시후신천西湖心辰의 '샤오톈小天'은 텍스트 기반의 심리 상담 서비스로, 병원에서 심리 상담 보조 도구로 활용되고 있다.

샤오톈은 시후신천이 자체 개발한 인공지능 심리 상담사로, 학습한 상담 사례와 기술을 기반으로 하고 있다. 약 20명의 전문 심리 상담사를 통해 사전에 훈련받은 내용을 기반으로 답하고 있다. 샤오톈은 대량의 데이터를 분석 학습하고 뇌의 작동 원리를 시뮬레이션하여 사용자의 감정을 정확하게 파악한다.

샤오톈은 수천 건의 유료 상담 사례를 학습했으며, 이를 기반으로 상담을 진행한다. 시후신천의 연구 개발 담당자에 따르면 전문 심리 상담사의 실제 상담 내용을 기반으로 훈련을 진행했으며, 이러한 양질의 사례 학습이 연구 개발에서 가장 큰 부분을 차지하고 있다고 한다. 사례 학습의 결과 샤오톈은 이미 중급 상담사 수준의 상담 역량을 가지고 있다고 한다. 또한 시후신천에서 개발한 감정 측정 모듈을 활용해 상담하므로 내담자의 감정을 충분히 이해할 수 있다. 아울러 샤오톈은 감성 지수 EQ가 높게 설정되어 있어 챗봇 서비스를 이용할 때 내담자가 따뜻한 대화가 진행된다고 느낄 수 있다. 샤오톈의 서비스는 공익을 위해 무료로 심리 상담 서비스를 제공하고 있다. 팬데믹 시기 심리적 어려움을 겪는 사람들에게 서비스를 제공하기 위해 위챗Wechat 메신저의 앱 인 앱App in App 서비스인 미니 프로그램, 모바일 어플리케이션, 홈페이지 등에 AI 심리 서비스 보조 플랫폼을 구축해 심리 상담 기능을 개방했다.

위험이 감지될 경우 전문 기관에 도움을 요청하는 기능도 있다. AI 상담 진행 중 샤오톈이 해결할 수 없는 문제가 발생했다고 감지하면 조기 경보를 발령해 전문 상담사에게 도움을 요청하도록 안내하고, 전문 상담사에게 상담 전화를 연결해 심리 상태를 안정시킬 수 있도록 돕는다. 만약 사용자가 학생이라면 위험 신호가 교사에게 메시지로 전달되어 적절한 조치를 취할 수 있도록 안내한다. 샤오텐 플랫폼에는 전문 상담사가 상시 대기하고 있어 사용자가 원하는 경우 온라인으로 연결이 가능하다. 1일 최대 5회까지 무료 상담이 가능하며, 추가 상담을 원할 경우 비용을 지불하고 상담을 받을 수 있다.

● 안면 인식 기술 활용한 심리 측정 서비스

2022년 6월 14일 지엔신^{检信, Allemotion}은 중국 최초로 생체 정보를 인식해 심리 정서를 측정하고 관리할 수 있는 운영 시스템을 출시했다. 지엔신의 시스템은 감정 인식 정확도가 91.3%에 달한다. 지엔신의 심리 측정 서비스는 기존의 심리 건강 관리 서비스와 다르다. 기존 심리 상담은 내담자가 질문에 답해 얻은 분석 내용을 기반으로 상담을 진행하는데, 답변하는 과정에서 주관적인 기준으로 답변을 하거나 내용을 제대로 보지 않고 무작위로 답변할 수 있다. 또 의도적으로 개인의 신체적, 정신적인 문제를 숨기는 경우도 발생하기 때문에 자료가 정확하지 않을 수 있다. 학교나 군대와 같은 조직은 규모가 크기 때문에 심리 상태의 변화 상황을 주기적으로 점검하는 데 어려움이 있다. 설문지 방식의 측정은 시간이 오래 걸리고 상담사가 측정 결과에 대해 대응하는 데도 많은 시간이 걸리기 때문이다. 게다가 전문 심리 상담사 인력이 부족해 규모가 큰 조직에서는 효과적인 심리 건강 관리가 어렵다. 이러한 이유로 심리 문제를 발견하기 어렵고 치료 시기를 놓쳐 상태가 악화되기 쉽다.

지엔신 심리 측정 시스템은 음성, 안면 근육 등 신체 정보를 통합적으로 인식해 심리 상태를 점검한다. 측정 시스템을 통해 우울증, 신경과민, 불안장애 등 18가지 차원의 심리 상태를 점검할 수 있다. 시스템을 사용하면 측정 결과 확인까지 소요되는 시간을 크게 줄일 수 있어 규모가 큰 조직에서 구성원의 심리 문제를 효과적으로 점검할 수 있다는 장점이 있다. 심리 상태 측정에 주로 사용되는 검사지를 예로 들면 테스트에 통상 20분이 걸리고 데이터 통계 결과 정확도도 떨어진다. 그러나 이 시스템은 AI 안면 인식 기술을 활용해 30~60초 이내에 객관적으로 심리 상태를 평가 분석할 수 있다. 표준화된 프로세스에 따라 심리 평가가 진행되기 때문에 결과가 정확하고 안정적이다. 또한 시간과 공간에 구애받지 않고 수시로 심리 상태를 측정하고 감정 지표 상태를 확인할 수 있어 효과적인 대응이 가능하다. 실제로 이 서비스는 교육, 보안, 군사, 정부, 인사 관리, 의료 및 기타 산업의 분야에서 특성에 맞게 2차 개발이 가능하도록 설계되었다. 현재 정부, 교육, 의료,

군부대 등 여러 분야에서 활용되고 있는데, 주로 AI 심리 평가, 심리 진단 보조, 집단 심리 측정, 인력 채용 등 방면에서 적용되고 있다.

이 심리 측정 시스템은 다양한 기기에 탑재되어 판매되고 있어 지역사회의 전문 인력 부족 문제도 해결 가능하다. 심리 측정 시스템이 탑재된 일체형 기기를 설치해 지역사회의 심리 건강 관리를 지원할 수 있다. 관계자에 의하면 사용자 만족도도 비교적 높다. 2024년 5월 기준 건강검진 센터 등 40개의 단체와 협업하고 있으며, 미국과 싱가포르에도 판매하고 있다.

AI 규제 마련 나서는 국가

AI 기술의 적용 범위가 확대되면서 사용자의 개인 정보 유출을 방지하고 윤리적인 문제가 발생하지 않도록 막는 규제가 필요하다는 목소리도 높아졌다. 특히 심리 상담 및 원격 의료 분야는 중요한 개인 정보를 포함하고 있기 때문에 충분한 보호 장치를 마련해야 한다. 선진국을 중심으로 AI 규제 법안이 논의되고 있는데, EU가 대표적이다. 2023년 12월 EU는 세계 최초로 'AI 규제법'에 합의했다. 이 타결안은 AI의 위험성을 분류하고 투명성을 강화하는 내용을 담고 있다.

또한 규정을 준수하지 않는 기업에는 벌금을 부과하고, 인종 등 민감한 특성을 기준으로 사람을 분류하는 안면 인식 데이터베이스 구축을 위해 생체 정보를 수집하는 것을 금지하기로 했다. 미국도 2023년 10월 AI 개발 및 사용에서 지켜야 할 규정을 담은 행정명령을 발표했다. 안보나 경제, 공중 보건과 같은 안전에 위협을 가할 수 있는 AI의 경우 안전 검사 결과를 정부에 제출하도록 하는 등 규제 내용을 담고 있다.

중국 정부도 발빠르게 나서고 있다. 중국 정부는 AI 산업을 육성하고 동시에 국민을 보호하기 위해 2022년 3월 「과학기술 윤리 관리 강화」에 관한 의견을 발표했다. 이 의견은 과학기술 윤리 기준을 마련하는 내용을 담고 있다. 또한, 조직 또는 개인이 수행하는 과학기술 활동이 사회와 공공의 안전을 위협해서는 안 되며, 인간의 존엄성을 침해해서는 안 된다고 명확히 규정했고, 과학기술 윤리의 요구 사항을 위반하는 활동은 자금 조달을 제한하는 내용이 담겨 있다.

이 의견은 인공지능과 관련된 사용자 정보 보안을 규제하고 동시에 인공지능의 발전에 따라 발생할 수 있는 윤리적 문제에 대한 기준을 마련하는 계기가 되었다. 심리 서비스 분야에도 마찬가지로 적용되며 향후 AI 심리 건강 서비스 개발 과정에서 발생할 수 있는 위험도 줄일 수 있게 되었다. 이처럼 중국은 많은 인구, 넓은 영토에서 발생하는 불균형 문제를 해결하는 한 방법으로 AI를 적극 활용하고 있으며, 정책적으로 AI 산업을 육성하고 동시에 파생되는 윤리적 문제를 차단하기 위해 발빠르게 관련 규제를 마련하고 있다.

지난 2024년 4월 우리 정부는 환자가 늘고 있는 정신 건강 분야에 적용하기 위한 인공지능 기반 심리 케어 서비스 개발에 나선다고 발표했다. 우리 기업도 심리 건강 분야에 AI를 적용하고 개발하기 위한 노력을 기울이고 있는 만큼 앞으로 경쟁력 있는 서비스의 출시가 기대된다. 연구 개발과 선진 사례를 벤치마킹해 경쟁력을 확보한다면 성장하고 있는 중국 AI 심리 건강 서비스 시장 진출도 노려볼 수 있을 것이다. 중국의 AI 심리 상담 트렌드와 관련 규제를 면밀히 살펴 향후 중국 시장으로의 진출에도 미리 대비한다면 좋은 결과를 얻을 수 있을 것이다.

전수진, 리순화 (항저우무역관)

| 웰니스 커스터마이징 |

AI가 바꾸는 싱가포르 의료 서비스

싱가포르

21세기, 우리는 AI의 세계로 더 깊이 들어가고 있다. 우리의 생활과 사회 전반에 걸쳐 이러한 혁신은 다양한 영향을 미치고 있다. 그중 한 분야가 바로 의료다. AI 기술의 발전은 의료 분야에서 전혀 새로운 가능성을 열어주고 있다.

최근 싱가포르 보건복지부의 케네스 맥Kenneth Mak 교수는 2023년 개최된 제1회 AI 의약 국제 회의에서 싱가포르에서는 AI가 의료 부문에서의 역할을 크게 키워가고 있음을 강조했다. 싱가포르 일부 병원에서는 AI 시스템을 활용해 당뇨병 환자의 안구 사진을 분석하거나 가슴 엑스레이, 뇌 CT 스캔을 분석할 뿐 아니라 의료 데이터 분석과 AI를 결합해 개인 맞춤형 치료를 제공하는 시스템도 도입하고 있다. 의료 현장에서의 AI의 역할은 단순한 실험 단계를 넘어서 이미 본격적으로 적용되고 있으며 의료 서비스의 혁신적인 변화를 이끌고 있다. 이러한 변화는 싱가포르의 의료 산업뿐만 아니라 글로벌 의료 시스템 전반에 미치는 영향을 탐구하는 시작점으로 보인다.

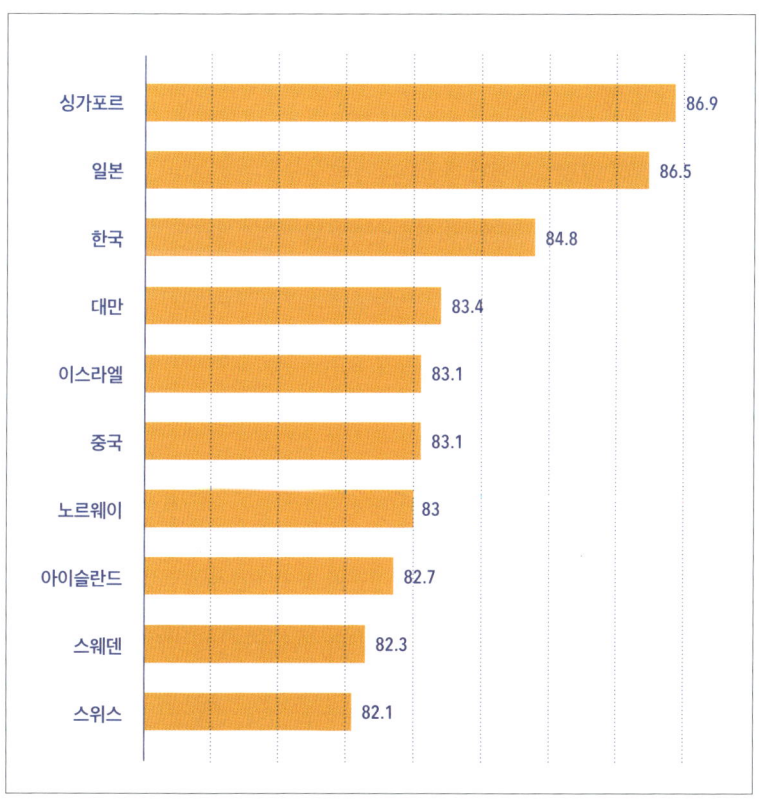

건강 지수Health Index 점수를 기준으로 한 2023년 전 세계 국가별 의료 부문 시스템 발달 순위.
출처: 스태티스타

🔵 의료 혁명의 중심 국가가 실현한 AI 의료 혁신

싱가포르는 미국 기회 평등 연구 재단 Foundation for Research on Equal Opportunity, FREOPP이 발표한 2022 세계 의료 혁신 지수에서 10위를 기록해 2021년 순위(12위)보다 2단계 상승했다. 이러한 성과는 현지 대학교들의 뛰어난 연구 성과와 최고 수준의 디지털 의료 서비스 덕분으로 평가받고 있다. 또한 스태티스타에 따르면 2023년 국가별 의료 시스템 발달 순위에서 싱가포르가 86.9점으로 세계 1위를 기록했고 일본과 한국, 대만이 그 뒤를 이었다. 해당 평가는 각국의 병원 의료 시스템과 국민들이 건강을 유지하는 데 필요한 서비스의 이용 가능성을 평가하는 의료 기술 수준을 바탕으로 측정되었다. 해당 통계 보고서에서는 싱가포르의 의료 시스템은 지속적인 혁신과 투자를 통해 세계적인 수준으로 성장하고 있으며, 이제는 AI와 같은 혁신적 기술의 도입을 통해 더욱 발전하고 있는 것으로 언급되었다.

싱가포르 보건복지부가 싱가포르 시민들의 보건과 의료를 지원하기 위해 2022년에 도입한 '더 건강한 SG Healthier SG' 프로그램에도 AI가 접목되어 있다. 예를 들어, AI 기반의 예측 모델은 개인의 건강 데이터를 분석하여 질병 발생 가능성을 예측하고, 조기 경고 시스템을 통해 적절한 예방 조치를 취할 수 있도록 한다. 또한, 이 프로그램에서는 AI를 이용한 의료 영상 분석, 진단 지원 시스템, 그리고 맞춤형 치료 계획 수립 등을 통해 의료진이 더 정확하고 신속한 진단을 내릴 수 있도록 지원하고 있는데, 예로 AI를 활용한 영상 분석 기술은 초기 암 진단에서 성과를 보이는 등 조기 치료를 가능하게 하여 환자의 생존율을 높인 사례가 있다.

CT 스캔 해석 소프트웨어

싱가포르에서는 의료 혁신의 일환으로 의료 진단의 효율성과 정확성을 재정의할 기술을 개발 중인데, 그중 한 사례로는 최근 소개된 AI 기반 CT 스캔 해석 소프트웨어인 '아폴로APOLLO'가 있다. 이는 싱가포르의 헬스 테크 기관인 시냅스Synapxe와 과학기술연구청Agency for Science, Technology and Research, A*STAR, 듀크-NUS 의과대학, 난양공과대학, 싱가포르 국가 심장 센터NHCS, 탕톡셍 병원TTSH이 협력하여 2024년 3월에 개발되었다. 아폴로는 환자 몸의 CT 스캔 이미지를 보다 신속하고 정확하게 분석해 CT 검토 진단 과정을 간소화하며, 의사들이 더욱 효율적으로 다양한 치료들이 필요한 환자의 보고서를 작성할 수 있게 한다. 시냅스는 발표를 통해 아폴로 소프트웨어 플랫폼 기능 중 CT 스캔의 해석을 10분 이내에 받을 수 있는 기술이 가장 큰 장점임을 언급했다.

또한 아폴로는 AI 알고리즘과 특허 받은 기술을 바탕으로 심혈

APOLLO 플랫폼 특징	
❶ AI 칼슘 점수	칼슘 점수, 용적 점수 및 석회화된 혈관의 정량화를 수행함
❷ AI 심장 외 지방	심장 외 지방의 총 부피와 밀도를 정량화함
❸ AI 협착	협착의 심각도를 정량화하고 위치를 감지함
❹ AI 플라크	플라크의 부피를 정량화하고 플라크의 유형 및 개수를 특성화함

아폴로 플랫폼 특징. 출처: 과학기술 연구청

관 질환을 진단해 의료진이 환자의 상태를 신속하게 판단하고 치료 계획을 세울 수 있도록 도움을 주는 역할을 한다. 또, CT 스캔 결과를 최소한의 시간 내에 보다 정확하게 분석하는 기능이 있다. 국제 가이드라인에서는 관상동맥 질환의 1차 검사 도구로 컴퓨터 단층 촬영 관상동맥 조영술을 권장하지만, CT 스캔 결과의 해석에는 최소 1~2시간에서 복잡한 경우 최대 4시간이 소요되는데 아폴로는 자동화된 AI 기술을 활용하여 CT 스캔 결과의 분석 작업을 인력 소모가 적은 방향으로 대폭 감소시키는 장점도 있다.

따라서 아폴로는 의료 현장에서의 업무 효율성을 높이는 동시에 인력 자원을 최적화하는 중요한 도구로 자리 잡을 것으로 기대된다. 그 외에도 아폴로 플랫폼은 4가지 AI 모듈로 구성되어 있어, 각각 다른 AI 분석을 통해 고위험 플라크를 감지하고 환자의 위험을 평가한다. 의사는 진단과 치료 계획에 있어 필요한 시간을 줄일 수 있고, 보다 정확한 정보를 바탕으로 환자에게 최적의 치료를 제공할 수 있다. 현재 아폴로 개발팀은 산업 협력을 확대하고자 하며, 다양한 현지 병원 및 임상 시험에서 AI 도구 키트를 테스트할 계획이다.

환자 상처 모니터링 패치

AI 기술이 접목된 또 다른 의료 기술 사례로는 꽃잎 모양을 한 페탈Petal이 있다. 미세하고 얇은 두께의 꽃잎 5개 모양으로 디자인된 '환자 상처 모니터링 패치'다. 페탈은 싱가포르국립대학교와 국가 과학기술 연구청의 연구 개발 결과물로, 상처의 온도와 산도, 요산, 습도, 트리메틸아민 등 5가지 생체 지표를 실시간으로 모니터링하는 센서 기능을 한다. 전력 공급이 필요 없는 자가 동력 시스템을 통해 지속적인 데이터 수집과 자동 익명화를 가능하게 하여, 상처가 악화될 경우 조기 경고를 제공하고 의료진이 신속하게 개입할 수 있도록 지원한다. 또한, AI 알고리즘을 활용하여 상처의 치유 상태를 정확히 평가하고, 약 97%의 정확도로 만성 상처와 화상 상처를 식별할 수 있는 기능을 제공한다.

언론에 따르면 페탈의 또 다른 중요한 장점은 인력 절감 효과다. 기존의 상처 관리 방식은 주로 의료진의 수작업에 의존하여 진단과 치료를 수행했으나 페탈은 자동화된 데이터 수집과 AI 기반 분석을 통해 의료진이 상처의 상태를 신속하게 평가하고, 필요한 의료 개입을 더욱 효율적으로 계획할 수 있게 해준다. 이는 의료진의 업무 부담을 줄이고, 그들이 보다 중요한 의료 결정에 집중할 수 있도록 돕는다. 따라서 페탈PETAL은 현대 의료 시스템에서 인력 자원을 효율적으로 관리하고, 환자 상처 관리의 품질과 속도를 크게 향상시킬 수 있는 혁신적인 기술로 평가받고 있다. 참고로 페탈은 임상 시험을 거쳐 더 심각한 상처에도 적용될 예정이며, 현지 연구진은 향후 3년 내에 의료 현장에서 사용될 수 있도록 할 계획이다. 또한, 소비자들이 작은 상처에도 이 기술을 활용할 수 있도록 제품화하는 것이 연구진들의 목표다.

● 인력 문제와 소비자 욕구 해결하는 시스템

AI 기반의 페탈 패치 및 플랫폼과 같은 프로그램은 환자의 데이터를 실시간으로 모니터링하고 진단과 치료 과정을 최적화하여 의료 서비스의 질을 높인다. 동시에 싱가포르의 의료 기관들은 AI와 결합된 로봇 기술을 인력 부족 문제를 해결하고 의료 서비스를 향상시키는 방법으로 적극적으로 도입하고 있다. 참고로 작년 싱가포르 미디어 〈채널 뉴스 아시아Channel News Asia〉에 따르면 싱가포르는 인구 고령화로 인해 의료 서비스 수요가 증가하고 있으나 방사선사 및 약사, 간호사 등 건강 전문가의 인력이 부족한 문제가 심각하게 나타나고 있다고 보도했으며, 이러한 상황에서 싱가포르의 의료 기관들은 해외 인력 채용을 포함한 다양한 방법을 시도하며 인력 부족을 해소하고 있는 것으로 확인된다.

특히 싱가포르 창이 종합병원 Changi General Hospital, CGH 은 2015년부터 로봇 기술을 도입해 다양한 업무를 자동화하고 있다. 예를 들면 병원 내 응급실에 로봇 3대를 도입하여 시범 운영 중이다. 3대의 로봇으로는 각각 약품을 운반하는 로봇인 메디 MEDi, 환자의 이동을 돕는 내비게이션 로봇 에디 EDi, 환자에게 담요를 전달하는 로봇 블랭키 BLANKi 가 있다. 이러한 로봇들은 반복적이고 일상적인 작업을 자동화하여 간호사들이 환자 케어에 더 집중할 수 있도록 도와주고 있다. 싱가포르 최대 의료 기관 그룹 '싱 헬스 Sing Health'에 따르면 메디는 간호사들의 약품 운반 시간을 2시간 절약해주고, 블랭키는 물품 회수 작업을 절반으로 줄여준다.

위와 같은 로봇 사례 외에도, 재활 치료와 원격 수술 로봇 등 현지 병원들은 로봇 기술을 활용해 복잡한 수술을 성공적으로 수행하고 있기도 하다. 재활 치료에서는 휴대용 로봇이 환자들의 운동 회복을 지원하고, AI 로봇은 노인들과의 상호작용에서 새로운 케어 형태를 제시하고 있다.

이렇듯 싱가포르의 의료 현장에서 로봇이 점점 더 중요한 역할을 하고 있는 것을 알 수 있다. 창이 종합병원은 이미 50여 대의 로봇을 운영 중이다. 수술에서 청소, 재활까지 다양한 역할을 수행하고 있다. 이러한 로봇들은 단순히 인력을 대체하는 것을 넘어, 의료 서비스의 효율성과 품질을 높이며, 팬데믹과 같은 비상 상황에서도 안전한 의료 환경을 제공하는 데 큰 기여를 하고 있다.

의료 로봇의 미래

싱가포르는 AI와 로봇 기술의 도입을 통해 현재 매우 중요한 전환점을 맞이하고 있다. 이 작은 국가는 기술의 힘을 바탕으로 헬스 케어 분야에서 세계적인 선두 주자로 자리매김하고 있으며, 앞으로도 AI 기술은 의료 서비스의 질을 향상시키고 환자의 삶의 질을 개선하는 데 기여할 것으로 기대된다. 현지 전문가들의 의견에 따르면, 싱가포르의 앞으로 과제는 AI 기술을 발전시켜 의료 시스템을 원활하게 통합하는 것이다. AI와 로봇 기술은 예방 의료, 진단, 치료, 재활 등 다양한 분야에서 필수적인 도구로 자리 잡고 있으며, 의료의 새로운 패러다임을 열어가고 있기 때문이다.

그러나 일부 현지 전문가들은 기술 도입에 여전히 다양한 장벽이 존재한다고 지적한다. 데이터 프라이버시, 규제 준수, 기술적 구현 비용 등이 주요 장벽으로, 특히 의료 분야에서는 기술의 신뢰성과 안전성 보장이 필수적인 과제로 부각되고 있다. 2020년 발간된 싱가포르국립대학교 연구진의 자료「인공지능의 도입에 따른 싱가포르 헬스 케어의 변화Healthcare Transformation in Singapore With Artificial Intelligence」에 따르면, 관련 업계의 전문가들은 위 기술 도입에 다양한 장벽이 존재한다는 의견과 함께, 싱가포르 정부는 기술 도입을 전략적으로 접근해야 한다고 언급하며, 의료 전문가들과 환자들 사이의 신뢰 구축, 윤리적 고려 사항 준수, 기술 교육 및 훈련을 강화해야 한다고 강조했다. 이를 위해 싱가포르 정부는 싱 헬스와 협력하여 현지 의료 전문가들을 위해 AI와 관련한 지식 교육 및 자격증 프로그램을 제공하고 있으며, 훈련을 통해 기술적 역량을 강화하고 있다. 이는 전문가들이 AI 기술을 올바르게 활용하고, 데이터 보호와 윤리적 고려 사항을 준수하는 데 필요한 능력을 갖추게 돕는 역할을 한다.

향후 몇 년 동안, 싱가포르는 AI 기술을 의료 서비스에 통합함으로써 국민들의 건강을 관리하고 질병의 조기 발견과 예방에 힘쓸 것으로 보인다. 이는 의료 비용 절감과 효율적인 치료 방법을 개발하는 데 도움을 줄 뿐 아니라 AI 기술의 효율성과 안전성을 확보해 싱가포르가 글로벌 의료 혁신의 선도적 위치를 강화할 수 있도록 촉매제 역할을 할 것으로 기대된다.

김희연 (싱가포르무역관)

2025 한국이 열광할 세계 트렌드

초판 1쇄 인쇄일 2024년 9월 11일
초판 1쇄 발행일 2024년 9월 26일

지은이 KOTRA

발행인 조윤성

편집 구민준 **디자인** 정은경 **마케팅** 김솔희
발행처 ㈜SIGONGSA **주소** 서울시 성동구 광나루로172 린하우스 4층(04791)
대표전화 02-3486-6877 **팩스(주문)** 02-585-1755
홈페이지 www.sigongsa.com / www.sigongjunior.com

글 ⓒ KOTRA, 2024

이 책의 출판권은 ㈜SIGONGSA에 있습니다. 저작권법에 의해
한국 내에서 보호받는 저작물이므로 무단 전재와 무단 복제를 금합니다.

ISBN 979-11-7125-451-4 (03320)

*SIGONGSA는 시공간을 넘는 무한한 콘텐츠 세상을 만듭니다.
*SIGONGSA는 더 나은 내일을 함께 만들 여러분의 소중한 의견을 기다립니다.
*잘못 만들어진 책은 구입하신 곳에서 바꾸어 드립니다.

WEPUB 원스톱 출판 투고 플랫폼 '위펍' __wepub.kr
위펍은 다양한 콘텐츠 발굴과 확장의 기회를 높여주는
SIGONGSA의 출판IP 투고·매칭 플랫폼입니다.